小企业简易会计新模式

税法导向与差别报告的应用价值

李敏 ◎ 编著

上海财经大学出版社

图书在版编目(CIP)数据

小企业简易会计新模式:税法导向与差别报告的应用价值/李敏编著. —上海:上海财经大学出版社,2020.4
ISBN 978-7-5642-3485-0/F·3485

Ⅰ.①小… Ⅱ.①李… Ⅲ.①中小企业-会计模式 Ⅳ.①F276.3

中国版本图书馆 CIP 数据核字(2020)第 036605 号

□ 责任编辑　李嘉毅
□ 封面设计　贺加贝

小企业简易会计新模式
——税法导向与差别报告的应用价值

李　敏　编著

上海财经大学出版社出版发行
(上海市中山北一路 369 号　邮编 200083)
网　　址:http://www.sufep.com
电子邮箱:webmaster @ sufep.com
全国新华书店经销
上海叶大印务发展有限公司印刷装订
2020 年 4 月第 1 版　2020 年 4 月第 1 次印刷

710mm×1000mm　1/16　16.25 印张(插页:2)　317 千字
印数:0 001—4 000　定价:46.00 元

编写说明

大道至简。简易会计的信息透明度高,融通性强,效率就高。智能会计的发展方向也是追求核算方法简约化,算管流程标准化。

企业差异和会计差异客观存在。关注小企业就是关注绝大多数企业。财税分离、复杂多变的国际会计趋同模式并不合适大多数小企业。不少国家按照差别报告理论简化了中小企业会计核算。2009年国际会计准则理事会发布的《中小主体国际财务报告准则》只有35章,而不是有几十个准则,引起国际社会广泛关注。

差异体现特色。小企业会计通过总结适合自身的行之有效的会计处理方法,创建"核算从简,管理从严;简而有用,严而有效;算管结合,算为管用"的简易模式,具有业财融合、财税融合、算管融合等优势,将彰显其应用价值。

20世纪80年代,笔者负责上海市成人中等专业会计学科建设,通过编写《工业企业会计模拟实习题》,以一种简化的、仿真实务操作的训练,更新枯燥繁复的理论教学。

1993年,笔者从美国带回《简易会计》(《Accounting The Easy Way》)后萌生了将会计简易化的想法,先将《会计原理》改为《基础会计》,力求新、实、精,通俗易懂,方便自学,并在远程教学中尝试。

2005年实施的《小企业会计制度》是针对2001年版的《企业会计制度》的简化版。笔者主编一套"小企业会计核算与管理"系列丛书,包括《小企业会计核算》《小企业会计控制》《小企业财务管理》《小企业信用管理》和《小企业税务管理》,力图凸显财税混合性简化核算模式的重点与要点。

从2013年起推行的《小企业会计准则》已历时多年。这部区别于国际趋同版的准则属于税法导向性的简易会计模式,既体现差别报告精华,又具有中国特色。笔者通过主编《小企业会计——小企业会计准则》《小企业会计》和《小微企业会计核算手册》等极力推荐,希望税法导向性核算助力小企业的会计行为与纳税行为。

本书旨在倡导税法导向与差别报告在我国小企业中的恰当运用,推崇《小企业会计准则"的核算模式和创新成果,彰显中国智慧和中国方案。全书以《小企业会计准则》为指南,以六大会计要素为结构框架,以小企业日常会计核算的主要经济业务内容为教学重点,全面阐述了简易会计与差别报告的基本理论、应用价值与核算方法等。

第一章至第三章概述了财税分离性的会计趋同模式、财税混合性的简化会计模式、税法导向性的简易会计模式,以及小企业会计准则的主要内容和简易会计核算的基础知识,并以一家享受免税优惠政策的创业型小书店(独资企业)为例,构筑起极简会计最一般的概念框架。

第四章至第八章以一家正处于增资发展阶段的小规模纳税企业(小型微利企业)的42笔经济业务为例,既分门别类又系统连贯地阐述了简易会计的核算内容、核算方法与核算程序等。

第九章重点演练小企业纳税实务与纳税申报规范,凸显税法导向性会计模式的核算内容。

第十章以一家稳定经营的小型制造公司(一般纳税人企业)的综合核算为例,系统操练从经济业务到填制凭证、登记账簿、编制报表的全套会计实务,包括报表的分析与应用。其中,利用多栏式日记账简易编制现金流量表的方法具有推广价值。

这三套案例从微到小,循序渐进,各有特色。书后的综合测试题与参考解答用于复习和巩固所学内容。

本书新颖独到,凸显会计知识基础性、核算操作简便性、专业能力融通性和算管内容兼容性。全文结构清晰、层次分明、循序渐进、深入浅出、图文并茂、通俗易懂,并结合实例解析、概念辨析、温馨提示等,突出重点、理清要点、解析难点、方便自学。目录中打"＊"的部分可供不同层次不同教学要求的对象选用。教学配套用的PPT可登录上海财经大学出版社网站下载。本书可供教学与培训使用,特别适合小企业经营管理者和财务人员的培训与自学。

本书由资深注册会计师、主任会计师、高级会计师李敏编著。李敏是上海市中小企业专家咨询团专家、上海市财务会计管理中心专家和司法会计鉴定专家,多所著名大学的客座教授,具有丰富的小企业会计审计实务经验、教育与咨询经历。徐成芳、沈玉妹、李英、徐铭、丁东方、陈惠珠和李嘉毅协助有关编写工作,在此表示感谢。

会计的教与学都要善于将复杂的问题简单化。"简明易学、算为管用"的会计大受欢迎。如何大道至简,敬请赐教,共同推进小企业会计日臻完善。

编 者
2020年4月

目录

编写说明 / 1

第一章 总论 / 1
第一节 企业差异与差别会计 / 1
第二节 会计模式与理性选择 / 7
第三节 极简核算与简明报表 / 14
第四节 差别报告与前景展望* / 18

第二章 会计基础与核算原理 / 22
第一节 会计要素与会计计量 / 22
第二节 财务状况要素及其特征 / 24
第三节 经营成果要素及其特征 / 26
第四节 会计科目与账户设置 / 28
第五节 借贷分录与平衡原理 / 38

第三章 核算方法与记账过程 / 43
第一节 会计核算方法与核算流程 / 43
第二节 原始凭证的填制与审核 / 45
第三节 记账凭证的填制与审核 / 48
第四节 会计账簿的登记与审核 / 52

第四章 资金筹集与资金核算 / 62
第一节 设立小企业与筹集资金概述 / 62
第二节 资金筹集核算要点 / 65

第三节 资金筹集核算实务 / 67
第四节 货币资金核算实务 / 68

第五章 采购与存货业务核算 / 75
第一节 小企业采购与存货概述 / 75
第二节 采购与存货业务核算要点 / 77
第三节 采购与存货业务核算实务 / 80

第六章 生产与加工业务核算 / 85
第一节 小企业生产与加工概述 / 85
第二节 生产与加工业务核算要点 / 90
第三节 生产与加工业务核算实务 / 93

第七章 销售与财务成果核算 / 112
第一节 小企业收入与利润概述 / 112
第二节 收入与利润核算要点 / 114
第三节 收入与利润核算实务 / 119

第八章 业财融合与会计循环 / 128
第一节 会计循环与账务处理程序 / 128
第二节 根据凭证登记账簿 / 131
第三节 对账、试算平衡与结账 / 136
第四节 根据账簿编制报表 / 142
第五节 会计信息化与会计档案*/ 144

第九章 财税融合与纳税申报*/ 148
第一节 税法导向会计概述 / 148
第二节 增值税核算实务 / 154
第三节 个人所得税核算实务 / 163
第四节 企业所得税核算实务 / 167
第五节 应付税款法与纳税申报表 / 174

第十章　算管融合与财务报表 / 180

　　第一节　小企业财务报表概述 / 180

　　第二节　小企业会计综合演练 / 183

　　第三节　资产负债表的编制与应用 / 203

　　第四节　利润表的编制与应用 / 210

　　第五节　现金流量表的编制与应用 / 216

　　第六节　报表附注的编制与应用 / 225

　　第七节　算为管用与分析评价 / 229

综合测试题 / 237

综合测试题参考解答 / 244

第一章

总　论

第一节　企业差异与差别会计

一、小企业的重要性和特殊性

企业差异客观存在。我国将企业分为大中型企业和小微企业（简称小企业，占企业总数的97%以上）。小企业是指生产和交易规模较小、资产数额较低、人数较少的营利性经济组织，包括小型企业（约占1/3）和微型企业（约占2/3）。国务院新闻办公室于2019年9月20日举行新闻发布会，截至2018年年底，我国中小企业的数量已经超过3 000万家，个体工商户数量超过7 000万户，贡献了全国50%以上的税收、60%以上的GDP、70%以上的技术创新成果和80%以上的劳动力就业。关注小企业就是关注绝大多数企业。

根据企业从业人员、营业收入和资产总额等指标划分，小企业是指符合《统计上大中小微型企业划分办法（2017）》中所规定的小型企业标准或微型企业标准的企业。微型企业是我国特别增加的划型标准，目的是有利于分类指导，加强政策的针对性和有效性。近年来，国家对小微企业着重从优化发展环境、出台普惠性政策措施、完善服务等方面加大扶持力度，分别施策，精准施策。区别政策是一种行之有效的策略。

《税务师行业涉税专业服务规范基本指引》（中税协发〔2019〕040号）所称小微企业包括：一是符合小微企业认定标准的企业；二是执行《小企业会计准则》的企业；三是个人独资企业、合伙企业。同时，专门安排了《小微企业纳税代理业务指引（试行）》用以帮助承办小微企业的纳税代理业务。

小企业总是不断出现,又不断被淘汰,有着较高的"死亡率",更有很高的"出生率"。作为自主经营、独立核算、依法设立的小企业,不仅数量众多、分布面广,而且体制灵活、组织精干;但"家族"色彩较浓,内部控制基础较差,管理水平较低,产出规模较小,竞争力较弱。关注小企业的重要性和特殊性就是关注绝大多数企业的生存与发展。

各国对企业规模的界定分为定量、定性或双重标准,相互之间的差异难以消除,但对小企业的共性认知几乎相同:一是无须承担公共受托责任,二是规模比较小(划分标准视相关行业而定)。

从差别会计角度思考,国际上对中小企业界定的关键不在于企业规模的大小,而主要集中在提供财务报表的规范程度和会计信息的披露需求,即从性质上考虑其与大型企业会计处理和披露上的差异。这是实施差别报告制度的初衷。

差别报告的另一个含义是根据不同的财务报告使用者的不同要求,有选择、有重点地披露某些使用者或使用者团体所需要的信息,使财务报告能分别满足不同使用者的需要,以提高财务报告的相关性和有用性。

不同的会计信息使用者对会计信息的需求差异是客观存在的。例如,对内报告与对外报告的差异、对内报告因使用者的不同要求而产生的差异、不同信息使用者对对外报告需求的差异等。这些差异不会因"国际趋同"而消失殆尽。尤其在不断推进管理会计活动的当下,会计信息的价值主要体现在有用性等方面,而相关性是保证信息对决策有用的重要因素之一。

二、会计的共通性(共性)

"会计"最初的含义是通过日积月累的零星核算和年终的汇总核算[1]来考核经济收支。西周专设"司会"一职进行"月计岁会"。

一般认为,从单式记账法过渡到复式记账法是近代会计形成的标志,即 15 世纪末期,意大利数学家卢卡·巴其阿勒(Luca Paciolio)有关复式记账论著的问世标志着近代会计的开端。

会计是个宽泛的概念,它可以指一个人,如会计人员;可以指一个专业,如会计专业;可以指一个机构,如会计机构;也可以指一项工作,如会计工作。在大多数情况下,会计是指会计知识体系与会计社会实践相结合的工作,即一个人掌握会计知识在一个会计机构中所从事的会计工作。

---

[1] 清代学者焦循在《孟子正义》里对"会计"两字的解释为"零星算之为计,总和算之为会"。

小企业会计具有会计的一般共性，即以货币为主要计量单位，运用会计方法，对企业的经济业务进行连续、系统、全面地核算与监督的一种经济管理活动。

核算是为经济管理收集、处理、存储和输送各种会计信息。监督是通过调节、指导、控制等方式，对经济活动施加影响，以实现预期目标。核算是监督的前提，没有核算提供的数据资料，监督就没有客观依据。如果只核算、不监督，就不能有效发挥会计在经济管理中应有的积极作用。所以，会计的两大基本职能是不可或缺的。

连续是指在会计核算时按经济业务发生时间的先后顺序不间断地进行确认、计量、记录与报告。

系统是指从开始记录经济业务到最后编制财务报表的整个核算过程中，通过分类、汇总、加工、整理，逐步把会计资料分门别类加以系统化。

全面是指对能以货币计量的经济业务都要进行记录与计算，既不能遗漏，也不能任意取舍。

会计正是通过连续、系统、全面地核算与监督，提供真实、可靠、有用的信息，为会计管理或经营管理服务的。真实、可靠是会计的"生命"。"孔子尝为委吏矣，曰：会计当而已矣。"[①]（《孟子·万章》）"当"字可作"真实""明晰""正确""谨慎""及时"等不同解释，其中心思想是"得当"：一是经济业务收支所遵循的规定"得当"；二是对会计事项核算的处理"得当"；三是会计人员德才兼备，使用"得当"。

小企业的经营管理组织较为简单，一般为集权式管理，并在岗位分工方面形成一定的内部牵制机制。会计工作岗位可以一人一岗、一人多岗或者一岗多人，但为了避免发生职责不清、人浮于事和手续混乱等问题的发生，会计工作岗位的设置应符合内部牵制要求。要注意不相容职责的分离，凡涉及企业款项和财物的收付、结算及登记中的任何一项工作，都必须由两人或两人以上分工处理。例如，出纳人员不得兼任稽核、会计档案保管和收入、支出、费用、债权债务账目的登记工作，即遵循钱、账、物分管制度；出纳人员以外的会计人员不得经管现金、有价证券和票据；会计机构负责人（会计主管人员）不得兼任出纳和监事工作；会计人员不得兼任内部审计工作；记账人员不得兼任采购员和保管员的工作；等等。

小企业是否单独设置会计机构有以下三种选择：

一是单独设置会计机构。经济业务较多、财务收支量较大的小企业有必要单独设置会计机构，以保证会计工作的效率、会计信息的质量及经营管理的要求。

二是设置专职会计人员。对于财务收支数额不大、会计业务较简单的小企业，可

[①] 孔子曾做过管理库房的小吏，他认为，算账、计数必须要准确才行。

以不单独设置会计机构,但应当在有关机构中设置会计人员并指定会计主管人员,目的是强化责任制度,防止出现会计工作无人负责的局面。"会计主管人员"不同于"主管会计"或"主办会计",是指负责组织管理会计事务、行使会计机构负责人职权的人。

三是委托代理记账。不具备设置会计机构和会计人员条件的小企业应当根据《代理记账管理暂行办法》委托经批准设立的代理记账中介机构代理记账。

温馨提示 会计人员既要具有良好的道德规范,包括爱岗敬业、熟悉法规、依法办事、客观公正、主动服务、保守秘密等,又要遵循《中华人民共和国会计》(会计工作的基本法,会计母法,是"天")和《会计工作基本规范》(会计工作的技术规范,操作指南,是"地")。《小企业会计准则》是介于上述两者之间的会计核算规范。会计人员只有重德敬法,守正祛邪,才能立于"天地"之间。

三、差别会计与差别选择

会计的发展根源于实践,原本并不复杂,却因日益繁复的经济活动而变得复杂起来,会计准则也随之变得晦涩难懂,这种趋势不利于小企业。

会计的价值是如何创造、转化、实现的?答案肯定不是越难越好、越复杂越好。突出个性特征才能展现不同会计之间的差别。差异体现特性,选择彰显价值。

承认差异(特性)是一种理性的态度。会计差异犹如语言差异或文化差异般难以消除,关键在于认知"差"在何处、"异"有多大、如何协同或协调。会计趋同并不是为了消除差异,而是要异中求同或同中求异,更不能一味"西洋化"。

基于差别报告的简易会计是解决小企业会计"超载"问题的"良药"。小企业一是无须承担公共受托责任;二是规模比较小,经济业务不复杂;三是没有信息公开的特别要求。相对于大中型企业,小企业的会计信息在需求主体、内容、性质、核算和列报要求等方面存在着显著差异。从相关性和成本效益角度考虑不同性质会计主体的会计信息使用者需求的差异,以及会计处理和披露方面的不同,是差别会计报告制度产生的根源。

差别核算(差别会计)是实施差别报告的重要制度安排,也是一种会计标准化或国际化的动态趋势,近年来已经受到会计界与审计界的普遍关注。如何将各种不同特征的会计主体纳入恰当的会计准则制度所规范的范围内,体现不同性质会计主体的会计信息使用者的不同信息需求,是实施差别核算的本质所在。

2011年10月18日,我国发布的《小企业会计准则》主要适用于在中华人民共和国境内依法设立的、符合《中小企业划型标准规定》所规定的小型企业标准的企业,微型企业可参照执行,从而标志着我国在实行简易会计与差别财务报告制度方面迈出了极为重要的一步。该准则从 2013 年开始实施。

与国际惯例相比,我国的《小企业会计准则》放下了"架子",摆正了"位置",将中型企业排除在外,凸显了小微企业简易核算的差异性。由于我国《小企业会计准则》所界定的适用范围不包括中型企业,即中型企业和大型企业统一适用企业会计准则体系,从而形成了小微企业与大中型企业两类不同性质的报告主体,明显有别于国际会计准则理事会(IASB)的《中小企业国际财务报告准则》(IFRS for SMEs)。

从总体上看,我国差别会计与差别报告的设计理念是:大中型企业执行《企业会计准则》,小型企业执行《小企业会计准则》,微型企业参照执行《小企业会计准则》。其中,对于小企业具体如何执行会计准则的问题,源于企业分类,小微企业的现状、核算要求、承担的责任等而有所差别,从而体现差别会计内部一定的层次规定性(如表 1—1 所示)。

表 1—1　　　　小企业具体如何执行会计准则的差别规定

企业分类	现状与核算要求	承担的责任	选择意愿	适用准则
小型企业	在股票或债券市场上公开交易的	承担社会公众责任,满足会计信息使用者对信息披露的特别需求	政策规定必须执行	企业会计准则
	金融机构或其他具有金融性质的			
	属于企业集团内的母公司或子公司	出于统一会计政策与编制合并财务报表等要求		
	正在谋划上市或正在做大做强的	向规范化、标准化的会计靠拢	选择执行	
	上述 4 种情况以外的小型企业		选择执行	小企业会计准则
微型企业	符合微型分类标准的企业		参照执行	
	其他微型经济组织		参照执行	

我国的小微企业行业林立、特色纷繁,其中真正实施《小企业会计准则》的都是一些"小"而又"小"的企业,但数量众多。这些小企业应当学会在会计准则制度的指导下设计出符合自身特点的简便适用的会计核算办法,以满足小企业会计管理的特定需求。我国政府对此持开放的态度,在 2005 年执行《小企业会计制度》时就认为:"小企业可以根据有关会计法律、法规和本制度的规定,在不违反本制度规定的前提下,

结合本企业的实际情况,制定适合于本企业的具体会计核算办法。"目前正在实施的小企业会计科目和主要账务处理就是依据《小企业会计准则》中确认和计量的规定制定的,涵盖了各类小企业的交易和事项。"小企业在不违反会计准则中确认、计量和报告规定的前提下,可以根据本企业的实际情况自行增设、分拆、合并会计科目。"

温馨提示　《小企业会计准则》的适用范围并不区分所有制形式(国有企业、集体企业、民营企业、外商投资企业等),也不区分所属行业(第一产业、第二产业、第三产业)及其组织形式(公司制企业、非公司制企业等),只要是符合《小企业会计准则》适用范围的小微企业,均可执行《小企业会计准则》。

与《小企业会计制度》不同,《小企业会计准则》所界定的适用主体没有明确将个人独资及合伙形式设立的小企业予以排除。[①] 个人独资企业、合伙企业等微型经济组织可以参照执行《小企业会计准则》。

四、简易核算是小企业会计的显著特征

会计准则制度是对会计规范以及核算系统进行的设计,是进行会计工作、实施管理控制的依据,其理论性、实践性和创新性都很强。

会计准则制度设计作为一种实践活动,强调针对性和可操作性,要求符合企业实际情况、满足企业内部的管理和控制要求。如果要求一家小企业像大公司那样实施国际趋同的会计标准,就不符合成本效益原则。

考虑到我国小微企业规模小、业务简单、生产组织不复杂、会计基础工作较薄弱、会计信息使用者的信息需求相对单一等实际情况,会计核算应当简易化,而不应当核算超载、负担超重。未来的智能会计更将追求核算流程的标准化、数字化和简约化。

在信息爆炸、真假难辨的当下,会计应当更具有针对性和实用性,尤其是在做出理性决策时,会计简易化会使得会计信息的透明度提高,从而使决策效率提高。

坚持税法导向是简易会计的"亮点"。越来越复杂的现代会计与税收制度会给会计人员增加负担,所以,会计和税务都应当适度简易化。以税法为导向的核算模式是小企业简易会计的必然选择。

将小企业会计简易化,不仅使会计易学易用、方便编报、方便纳税、方便贷款,而

---

① 《小企业会计制度》适用于在中华人民共和国境内设立的不对外筹集资金、经营规模较小的企业,但不包括以个人独资及合伙形式设立的小企业。

且有助于小企业的经营管理者运用会计的思维来解决管理中的问题。这是一种革命性的变化。

差异体现特色。鉴于小企业的基本特征,小企业会计应当创建"核算从简,管理从严;简而有用,严而有效;算管结合,算为管用"的核算模式,具有业财融合、财税融合、算管融合等优势,能够有机结合财务会计、税务会计、管理会计等内容,这样才能彰显其应用价值。

本书旨在倡导简易会计与差别报告在我国小企业中的恰当运用,推崇《小企业会计准则》的核算模式、创新成果,以及业财融合、财税融合、算管融合的应用价值。全书以《小企业会计准则》为指南,以六大会计要素为结构框架,以小企业日常会计核算的主要经济业务内容为教学重点,全面阐述了简易会计与差别报告的基本理论、应用价值与核算方法,概述了财税分离性的国际趋同模式、财税混合性的简化会计模式和税法导向性的简易会计模式的基础知识与应用方法。全书精心设计了3套案例:(1)以一家享受免税优惠政策的创业型小书店(独资企业)为例,构筑起极简会计最一般的概念框架;(2)以一家正处于增资发展阶段的小规模纳税企业(小型微利)的42笔经济业务为例,既分门别类又系统连贯地阐述简易会计的核算内容、核算方法与核算程序等;(3)以一家稳定经营的一般纳税人制造公司(非小型微利企业)的综合核算为例,系统操练从经济业务发生到填制凭证、登记账簿、编制报表的全套会计实务,其中包括报表的分析应用等。

顺应简化趋势是理性的。不仅小企业会计应当简化,针对小规模企业的审计,中国注册会计师协会也专门制定了相应的执业规范指南,用以指导小规模企业会计报表的审计业务。

"大道至简"。会计的教与学都应当善于将复杂的问题简明化。简明易学、算管结合的会计才会受到欢迎。

第二节 会计模式与理性选择

一、会计准则差异与会计模式选择

经过多年"求同存异"的不懈努力,我国企业会计标准基本实现了与国际会计准则的"大同",且在持续趋同。同时,各国会计、各类会计与国际会计准则存在着"小异",即会计差异。会计差异不是会计差距,更不是会计差错。会计差异是普遍存在的现实,有其形成的诸多因素和复杂原因。

我国会计准则按其使用单位的经营性质，分为营利组织的会计准则和非营利组织的会计准则。在营利组织的会计准则中，又按其经营规模的适用范围分为企业会计准则和小企业会计准则。按照我国企业会计改革的总体框架，《企业会计准则——基本准则》是纲，适用于在中华人民共和国境内设立的所有企业；《企业会计准则》和《小企业会计准则》是基本准则框架下的两个子系统，分别适用于大中型企业和小微企业。

承认差异的理性认知会反映在会计准则制度方面。考虑到上市公司与非上市公司、大中型企业与小微企业，一般企业与特殊行业企业的会计有所不同等具体情况，也为了减轻小企业报告主体的负担，实施差别报告是简化小企业会计处理的有效方法。也就是说，小企业因其会计核算、会计信息使用者等方面的特殊性以及与大中型企业提供财务报告存在的差异性而被单独列出，需要单独为其制定适用的会计准则。会计准则制度建设理应特别关注小企业，包括小型企业和微型企业、法人小企业与非法人小企业。

会计模式是会计实践的标准形式。纵观历史，横察当前，英国模式强调会计真实与公允，美国模式凸显公认会计原则，北欧模式为企业主导型会计，法国、西班牙、意大利模式为税务主导型会计（受税收影响较大），而日本和德国的会计模式受法律影响较大，还有宏观导向性模型等，众说纷纭。

近十几年来，我国小企业的会计核算模式主要经历了以下几个阶段的变化，现分析比较说明如下：

1. 财税分离性的趋同会计模式

本着提高会计信息透明度和维护公众利益等的需求，会计准则国际趋同是指世界上各个国家的会计准则趋于相同（一体），统一执行国际会计标准，而不考虑各类企业与各国税法的具体差异。

在我国，国际趋同下的会计核算模式是指执行《企业会计准则》的做法。该模式的主要特点是采用公允价值计量，财务会计与现行税务各自独立（财税分离），属于国际趋同下的标准会计版。

根据国际惯例，负有公共受托责任（或公共经管责任）的企业不适用《小企业会计准则》，包括股票或债券在市场上公开交易、具有金融机构或具有金融性质的小型企业。这两类小型企业承担了社会公众责任，从满足广大会计信息使用者的需求角度出发，应当执行《企业会计准则》。如果小型企业是属于企业集团内的母公司或子公司，出于合并报表和统一会计政策等规范要求，无论是否上市或是否需要承担公众责任，均不适用《小企业会计准则》，应当统一执行《企业会计准则》。正在谋划上市或做大做强的小型企业,应当选择执行《企业会计准则》,向国际规范的标准化会计趋同。

其他小企业具有选择执行会计准则的自主权,但应当贯彻"自由选择,单项标准,一以贯之"的执行原则。这就是说,符合《小企业会计准则》规定条件的小企业,可以按照《小企业会计准则》进行会计处理,也可以选择执行《企业会计准则》;但一经选择,不得随意变更。

凡是选择执行《企业会计准则》的小企业,不得在执行《企业会计准则》的同时选择执行《小企业会计准则》的相关规定。这条"单项标准"的执行原则禁止了已执行《企业会计准则》的小企业采用《小企业会计准则》。

2. 财税混合性的简化会计模式

2004年以前,我国还没有出台在全国范围内专门针对小企业会计核算的统一规定。2004年4月27日,财政部以财会〔2004〕2号文发布《小企业会计制度》,自2005年起实施,旨在建立与健全会计法律法规,规范小企业的会计核算,满足当时经济与管理不断发展对小企业的要求。《小企业会计制度》中对于一些较为复杂的交易事项或者对会计人员职业判断要求较高的处理方法给予了简化,属于针对自2001年起执行的《企业会计制度》的国内简化版。

简化重在"量"上的减少或减轻。例如,考虑到小企业对外长期投资的情况较少,完全运用《企业会计制度》中关于长期股权投资的核算规定可能存在困难,因此,小企业对被投资单位具有重大影响的投资仅要求按照简化的权益法核算;《小企业会计制度》中仅要求对短期投资、应收款项及存货计提减值准备,没有做出对长期投资、委托贷款、固定资产、在建工程、无形资产等长期资产计提减值准备的规定;小企业在固定资产开始建造至达到预定可使用状态之前所发生的专门借款的借款费用(包括利息、汇兑损失等,而没有提出辅助费用的问题)均可资本化计入固定资产成本,而不必与资产支出数挂钩;没有设置"预计负债"科目,对或有损失于实际发生时确认损失,与税法一致;小企业可以只提供资产负债表和利润表两张基本报表;等等。《小企业会计制度》在简化会计核算的同时,总体上仍然采用财税适度分离的混合模式或称"财税协调"模式。

3. 税法导向性的简易会计模式

2006年以后,我国会计改革的方向是以会计准则取代会计制度并持续与国际会计准则趋同。2011年10月18日财政部发布的《小企业会计准则》是为小企业度身定制的,并替代了《小企业会计制度》。

《小企业会计准则》最明显的标志就是税法导向(财税趋同版),这部简易会计不仅是小企业核算的技术规范和行为指南,而且是我国会计发展史上第一部为小企业

"定制"的会计标准和规范。这种简易会计模式具有"里程碑"的意义,标志着我国向差别财务报告迈出了重要的一步。

简易会计不仅要在"量"上简化,如所涵盖的经济业务较少、会计科目较少、报表比较简单、不涉及或少涉及复杂的业务等,而且要在"质"上做文章,如免除某些方面的要求,考虑与税法的相关衔接并努力财税合一,尽力让小企业方便核算、方便纳税。这又可以分为两个层面:一是以税法为导向的简易会计,二是完全按照税法要求记账、算账、报账的极简会计,即"财税合一"模式。换个角度说,所得税核算以税法为导向,增值税核算采用"财税合一"的做法。

事实上,在不少小企业业主的心目中,税法似乎是高于会计准则制度的,他们更愿意接受以税法为导向的核算理念。小企业的财会人员也愿意财税融合,从而减轻核算的负担,而不是财税分离下的核算方法,更不是越难、越繁越好。

如何协调会计与税务历来是各国会计职业界关注的重点。法国及其周边一些国家的会计实务强调会计处理应服从税法税则的要求并与其保持一致,财务会计被认为是面向税务的会计。美国于1976年发布《关于小企业根据公认会计原则提供的报表》,支持对小企业专门的统一会计准则的研究,并于2002年年底颁布小企业税务会计准则,要求小企业根据会计原则编制的会计报表与纳税申报表的编制基础一致。

二、小企业会计准则与简易会计

小企业会计准则体系由小企业会计准则及其应用指南两个部分组成。小企业会计准则主要规范小企业通常发生的交易或事项的会计处理,为小企业处理会计实务问题提供具体而统一的标准,采用章节体例,分为总则、资产、负债、所有者权益、收入、费用、利润及利润分配、外币业务、财务报表、附则共10章,具体规定了小企业会计确认、计量和报告的全部内容。应用指南主要规定会计科目的设置,主要账务处理,财务报表的种类、格式及其编制说明,为小企业执行《小企业会计准则》提供操作性规范。

《小企业会计准则》的主要内容概括如表1-2所示。该准则开宗明义,只是要求小企业按照该准则的核算办法进行会计确认、计量和报告,而不是为了进一步提高会计信息质量,从而凸显与企业会计准则立法宗旨的差异。

表1-2 《小企业会计准则》的主要内容

章 名	条款数	主要内容
第一章 总则	4条	立法宗旨、适用范围、执行本准则的相关规定

续表

章　名	条款数	主要内容
第二章　资产	40条	流动资产（包括货币资金、短期投资、应收及预付款项、存货等）、长期投资、固定资产、生产性生物资产、无形资产、长期待摊费用
第三章　负债	8条	流动负债（包括短期借款、应付及预收款项、应付职工薪酬、应交税费、应付利息等）、非流动负债（包括长期借款、长期应付款等）
第四章　所有者权益	5条	实收资本、资本公积、盈余公积和未分配利润
第五章　收入	7条	销售商品收入、提供劳务收入
第六章　费用	2条	营业成本、税金及附加、销售费用、管理费用、财务费用
第七章　利润及利润分配	6条	营业利润、利润总额、净利润、营业外收入、营业外支出、政府补助、利润分配
第八章　外币业务	6条	外币、外币交易、外币财务报表折算
第九章　财务报表	10条	资产负债表、利润表、现金流量表、附注
第十章　附则	2条	微型企业参照执行准则、准则施行日期
附录：会计科目、主要账务处理和财务报表		

小型企业的规模比较小，其从业人员、营业收入或资产总额都比较小或少。例如，在工业企业中，从业人员20～300人以下且营业收入300万～2 000万元以下的，为小型企业；在零售企业中，从业人员10～50人以下且营业收入100万～500万元以下的，为小型企业；等等。

在小型企业中，有的是小规模纳税人，有的是一般纳税人，有的具备小型微利企业条件，享有税收优惠政策。在会计核算方向上，允许小型企业以税法为导向，尽量将税收政策与会计准则协调一致；对少量不符合现行税法规定的核算内容进行纳税调整，但调整量不如大中型企业这么多而繁。相比大中型企业以《企业会计准则》为导向的标准会计，小型企业会计核算简便许多，被称为简易会计。

区别于《企业会计准则》，《小企业会计准则》具有以下三个方面的显著特点，从而凸显其核算上的简便性，方便会计编报、纳税申报、贷款申请、推行管理会计等。

1. 核算简易，信息透明，有助于业财融合

《小企业会计准则》最大的特点就是简易核算，降低对会计职业判断的要求，只对小企业常见业务的会计处理原则予以规范，不涉及投资性房地产、资产减值、企业年金基金、股份支付、企业合并、中期财务报告、合并财务报表、每股收益、关联方披露等

复杂内容。

例如，资产一律按照历史成本计量，不要求计提资产减值准备，对于发生的坏账，采用直接转销法核算，即在其实际发生且会计上已做损失处理的年度进行税务申报；没有规范公允价值核算内容，投资在持有期间公允价值发生变动，不要求进行会计处理，只要求在报表附注中披露短期投资的期末账面余额、期末市价、期末账面余额与市价的差额；简化了小企业确认收入的判断条件，规定小企业在发出商品且收到货款或取得收款权时确认收入的实现，减少了风险报酬转移等职业判断；等等。

凡是按照《小企业会计准则》进行会计处理的小企业，如果其发生的交易或者事项《小企业会计准则》未做规范的，应当根据《企业会计准则》的相关规定进行处理，这也是《小企业会计准则》与《企业会计准则》之间合理分工与有序衔接相结合的关系。

本身并不复杂的小企业业务，在简易核算的基础上方便了业财融合。业财融合要求小企业立足于业务信息，利用会计敏感度提炼出有价值的财务信息，并做到财务、业务(生产、销售、服务等)、信息技术三位一体，交互利用。

2. 税法导向，方便纳税，有助于财税融合

以税法为导向是《小企业会计准则》的最大亮点。例如，会计要素采用历史成本作为记账基础，没有采用税法上不认可的公允价值作为记账基础；长期股权投资采用成本法，不采用权益法；固定资产、无形资产、长期待摊费用全面考虑税法的规定；不需要预计负债，只要在附注中披露即可；在收入、费用的确认上尽量减少或缩小与现行税法的差距，减少纳税调整的项目和内容；采用应付税款法，不采用资产负债表债务法或纳税影响会计法。这样做既有利于提高会计信息的有用性，也有利于在保证会计信息真实可比的前提下降低会计核算和纳税申报的工作量，符合成本效益原则。当然，由于《小企业会计准则》与现行税法的目的和确认口径不同，两者之间依然存在着的差异还是需要纳税调整的。

会计与税务的有机结合被称为财税融合，其任务是双重的，既要以税法为标准，促使纳税人认真履行纳税义务，又要在会计准则的核算范围内如实反映企业的纳税情况。税务部门也可以利用小企业会计信息做出税收决策，包括是否给予税收优惠政策、采取何种征税方式、确定应征税额等，以减少小企业会计与税法的差异、减低计征成本、提高征管效率。

3. 算管融合，简化编报，有助于算为管用

小企业的日常核算与定期编报都要注意与企业经营管理实际相结合，所提供的会计信息应当满足企业经营管理和决策的需求。

小企业提供的报表还需要方便银行审贷。银行主要利用小企业会计信息做出信

贷决策,希望小企业按照国家统一的会计准则制度提供财务报表,可以让银行愿意放贷,进而缓解小企业的"融资难、贷款难"等问题。

差别报告最生动的体现源于管理会计的具体要求。小企业除了按规定编报统一的对外报告外,还可以编制内部报告。内部报告一般需根据企业的生产特点和管理要求自行设计,其格式和种类随实际情况的变化而调整。小企业会计能够坚持"算管融合、算为管用",将不断发挥会计信息对改善企业经营管理的积极作用。

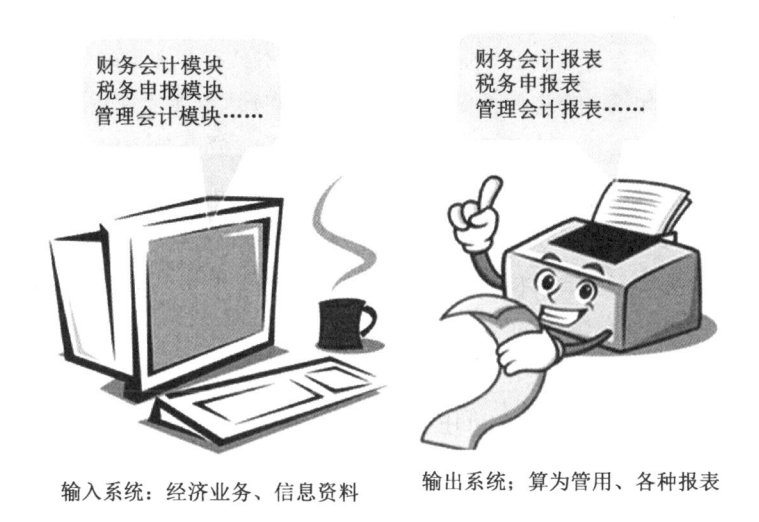

输入系统：经济业务、信息资料　　输出系统：算为管用、各种报表

图1—1　"算管融合、算为管用"的会计系统

温馨提示　小企业简易会计实施后,小企业的会计信息透明度提高、业财结合的融通性增强、核算工作效率更高,同时还具备财税融合、算管融合等优势,将彰显其实际应用价值。

三、微型企业与极简会计

微型企业通常既是小规模纳税人,又是小型微利企业,在增值税方面实行简易办法计算与纳税,还享有一定程度的免税政策,在核算上应按照现行税法的要求进行记账、算账、报账。

为了促进微型企业健康发展,并且不增加微型企业的负担,《小企业会计准则》第八十九条提出:"符合《中小企业划型标准规定》所规定的微型企业标准的企业参照执行本准则。"微型企业的规模非常小,包括从业人员、营业收入、资产总额都很小或很少。例如,在工业企业中,从业人员20人以下或营业收入300万元以下的为微型企业;在零售企业中,从业人员10人以下或营业收入100万元以下的为微型企业;等等。

　　法人企业或者非法人企业,只要从事营利性经营活动,又符合微型企业条件的,都可以参照执行《小企业会计准则》。

　　个体工商户或其他微型经济体能否参照执行《小企业会计准则》? 财政部会计司持开放态度,其编写的《小企业会计准则释义2011》认为:"公司制小企业、非公司制小企业(如合伙制的小企业),具有企业形式的小企业、不具有企业形式但形成会计主体的小型其他组织(如不具有金融性质的基金)等,都属于本准则所适用的小企业。"

　　承包经营、划小核算单位是推行管理会计的一条有效途径,对自主经营、自负盈亏、落实责任、降低成本作用显著。"阿米巴经营模式"源于稻盛和夫创业早年的困境,当时他一个人既负责研发,又负责营销,当公司发展到100人以上时就觉得苦不堪言,非常渴望有许多个自己的分身可以到各重要部门承担责任,于是,他把公司细分成所谓"阿米巴"的小集体,实现全员参与经营。在制造业,可以按产品或销售渠道等划小核算单位,使各责任主体更加明确。在零售业,往往可以划小核算单位至每个业务柜台……由此产生的微型经济体的内部核算办法可以参照《小企业会计准则》的有关规定。

　　相比小型企业,微型企业或微型经济体的会计核算可以更简便。例如,个体工商户的核算就是一套极简的会计核算模式。1997年1月1日执行的《个体工商户会计制度》(财会字〔1997〕19号)只设置了25个会计科目和3张会计报表(资产负债表、应税所得表、留存利润表),适用于我国境内所有按规定需要建账的个体工商户。对于规模更小或业务更简单的个体工商户,还可以按照《个体工商户简易会计制度》执行。该制度只设置了10个会计科目和1张应纳所得表,在核算上遵循简便易行的原则,会计所得就是税务部门征纳税款的依据。这就是一种典型的极简会计模式。

　　《小企业会计准则》对微型经济体提出参照执行的要求,意为鼓励执行并允许循序渐进,以扶持微型经济体平稳发展。

第三节　极简核算与简明报表

一、从设立企业开始进行会计核算

　　成洁是一个文学青年,酷爱写作,读书时就怀揣着"读书、创业、创作三合一"的梦想。在读大学期间,她选修过会计、管理等相关课程。毕业以后,她将"边读书、边卖书、边写书"的创业规划详细告诉了爸爸和大学生基金会,并分别得到爸爸10万元的资助和大学生基金会的借款10万元(免息一年)。

成洁为什么需要20万元的货币资金呢?她是这样预算的:首次进货(各种书刊)6万元,以备至少两个月所需;购买一辆客货两用车7万元,购置电脑等电器设备2万元,购买货架等办公用品3万元;其他费用预计2万元。

成洁创办的"文雅书苑"为独资企业,享受免缴增值税等优惠政策。由于初创时业务简单,成洁通过设置10个会计科目就进行了记账、算账、报账。创业生涯和会计核算就此开始。

资金收付对任何企业都是重要的,因为资金是流动着的"血液"。成洁将筹建期间的收支情况编制成资金收支日记账,如表1—3所示。

表1—3　　　　　　　　资金收支日记账(简单汇总式)　　　　　　　单位:元

月	日	摘　　要	增　加	减　少	结　余
		实收资本投入	100 000		100 000
		大学生基金借款	100 000		200 000
		购货支出		60 000	140 000
		购买固定资产		120 000	20 000
		本期发生额及期末余额	200 000	180 000	20 000

二、一目了然的资产负债表

成洁在上述账务处理的基础上试编了第一张资产负债表(如表1—4所示,成立之初只有期初数)。成洁最初设计的反映"文雅书苑"财务状况的总分类科目只有下列6个,相当简洁。

表1—4　　　　　　　　资产负债表(极简式)　　　　　　　　单位:元

资　产	金　额	负债与所有者权益	金　额
货币资金	20 000	借款	100 000
存货	60 000	实收资本	100 000
固定资产	120 000	未分配利润	0
资产总计	200 000	负债与所有者权益总计	200 000

资产负债表是对企业财务状况的"静态拍照"。这张"照片"涉及企业财务状况的三大要素：资产、负债与所有者权益（净资产），并建立起"资产＝负债＋所有者权益"的左右平衡式结构。右侧记录着"钱是怎么筹集到的"，左侧记录着"筹到的钱分布在哪些地方"。会计结构就是将复杂的问题经过归纳提炼的简化过程及其清晰的结果。

三、一看就懂的利润表

营业开始了，成洁将收支分类记录下来，并仔细观察经营活动的增减变动情况。

全月营业收入 50 000 元（平均进价为售价的 60%）；费用支出 19 000 元，其中，两个人的工资 7 000 元、门店租金 6 000 元、装修费用 5 000 元、水电等其他支出 1 000 元。一个月后，成洁编制了第一张利润表（如表 1—5 所示）。

表 1—5　　　　　　　　　利润表（极简式）　　　　　　　　单位：元

项　目	上期数	本期数
营业收入（售价）		50 000
减：营业成本——进价		30 000
营业费用——工资		7 000
营业费用——房租		6 000
营业费用——装修费		5 000
营业费用——水电费		400
营业费用——其他		600
利润总额		1 000

利润表是对一家企业一个阶段的经营情况进行的"动态摄像"。这段"摄像"分步列示了企业经营的三大要素：收入、成本费用与利润，并计算出经营成果"利润＝收入－成本费用"。成洁最初设计的反映"文雅书苑"经营成果的总分类科目只有 4 个，一目了然。

面对经营盈利 1 000 元，成洁有种收获感。她清楚，从第二个月开始就没有装修、注册登记等费用了，但应当计提折旧等（详见第九章的介绍）。

经过一个月的运营后，成洁编制出既有期初数又有期末数的资产负债表（比较会计报表，如表 1—6 所示），期初期末账情一清二楚。

表 1-6　　　　　　　　　　　资产负债表(极简式)　　　　　　　　　　　单位:元

资　产	期初数	期末数	负债与所有者权益	期初数	期末数
货币资金	20 000	51 000	借款	100 000	100 000
存货	60 000	30 000	实收资本	100 000	100 000
固定资产	120 000	120 000	未分配利润	0	1 000
资产总计	200 000	201 000	负债与所有者权益总计	200 000	201 000

四、简明扼要的现金流量表

经过一个月的经营后,为了分类反映资金收支的增减变动情况,成洁分别经营活动、投资活动、筹资活动编制了极简式的现金流量表(如表 1-7 所示)。现金流量表是针对"钱(资金)"这一运营命脉的动态描述,说明钱从哪里来、用到哪里去、增减变动后的钱还剩多少。

表 1-7　　　　　　　　　　　现金流量表(极简式)　　　　　　　　　　　单位:元

项　目	上期数	本期数
1.经营活动现金流入量(现销收入)		50 000
经营活动现金流出量(买存货、付费用)	60 000	19 000
经营活动现金净流量	-60 000	31 000
2.投资活动现金流入量		
投资活动现金流出量(购买固定资产)	120 000	
投资活动现金净流量	-120 000	
3.筹资活动现金流入量(投入资本、借款)	200 000	
筹资活动现金流出量		
筹资活动现金净流量	200 000	
4.全部现金净流量	20 000	31 000
加:期初现金余额	0	20 000
5.期末现金余额	20 000	51 000

上述三张主要报表的基本结构并不复杂,但相当重要。理解会计结构、看懂会计报表会帮助我们掌握通用的商业语言,对把握经济运行很有益处。

会计越简易,越容易入门。简易就是简约的、容易的、可操作的。核算越简单,信息越透明,管控越直接。当然,简单的并非是马虎的、草率的,而是有会计依据和理论支撑的。请读完这本书,你就会懂了。

第四节　差别报告与前景展望[*]

一、差别报告的国际模式

"没有规矩,不能成方圆。"20世纪是"会计规范的世纪",会计正在逐步成为国际通用的商业语言。

早期,国际会计准则及各国制定的会计准则主要针对大企业和上市公司,之后才考虑到中小企业的特殊性及其需求问题。

差别报告是将企业按规模大小分为不同类型,在进行会计核算和财务报告时针对不同规模企业的要求采取有所区别的做法。有比较才有鉴别和特色。

英国模式——专门制定小企业财务报告准则。英国是最早研究小企业会计准则的国家之一。英国认为,信息加工成本的负担主要体现在小企业主体上,在会计准则中应当允许存在不同的会计处理方法。1997年11月英国会计准则委员会正式发布《小企业财务报告准则》(FRSSE,又名《小型报告主体会计准则》),并于1999年3月、2000年3月、2002年6月、2005年1月、2007年1月和2008年4月多次修订。

加拿大模式——在原有准则的基础上给小企业某些条款的豁免。2002年2月,加拿大会计准则委员会发布了针对小企业的第1300号会计准则——《差别报告》。该准则规定,满足条件的非公开企业可以在按照公认会计准则编制财务报告时选择使用一些特定的条款,还专门设立了差别报告顾问委员会。2009年4月起加拿大会计准则委员会专门制定《私营企业的通用会计准则》。

澳大利亚模式——在公司法中规定差别报告的内容。根据公司法的规定,除非股东或澳大利亚证券交易委员会要求,小型私营企业一般不提供财务报告。澳大利亚自1992年起就实行"差别报告"。

归纳起来,国际会计实施差别报告分为一体法制定模式和分立法制定模式。

一体法是指在一个会计准则框架下考虑和处理中小企业的会计问题且在准则中提供报告豁免条款的办法,如澳大利亚、新西兰、加拿大、马来西亚等就采用这种模式。一些国家发布"差别报告框架"并对此展开研究。

分立法是指单独制定准则,使中小企业拥有自己独立的准则体系,如英国、日本、中国等就采用这种模式。日本从2005年起由日本会计准则委员会、会计师协会、税务师协会、商工会议所联合制定并发布中小企业会计指针,一直在修订中。2001年,国际会计准则委员会启动制定适用于中小企业的会计准则,并于2009年7月9日发布了《中小企业国际财务报告准则》,篇幅较短,体量只有《国际财务报告准则》的10%。

温馨提示 国际上对中小企业会计的指南一般具有以下特征:(1)简单,易懂,便于使用;(2)能够提供管理信息;(3)尽可能标准化;(4)足够灵活,以便适应企业的成长,并且提高中小企业随着其业务的扩张而使用国际会计准则的潜能;(5)兼顾纳税目的;(6)适应中小企业的经营环境。

二、差别会计的国内实践

我国不仅地大物博、人口众多,而且行业林立、参差不齐,在会计核算与管理方面一直比较重视差别会计。

"简易会计"的提法由来已久。1954年1月和1955年3月,我国财政部就印发过《国营工业企业统一简易会计科目及会计报表格式》和《国营建筑包工企业统一简易会计科目及会计报表格式》。自1997年起对于规模小或业务简单的个体工商户,可直接按照《个体工商户简易会计制度》记账、算账、报账。

改革开放以前,与高度集中的计划经济体制相适应,我国采取分所有制、分部门、分行业的方式分别制定会计核算制度,如国营工业企业会计制度、集体工业企业会计制度等,还对手工业生产合作社、二轻集体所有制企业、村集体经济、个体工商户等不同的经济组织实行有差别的核算办法,并发布过适合于各自对象范围的会计制度。差别核算由来已久,但却没有专门区分企业的规模大小。

1993年会计改革时,财政部颁布了工业企业会计制度、商品流通企业会计制度、运输(交通)企业会计制度、运输(铁路)企业会计制度、运输(民用航空)企业会计制度、邮电通信企业会计制度、农业企业会计制度、房地产开发企业会计制度、施工企业会计制度、对外经济合作企业会计制度、旅游服务企业会计制度、金融服务企业会计制度、保险企业会计制度共13个行业会计制度。这一阶段,所有企业,不论规模大小,均根据所处行业的不同,执行相应的分行业会计制度。随着市场经济的发展和企业经营机制的转换,越来越多的企业实现了跨行业、跨地区和跨国经营,按行业分别制定会计制度逐渐暴露出其局限性。

自2005年起实施的《小企业会计制度》打破了原先分行业、分所有制制定实施会计制度的模式,采用根据企业规模和内部管理的特点、外部会计信息使用者的需求的不同,分别执行《企业会计制度》和《小企业会计制度》。《小企业会计制度》中对于一些较为复杂的交易事项或者对于会计人员职业判断要求较高的处理方法给予了简化处理。

自2013年起实施的《小企业会计准则》区别于《企业会计准则》,仅适合于小微企业,原《小企业会计制度》同时废止。《小企业会计准则》在考虑企业规模和内部管理特点的基础上,立足于主要满足税务部门、银行等外部会计信息使用者的需求,大大简化了小企业的会计处理并且与税法规定保持了协调。

差别报告正在实施,但真正落实并不容易。例如,有些部门出于统计编报与汇总便利等的考虑,不习惯差别报告,还是在对报告的格式与要求进行统一。

三、简易核算理论及其发展动态

任何国家的企业构成中,小企业总是最多的。重视小企业就是要让小企业轻装上阵。既简又易、既少又精是简化小企业会计核算与实施差别报告的必然趋势。20世纪90年代美国曾出版了《简易会计》。不少国家有《世界上最简单的会计书》等。简易会计是当前小企业所面临的会计环境的客观要求,有着一定的理论基础。

一是共性与个性理论。共性是指不同事物的普遍性质,个性是指一个事物区别于其他事物的特殊性质。会计既有共性又有个性。会计的基本原理决定会计的基本性质,会计的个性差异揭示不同会计之间的差别性。个性体现并丰富着共性。

二是矛盾特殊性原理。对具体事物进行具体分析要求不同性质的矛盾应当采用不同的方法解决,不能只套用一种会计标准模式而忽视实务之间的差异性。

与大中型企业相比,小企业一是经营规模较小、经营方式灵活,不在或主要不在资本市场上筹集资金,多处于创业阶段和成长初期;二是所有权与经营权没有明确分离,管理结构较为简单;三是会计基础比较薄弱,对会计信息披露的要求相对简单,会计信息需求与大中型企业相比存在着很大的差别。所以,应当对症下药地解决小企业存在的问题,防止"一般化""一刀切"。

如何将各种不同特征的会计主体纳入恰当的会计准则或制度所规定的范围内,体现不同性质会计主体的会计信息使用者的不同信息需求,是实施差别报告制度的本质所在。由于各国经济发展水平不同、产业背景不同,因此,所界定的差别情况有所不同。

三是效率理论。效率是指单位时间内完成的工作量,或是指最有效地使用社会资源以满足人们的愿望和需要。会计信息应当充分考虑简洁明了的客观需求。小企业因其核算对象小而简,因其核算内容少而易。简即简单、简明,易即容易、便利,简明容易才能简洁明了。简易会计(包括极简会计)是相对于大中型企业的会计体系而言的。

当今世界,"轻"资产、"轻"规模、"轻"生产的企业不断诞生,并推广着"把企业做小,把用户做大的新型企业运营模式",推崇着"企业越简单越高效"。马云曾说:"我认为世界在从大公司向小公司转移。我相信小就是美,小就是强。"[1]极简公司需要极简会计。极简产生极效,可能是当下适宜的生存之道。如果要求小微企业与大中型企业一样按照《企业会计准则》的标准执行,会由于烦琐耗时、缺乏相关性等问题而造成小企业会计核算"超载",不符合成本效益原则。

小企业之间是否存在差异?小企业是否需要进一步分级以细化差别财务报告制度?这些问题值得进一步研究。企业分级的主要目的是细化差别报告制度。

新西兰《财务报告法案1993》采用"双层制"的财务报告规则:最高层次由"报告主体"组成,要求整体上执行新西兰会计准则;最低层次由"豁免公司"组成,这部分企业可以按照简化要求编制财务报告。1994年,该法案又增加了一个中间层次,将无公众责任、所有者与经营者合一、规模不属于大企业的报告主体纳入差别报告主体,可以按照差别报告原则简化会计准则的执行,从而降低编制财务报告的成本。

联合国国际会计和报告准则政府间专家工作组(ISAR)建议按财务报告的要求,将中小企业分为三个层次:第一个层次是指公开发行证券或关乎公众利益的企业,应当全面遵守国际会计准则;第二个层次是指不公开发行证券或不必向公众提供财务报告的企业,可采用简化的国际会计准则;第三个层次是指业主从事管理工作、只有少数雇员、规模很小的企业,允许采用与现金交易密切相关的简单权责发生制。

道法自然。简易是一种自然规律。万事万物都自觉或不自觉地按照简易的方式方法运作。"万物之始,大道至简,衍化至繁。"(老子《道德经》)大道理(指基本原理、方法和规律)是极其简单的,把复杂冗繁的表象层层剥离之后就是事物最本质的大道理。以简单、平实的形式表达复杂多变的客观事实,就是简洁之美的规则。人为弄得很深奥是因为没有看穿实质,人为搞得很复杂是因为没有抓住关键。

在生活和工作中,人们的一言一行倾向于简易,甚至挖空心思去考虑简易的办法。水是地球生物的"血液"。老子认为,"上善若水"。地球上的万物都受水的润泽,没有水也就没有生命。但水的构成非常简单——由两个氢原子和一个氧原子构成。能以简单平实的形式表达繁芜杂乱的事实才是简洁之美。大道至简,越是简易的,可能越有效、越长久。简易会计就是通过提炼行之有效的实务经验,总结符合国情的会计核算模式,体现中国智慧和中国方案。

---

[1] 杨挺伟. 极简公司[M]. 北京:金城出版社2018年版。

第二章

会计基础与核算原理

第一节 会计要素与会计计量

一、会计对象与会计要素

企业虽小,但经济业务却可能灵活多变,会计核算应当以业务为基础,在业财融合的核算体系中分门别类加以反映,以满足不断变化的管理需求或信息需求,这是重要的核算理念或指导思想。

会计对象是指小企业所发生的各项经济业务活动,是会计核算的客体。会计要素是对会计对象按经济业务内容的基本分类,是进行会计确认、计量、记录与报告的依据,包括反映财务状况的静态会计要素(资产、负债、所有者权益)和反映经营成果的动态会计要素(收入、费用、利润),从而成为会计理论的基石(如图2-1所示)。

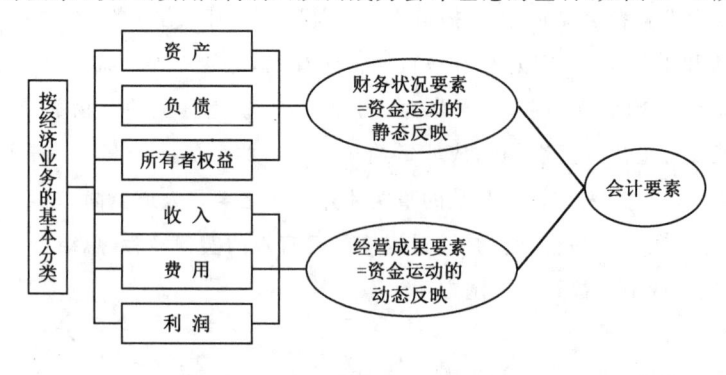

图 2-1 会计要素与会计理论基石

第一组为资产、负债和所有者权益,是反映静态财务状况的三个要素,被称为"资产负债表要素"。资产是企业所拥有的财产,也是资金的占用形态;负债是债权人的权益,资本则归属于所有者,它们是与资产相对应的取得途径,即资金来源,简称权益。资产与权益之间的数量关系可通过财务状况的会计等式概括如下:

资产＝负债＋所有者权益

第二组为收入、费用和利润,是反映企业动态经营成果的三个要素,被称为"利润表要素"。收入是经济活动中经济利益的总流入,费用是经济活动中经济利益的总流出,收入与费用相配比即形成经济活动的利润。三者之间的数量关系可通过经营成果的会计等式概括如下:

收入－费用＝利润

二、会计计量与历史成本

会计信息是一种定量化的信息,所以会计核算从会计计量开始。

如同长度、重量属于实物计量单位,会计以货币(元)作为主要计量单位,货币成为会计要素金额的确定基础,计量方法包括历史成本、重置成本、可变现净值、现值和公允价值等。

会计计量是对会计要素按货币量进行量化的过程,即将符合确认条件的会计要素登记入账并列报于财务报表从而确定其金额的过程。考虑税法导向,小企业的会计计量一律采用历史成本(实际成本),即对于取得或制造某项财产物资时所实际支付的现金或者现金等价物,没有采纳可变现净值、现值和公允价值等现行税法不确认的计量属性。

按照历史成本进行会计核算时,要求对某项资产按其取得或交换时的实际价格计价入账,入账后的账面价值(历史成本)在该资产存续期间一般不做调整。例如,某企业5年前购买一间办公房花费500万元,记账时按其实际发生的支出500万元入账。即使目前该办公房市价为800万元,也不对其入账价值进行调整,账面上仍为取得时的实际成本,即历史成本。

温馨提示 遵循历史成本的合理性在于:历史成本是买卖双方交易的结果,反映当时的市场价格;有原始凭证作为依据,具备可验证性;其数据易于取得,并与实现原则相联系;其计价方法无须经常调整,可防止随意改变会计记录,有助于维护会计信息的客观性和可靠性。

第二节　财务状况要素及其特征

一、小企业资产的特征与核算内容

小企业拥有多少财产？这些财产分布在什么地方？具体有哪些表现形态？这是"资产"所要回答的问题。

资产是指小企业过去的交易或者事项形成的、由小企业拥有或者控制的、预期会给小企业带来经济利益的资源。

资产一般具有以下基本特征：

(1)资产应为小企业拥有或者控制的经济资源，如果小企业既不拥有也不控制资产所能带来的经济利益，就不能将其作为小企业的资产予以确认。

(2)资产预期会给小企业带来经济利益，包括直接或者间接导致现金流入小企业的潜力。这是资产的重要特征。

(3)资产是由小企业过去的交易或者事项形成的，包括购买、生产、建造等行为以及其他交易或事项。小企业预期在未来发生的交易或者事项，由于不符合资产的定义，因而不能确认为资产。

小企业的资产按照流动性，可分为流动资产和非流动资产。

小企业的流动资产是指预计在 1 年内(含 1 年，下同)或超过 1 年的一个正常营业周期内变现、出售或耗用的资产，包括货币资金、短期投资、应收及预付款项、存货等。

小企业的非流动资产是指流动资产以外的资产，包括长期债券投资、长期股权投资、固定资产、生产性生物资产、无形资产和长期待摊费用等。

小企业的资产要求按照实际成本(历史成本)计量，不采用公允价值计量，也不要求计提资产减值准备，各项资产在实际发生损失时，参照企业所得税法和国家税务总局关于企业资产损失所得税税前扣除管理办法中的有关认定标准，直接计入营业外支出。

小企业发生的资产损失，应按规定的程序和要求向主管税务机关申报后，方能在税前扣除；未经申报的损失，不得在税前扣除。小企业的实际资产损失，应当在其实际发生且会计上已做损失处理的年度申报扣除。

二、小企业负债的特征与核算内容

小企业从哪里取得借款等债务资金？这些债务资金分布在什么地方？具体有哪

些表现形态？这是"负债"所要回答的问题。

负债是指小企业过去的交易或者事项形成的，预期会导致经济利益流出小企业的现时义务。

负债一般具有以下基本特征：

(1)负债的清偿预期会导致经济利益流出小企业，包括以现金、其他资产或提供劳务来清偿。

(2)负债是小企业的现时义务，即小企业在现行条件下已承担的义务。

(3)负债是由过去的交易或事项形成的、将在到期日清偿的交易或者事项，业务计划、承诺事项等不应当确认为负债。

小企业的负债按照流动性，可分为流动负债和非流动负债。

小企业的流动负债是指预计在1年内或者超过1年的一个正常营业周期内清偿的债务，包括短期借款、应付及预收款项、应付职工薪酬、应交税费、应付利息和应付利润等。

小企业的非流动负债是指流动负债以外的负债，包括长期借款、长期应付款（如应付融资租入固定资产的租赁费、以分期付款方式购入固定资产发生的应付款项）和递延收益等。

小企业的各项流动负债应当按照其实际发生额入账。

三、小小企业所有者权益的特征与核算内容

小企业从股东那里取得了多少投入资本？这些主权资本是增值了还是贬值了？具体有哪些表现形态？这是"所有者权益"所要回答的问题。

所有者权益是指小企业的资产扣除负债后由所有者享有的剩余权益。

对于小企业而言，形成资产的资金不外乎两类：一类是借入的资金，属于债权人权益，债权人对小企业资产的要求权形成了小企业的负债；另一类是投入的资金或小企业经营所得。投资人对小企业资产的要求权形成了小企业的净资产。净资产是资产扣除负债后的剩余权益，属于所有者权益。小企业的经营盈亏归属于所有者权益。

所有者权益一般具有以下基本特征：

(1)除非发生减资、清算或分派现金股利，小企业不需要偿还所有者权益。

(2)所有者权益是一种剩余权益，小企业清算时，只有在清偿所有负债后，所有者权益才返还给所有者。

(3)投资人凭借所有者权益能够参与小企业利润的分配。

小企业的所有者权益包括实收资本（或股本）、资本公积、盈余公积和未分配利润。

小企业接受各方投资者投入的资本金,应符合资本保全制度的要求,除法律法规有规定者外,不得随意抽回。小企业扩大规模增资或收缩规模减资都要报股东会批准,并在工商行政管理部门注册登记。对于投资者投入的资本金,一般称之为实收资本,在股份有限公司被称为股本。收到投资人投入的超过其在注册资本(或股本)中所占份额的部分作为资本溢价(或股本溢价),计入资本公积。

小企业的留存收益包括盈余公积和未分配利润。

小企业实现的利润在缴纳企业所得税后,可按规定从税后利润中提取10%的法定盈余公积和一定比例的任意盈余公积。小企业可以用盈余公积弥补亏损、转增资本,或留存着用于扩大生产经营规模。

未分配利润属于小企业所有者权益的组成内容之一。经过股东决议后,小企业出于发展生产等各种客观需要的考虑,其年度利润可以不全部分配。为了平衡各会计年度的投资报酬水平,谋求长远发展,以丰补歉,保证小企业的发展后劲,逐步提高职工福利水平,小企业可以留出部分利润不进行分配,或者将上年年末的未分配利润并入本年利润进行分配,或者再留余额转入下一年度等。

第三节 经营成果要素及其特征

一、小企业收入的特征与核算内容

小企业的收入从哪里来?是怎样取得的?具体表现在哪些方面?这是"收入"所要回答的问题。

收入是指小企业在日常生产经营活动中形成的、会导致所有者权益增加的、与所有者投入资本无关的经济利益的总流入。

收入一般具有以下基本特征:

(1)收入是小企业在日常生产经营活动中形成的,是费用的回报。例如,工业企业销售产品、商业企业销售商品、咨询公司提供咨询服务、软件开发公司为客户开发软件、安装公司提供安装服务、租赁公司出租资产等活动均属于小企业为完成其经营目标所从事的经常性活动,由此形成的经济利益的总流入构成小企业的收入。收入是所得,费用是所失,有所失才会有所得,所得应当大于所失。

(2)收入最终会导致小企业所有者权益的增加。小企业为第三方或客户代收的款项,如代为收取的增值税等,一方面增加了小企业的资产,另一方面增加了小企业的负债,并不增加小企业的所有者权益,因而不构成小企业的收入。

(3)收入与所有者投入资本无关。所有者向小企业投入资本主要是为谋求小企业资产的剩余权益,由此形成的经济利益的总流入不构成小企业的收入,而应确认为小企业所有者权益的组成部分。

小企业的收入按其从事日常生产经营活动性质的不同,可分为主营业务收入和其他业务收入。

二、小企业费用的特征与核算内容

小企业的资金(钱)用到哪里去了？是怎样花费的？具体表现在哪些方面？这是"费用"所要回答的问题。

费用是指小企业在日常生产经营活动中发生的、会导致所有者权益减少的、与向所有者分配利润无关的经济利益的总流出。

费用一般具有以下基本特征：

(1)费用是小企业在日常生产经营活动中发生的,获取收入的垫支。小企业在日常生产经营活动过程中发生的耗费,从构成内容上来说,有原材料、燃料、动力、工资、折旧费、销售费用、管理费用、财务费用及其他支出等。这些消耗有的直接用于产品的生产,构成产品成本中的直接材料、直接人工和其他直接费用；有的用于组织管理车间生产而构成制造费用；有的服务于销售过程而构成销售费用；有的用于企业行政管理部门而构成管理费用；有的为筹集资金而构成财务费用；等等。

(2)费用表现为资产的减少或负债的增加,最终会导致所有者权益的减少。例如,耗用材料表现为资产的减少,负担利息可能引起负债的增加等。

(3)费用是与向所有者分配利润无关的经济利益的总流出。

小企业的费用按照功能,可分为营业成本、税金及附加、销售费用、管理费用和财务费用等。

小企业(制造业)一定时期的费用通常由产品生产成本和期间费用两个部分构成。产品生产成本由直接材料、直接人工和制造费用三个成本项目构成,期间费用包括管理费用、财务费用和销售费用三项。

小企业应当根据生产特点和成本管理的要求,选择适合本企业的成本核算对象、成本项目和成本计算方法。

小企业发生的各项生产费用,应当按照成本核算对象和成本项目分别归集：属于材料费、人工费等直接费用的,直接计入基本生产成本和辅助生产成本；属于辅助生产车间为生产产品提供的动力等直接费用的,可以先作为辅助生产成本进行归集,然后按照合理的方法分配计入基本生产成本,也可以直接计入所生产产品发生的生产成本。其他间接费用应当作为制造费用进行归集,月度终了再按一定的分配标准分配计入有关产品的成本。

三、小企业利润的特征与核算内容

小企业的经营成果是什么？是怎样取得的？具体表现在哪些方面？这是"利润"所要回答的问题。

利润是指小企业在一定时期的收入抵减支出后的差额,是配比计算后的经营成果,反映小企业经营管理的综合业绩,是小企业经济效益的最终体现,将引起所有者权益的增加。

作为营利性经济组织,小企业应当以收抵支,其取得的利润当然是越多越好。但从小企业可持续发展的角度来看,利润还应当有现金流量支撑。要利润,更要现金流量。

由于利润是收支抵减后的结果,因此,利润的确认必然与收入、费用的确认密切相关,直接受收入、费用的影响。小企业的会计核算一般应当遵循权责发生制的核算要求,并根据配比原则,将一定时期的收入与相关的费用相配比,形成一定时期的经营成果。利润的确认时间与收入、费用的确认时间应当一致,即在有了耗费并取得收入时确认利润的实现。在实际工作中,小企业一定时期利润的确认通常是在期末(月末、季末、年末)进行的。

第四节 会计科目与账户设置

一、小企业会计科目的设置与分类

会计科目是对会计要素的具体内容进行分类的标志(即所赋予的名称),为会计凭证、会计账簿、会计报表,以及会计业务处理程序等的设计奠定基础。

《小企业会计准则》将会计科目分为五大类共66个,六大会计要素中前三个要素的名称(资产、负债和所有者权益)保持不变,将后三个要素的名称(收入、费用和利润)适当简并为成本类和损益类。

(一)资产类会计科目

根据资产的流动性强弱,将资产类会计科目分为流动资产类会计科目和非流动资产类(包括长期投资、固定资产、无形资产和长期待摊费用等)会计科目。

(二)负债类会计科目

根据债务偿还期限的长短,将负债类会计科目分为流动负债类会计科目和非流动负债(长期负债)类会计科目。

(三)所有者权益类会计科目

所有者权益类会计科目包括资本类会计科目和留存收益类会计科目。

(四)成本类会计科目

成本类会计科目分为制造成本类会计科目和其他成本类会计科目。

(五)损益类会计科目

损益类会计科目分为收入类会计科目和费用类会计科目。

《小企业会计准则》中规定的一级会计科目(总分类科目)列示于表2—1。会计科目一般采用四位数编号,第一位表示科目的大类,第二位表示科目的小类,第三位和第四位表示各小类之下科目的序号。例如1002号科目,从左至右,第一位数字"1"代表资产大类,第二位数字"0"代表货币资金小类,第三位和第四位数字"02"代表货币资金类"银行存款"科目的序号。会计科目的编号除了表明其类别和具体名称外,还有助于填制会计凭证、登记账簿以及实现会计电算化。

表2—1 小企业会计科目一览表

类别	顺序号	编号	会计科目名称	顺序号	编号	会计科目名称	类别
资产类	1	1001	库存现金	33	2001	短期借款	负债类
	2	1002	银行存款	34	2201	应付票据	
	3	1012	其他货币资金	35	2202	应付账款	
	4	1101	短期投资	36	2203	预收账款	
	5	1121	应收票据	37	2211	应付职工薪酬	
	6	1122	应收账款	38	2221	应交税费	
	7	1123	预付账款	39	2231	应付利息	
	8	1131	应收股利	40	2232	应付利润	
	9	1132	应收利息	41	2241	其他应付款	
	10	1221	其他应收款	42	2401	递延收益	
	11	1401	材料采购	43	2501	长期借款	
	12	1402	在途物资	44	2701	长期应付款	
	13	1403	原材料	45	3001	实收资本	所有者权益类
	14	1404	材料成本差异	46	3002	资本公积	
	15	1405	库存商品	47	3101	盈余公积	
	16	1407	商品进销差价	48	3103	本年利润	
	17	1408	委托加工物资	49	3104	利润分配	

续表

类别	顺序号	编号	会计科目名称	顺序号	编号	会计科目名称	类别
资产类	18	1411	周转材料	50	4001	生产成本	成本类
	19	1421	消耗性生物资产	51	4101	制造费用	
	20	1501	长期债券投资	52	4301	研发支出	
	21	1511	长期股权投资	53	4401	工程施工	
	22	1601	固定资产	54	4403	机械作业	
	23	1602	累计折旧	55	5001	主营业务收入	损益类
	24	1604	在建工程	56	5051	其他业务收入	
	25	1605	工程物资	57	5111	投资收益	
	26	1606	固定资产清理	58	5301	营业外收入	
	27	1621	生产性生物资产	59	5401	主营业务成本	
	28	1622	生产性生物资产累计折旧	60	5402	其他业务成本	
	29	1701	无形资产	61	5403	税金及附加	
	30	1702	累计摊销	62	5601	销售费用	
	31	1801	长期待摊费用	63	5602	管理费用	
	32	1901	待处理财产损溢	64	5603	财务费用	
				65	5711	营业外支出	
				66	5801	所得税费用	

温馨提示 小企业可以结合自身实际情况,选择并设置相关会计科目进行账务处理,并确认一套由一级科目(总分类会计科目)、二级科目(子目)和三级科目(细目)构成的会计科目体系,其中二级科目和三级科目也称为明细科目。一级科目可以根据小企业的实际情况自行增设、分拆或合并;明细科目可以根据小企业的实际情况自行设置。

表2—1中的一级会计科目在记账时应当写全称,既不能多写一个字或少写一个字,也不能写错别字或杜撰的简体字。

二、账户设置与账户结构分析

各会计要素在数量方面的增减变动是经济业务发生的结果。对各会计要素数量方面增减变动的记录,实质上是对经济业务内容的描述。例如,小企业从银行提取现金1 000元,该项经济业务发生后,使银行存款减少了1 000元,库存现金增加了1 000元;又以现金200元购买培训资料后,使管理费用增加了200元,库存现金减少了200元。这些经济业务都反映了资产要素发生的增减变动。

仅仅将会计对象划分为六大会计要素还不够具体、细致,按照细化管理的要求,需要对各个会计要素的具体内容做进一步分类,并赋予专门的名称,使具体核算对象更具有系统分类性和相对独立性。例如,小企业的库存现金、银行存款、原材料、辅助材料、燃料、厂房、机器设备和运输工具等都属于小企业的资产,但这些资产的特点不尽相同,在经济管理方面的要求也有区别,为了分别监督与核算这些资产的增减变动情况,就要对它们进行分类,并用简单、通俗的名称来概括。资产中的厂房、机器设备和运输工具属于小企业的劳动资料,它们在小企业的生产经营过程中能较长期地发挥作用而不改变实物形态,只有经过多次反复使用直至其丧失使用价值时才需要更新,根据这些共性,可以将这些劳动资料归为一类,并用"固定资产"表示。材料、辅助材料和燃料等属于劳动对象,是用来制造产品的材料,并且一经投入生产过程就会改变其原来的实物形态,根据这一共性,可以将它们归入"原材料"一类……于是,人们根据经济管理和会计核算的要求,对各个会计要素所包括的具体内容进行的科学分类称为账户名称(即会计科目),如"固定资产""原材料""库存现金"和"银行存款"等。只有通过设置账户,才有可能对经济业务的发生所引起的各个会计要素具体内容的增减变动情况做出正确的记录,提供系统分类的会计信息,并使会计指标口径一致、相互可比。

简言之,账户是根据会计科目开设、用来分类记录经济业务、具有一定格式的账页。账户由账户名称(会计科目)和账户结构两个部分组成。设置账户是会计核算的一种专门方法。

经济业务发生后所引起的各个会计要素在数量上的变化不外乎增加和减少两种情况,与之相适应,用以记录经济业务的账户在结构上也应划分为两个部分,通常分为左方和右方(或借方和贷方),分别记录各个账户所反映的具体内容的增加额和减少额。T形账户是账户最基本的结构形式。资产类、负债和所有者权益类、成本类及损益类账户的基本结构如图2—1所示。

资产类账户
账户名称

期初余额	×××.××		
本期增加额	×××.××	本期减少额	×××.××
……		……	
本期发生额	×××.××	本期发生额	×××.××
期末余额	×××.××		

负债和所有者权益类账户
账户名称

本期减少额	×××.××	期初余额	×××.××
……		本期增加额	×××.××
本期发生额	×××.××	……	
		本期发生额	×××.××
		期末余额	×××.××

成本类账户
账户名称

本期增加额	×××.××	本期减少或转销额	×××.××
……		……	
本期发生额	×××.××	本期发生额	×××.××
期末余额	×××.××		

损益类账户
账户名称

本期减少或转销额	×××.××	本期增加额	×××.××
……		……	
本期发生额	×××.××	本期发生额	×××.××

图 2—1　账户的基本结构

教学中使用的上述 T 形账户并不能满足实务中记账的要求,如经济业务发生的日期、记账的依据、经济内容的要点和金额等,都应记录下来。会计实务中所采用的三栏式账户的基本格式如表 2—2 所示。

表 2—2　　　　　　　　　　三栏式账户
账户名称(会计科目)

年		凭证号数	摘要	√	借方	贷方	借或贷	余额
月	日							

账户具有一定的格式,除列明账户名称外,通常设有"日期""凭证号数""摘要""借方""贷方"和"余额"栏。其中,账户的借方与贷方分别记录增加或减少的金额,增减金额相抵后的差额称为余额,余额又可分为期初余额和期末余额。于是,通过账户的记录,至少能够提供该账户的期初余额、本期增加额、本期减少额和期末余额四个指标。

期初余额是上期结转下来的数额,即上期期末余额。

本期增加额是一定时期(月、季、年)内登记在账户中的增加金额之和。

本期减少额是一定时期(月、季、年)内登记在账户中的减少金额之和。

期末余额是在没有期初余额时,本期增加数与减少数相抵后的差额;在有期初余额时,期末余额的计算公式如下:

$$期初余额+本期增加发生额-本期减少发生额=期末余额$$

综上所述,设置账户的意义可概括为两个方面:一方面可以把所有经济业务科学地加以分类和归集,以便提供分门别类的管理信息;另一方面通过账户的记录与整理,核算和监督各项业务情况及其经济指标的增减变动。

温馨提示 账簿的演变源远流长。在唐代的官厅会计中,已有"旧管""新收""开除""实在"的"四柱结算法"。"旧管"即"期初余额(或上期结存)","新收"即"本期增加额","开除"即"本期减少额","实在"即"期末余额"。"四柱结算法"的基本公式为"旧管+新收-开除=实在"。古人形象地把它们比喻为支撑大厦的四根支柱,缺一不可。明代从账簿到各种会计报表、统计报表,以及各种名籍的编制,均以"四柱"为基本格式。清代"四柱结算法"已覆盖凭证、盘点清单等各个方面,光绪年间出现了"四柱报告表"。在官厅会计中,考核财政收支是否平衡,可采用"四柱平衡公式"和"四柱差额平衡公式",原因是按照"四柱结算法"核算的结果,收入有源,支出有因,计算正确,条理分明。所以,"四柱结算法"的核算思想成为"中式会计"的基本原理。

三、总分类账户与明细分类账户

会计管理需要分层进行,账户设置也应当是这样。会计核算从账户设置开始就要考虑到算管结合,算为管用。

总分类账户又称"一级账户",是按照对资产、负债、所有者权益、收入、费用和利润具体内容的分类而设置的会计账户。例如,"原材料"账户就是总分类账户,其核算内容包括原料、主要材料、辅助材料和燃料等,这一账户的核算可为小企业提供总括的有关全部材料的增加、减少和结余的数据资料。总分类账户是其所属各级明细分类账户的统驭账户,对其所属各级明细分类账户起着控制的作用,其反映的期初余额、本期发生额和期末余额应与其所属各级明细分类账户的期初余额、本期发生额和期末余额的合计数相等。

明细分类账户简称"明细账户",是按照对总分类账户具体内容的分类而设置的会计账户。例如,根据"原材料"总分类账户所包括的具体内容,可分别设置"原料及主要材料""辅助材料"和"燃料"等明细分类账户。根据明细分类账户进行的核算可为小企业提供有关每一类材料增加、减少和结余的数据资料。同样,根据需要还可以对"原料及主要材料""辅助材料"和"燃料"等明细分类账户做进一步分类,以便提供更详细、更具体的数据资料。例如,根据"原料及主要材料"中原料的品名、规格等标准,可分为甲材料、乙材料等若干类别,这样做有利于核算与监督全部和各种原材料的收、发、结存情况,保证账实相符。在这里,通常将"原料及主要材料""辅助材料"和"燃料"称为二级明细账户,"甲材料"和"乙材料"称为三级明细账户。明细分类账户是对某一总分类账户或二级明细账户按其具体组成内容分账户登记和反映其增减变动及结果的一种账户。明细分类账户按明细科目登记,除应用货币度量外,有时还应用实物度量,它们所提供的明细核算资料对它们所归属的总分类账户起着补充说明的作用。

二级明细账户是介于总分类账户和三级明细账户之间的一种账户,其所提供的核算资料比总分类账户更详细,比三级明细账户更概括。例如,"短期投资"是用以核算小企业购入的能随时变现并且持有时间不准备超过 1 年的投资,其可以按照股票、债券、基金等短期投资的种类进行二级明细分类核算,再按照具体投资品种进行三级明细分类核算。设置二级明细账户是为了便于取得某些特定的核算资料,或便于对为数较多的明细分类账户进行控制和核对。在设有三级明细账户的情况下,二级明细账户只要把所属相关的三级明细账户按其所归属的二级明细账户进行排列,经汇总计算后便可取得所需的资料。

会计核算正是通过运用不同层次的会计账户进行明细核算而为经营管理提供分门别类的信息,所以,明细核算可以根据分类管理的需求不断细化。按照总分类账户进行的总括核算称为总分类核算。按照明细分类账户进行的具体核算称为明细分类核算。会计账户各层次之间的关系如图 2-2 所示。

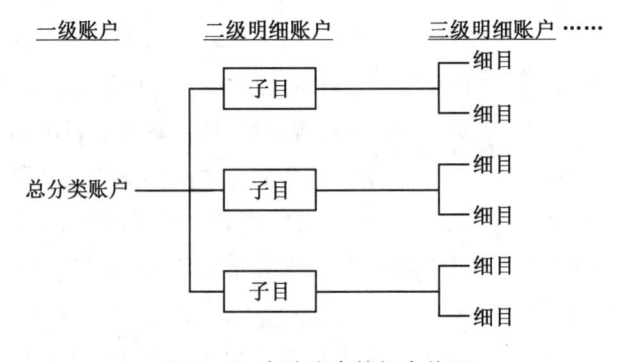

图 2-2 会计账户的级次关系

四、复式记账原理与会计要素变动结果

每一项经济业务发生以后,会计应当如何记录下来并且反映出来呢?

秦汉时期建立起"单式记账法",以"出"和"入"作为记账符号,以"入-出=余"作为结算的基本公式,即"入出(收付)记账法"(又称"三柱结算法")。这种"上收下付"或"左收右付"的单式记账方法一般只记录现金收付、人欠欠人事项,难以反映经济业务的来龙去脉。

明末清初产生了"复式记账法",把全部账目分为"进""缴""存""该"四个部分,"进"是指全部收入,"缴"是指全部支出,"存"是指资产(包括债权),"该(欠)"是指负债和资本(业主投资),四者之间的关系就是"进-缴=存-该"的会计平衡等式。年终办理结算时,"进"大于"缴"或"存"大于"该"即盈利,反之则为亏损,并分别编制"进缴表"和"存该表"。两表中计算出的盈亏数应当相等,称为合"龙门",以此勾稽全部账目的正误,"龙门账"因此得名。

复式记账要求在反映每一项经济业务时,以相等的金额同时在相关的至少两个账户中进行登记,从而完整地反映一项经济业务。例如,一个资产类项目的增加可能引起另一个资产类项目的减少(如从银行提取现金),或引起负债类项目的增加(如向银行借款),或引起所有者权益类项目的增加(如投资者投入资金)等。这些增减变动的项目虽各不相同,但它们之间的增减变化具有"复式"规律可循。

某一项经济业务发生后,可能只引起某个会计要素内相关项目发生增减变动,也可能同时引起两个(或更多)会计要素内相关项目发生增减变动。根据会计恒等的数量关系,可以推知资产、负债、所有者权益、成本、收入和费用之间的增减对应关系(如图2-3所示)。

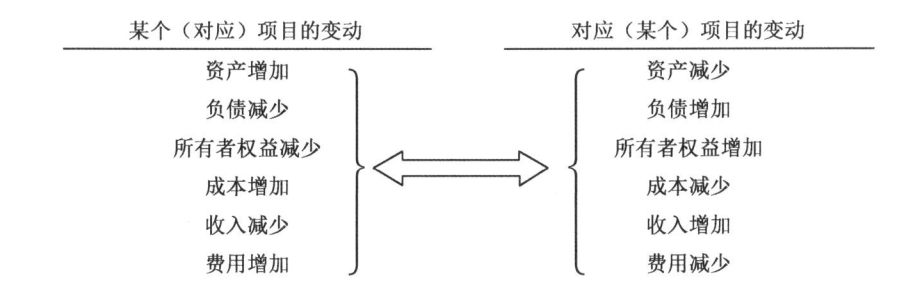

某个(对应)项目的变动	对应(某个)项目的变动
资产增加	资产减少
负债减少	负债增加
所有者权益减少	所有者权益增加
成本增加	成本减少
收入减少	收入增加
费用增加	费用减少

图2-3 会计要素增减变化的对应关系

在图 2—3 中，左列任何一个项目的变动都会引起右列中至少一个项目发生相应变动；反之，右列任何一个项目的变动也会引起左列至少一个项目发生相应变动。下面以经济业务为例，说明会计要素增减变化的具体情况。

〖例 2—1〗 从银行提取现金 800 元，以备零用。

这项经济业务的发生引起资产类项目"库存现金"增加 800 元，同时引起另一资产类项目"银行存款"减少 800 元。资产类账户的增加数登记在左方，减少数登记在右方。按照复式记账原理，将这项经济业务在相关账户中登记如下：

资产类账户 库存现金		资产类账户 银行存款	
期初余额 ×××.××		期初余额 ×××.××	
▶ 2-1 800.00			2-1 800.00 ◀

〖例 2—2〗 向工商银行借入短期借款 80 000 元，存入银行。

这项经济业务的发生引起资产类项目"银行存款"增加 80 000 元，同时引起负债类项目"短期借款"增加 80 000 元。资产类账户的增加数登记在左方，减少数登记在右方；负债类账户的增加数登记在右方，减少数登记在左方。按照复式记账原理，将这项经济业务在相关账户中登记如下：

资产类账户 银行存款		负债类账户 短期借款	
期初余额 ×××.××			期初余额 ×××.××
▶ 2-2 80 000.00	2-1 800.00		2-2 80 000.00 ◀

〖例 2—3〗 某投资者投入一项专利技术，价值 200 000 元。

这项经济业务的发生引起资产类项目"无形资产"增加 200 000 元，同时引起所有者权益类项目"实收资本"增加 200 000 元。资产类账户的增加数登记在左方，减少数登记在右方；所有者权益类账户的增加数登记在右方，减少数登记在左方。按照复式记账原理，将这项经济业务在相关账户中登记如下：

资产类账户 无形资产		所有者权益类账户 实收资本	
期初余额 ×××.××			期初余额 ×××.××
▶ 2-3 200 000.00			2-3 200 000.00 ◀

【例2-4】 甲产品1 000件,每件的生产成本为500元,结转完工产品成本。

这项经济业务的发生引起资产类项目"库存商品"增加500 000元(1 000×500),同时引起成本类项目"生产成本"减少500 000元(1 000×500)。资产类账户的增加数登记在左方,减少数登记在右方;成本类账户的增加数登记在左方,减少数登记在右方。按照复式记账原理,将这项经济业务在有关账户中登记如下:

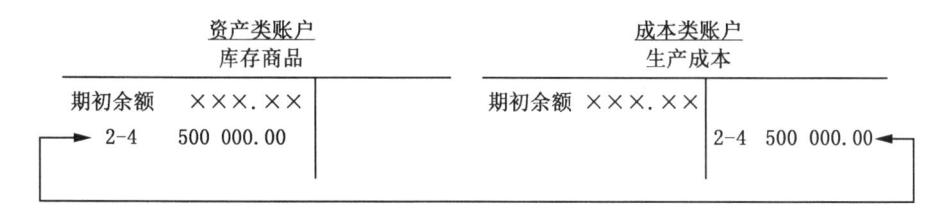

资产类账户 库存商品		成本类账户 生产成本	
期初余额 ×××.××		期初余额 ×××.××	
2-4 500 000.00			2-4 500 000.00

【例2-5】 开出发票,销售某产品600 000元,货款已存入银行。

这项经济业务的发生引起资产类项目"银行存款"增加600 000元,同时引起收入项目"主营业务收入"增加600 000元。资产类账户的增加数登记在左方,减少数登记在右方;损益类收入账户的增加数登记在右方,减少数登记在左方。按照复式记账原理,将这项经济业务在相关账户中登记如下:

资产类账户 银行存款		损益类账户 主营业务收入	
期初余额 ×××.××		期初余额 ×××.××	
2-2 80 000.00	2-1 800.00		2-5 600 000.00
2-5 600 000.00			

【例2-6】 银行将存款利息1 800元记入小企业存款账户。

这项经济业务的发生引起资产类项目"银行存款"增加1 800元,同时引起费用项目"财务费用"减少1 800元。资产类账户的增加数登记在左方,减少数登记在右方;损益类费用账户的增加数登记在左方,减少数登记在右方。按照复式记账原理,将这项经济业务在相关账户中登记如下:

资产类账户 银行存款		损益类账户 财务费用	
期初余额 ×××.××		期初余额 ×××.××	
2-2 80 000.00	2-1 800.00		2-6 1 800.00
2-5 600 000.00			
2-6 1 800.00			

温馨提示 复式记账法具有以下显著优点：一是能够清晰地反映每一项经济业务的来龙去脉和引起会计要素增减变动的情况，将业务和财务融合在一起，反映业财融合的核算过程与结果。二是按照复式记账法记录的账户结果可以进行试算平衡，便于核对、检查等，体现算管结合的要求。例如，为了检查各个账户的登记有无差错，可以根据各个账户的期初余额、本期发生额和期末余额编制试算表，进行试算平衡等。

第五节 借贷分录与平衡原理

一、借贷记账法的基本原理

由于记账符号、账户结构、记账规则以及试算平衡方法的差异，复式记账法又可以分为借贷记账法、增减记账法和收付记账法。其中，借贷记账法是《小企业会计准则》规定的一种记账方法，也是国际上通用的记账方法。

借贷记账法是以"借"和"贷"作为记账符号的一种复式记账方法。在借贷记账法下，任何账户的左边总是借方，右边总是贷方，分别记录各个特定项目的增减变动情况。借贷记账法与相关账户的增加和减少之间的关系如图2—4所示。

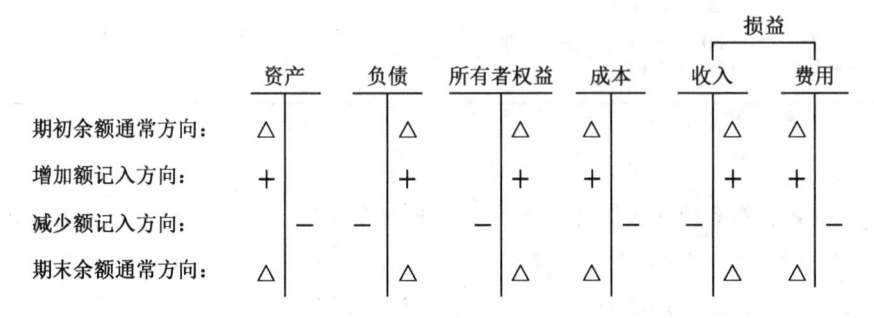

	资产	负债	所有者权益	成本	收入（损益）	费用（损益）
期初余额通常方向：	△	△	△	△	△	△
增加额记入方向：	＋	＋	＋	＋	＋	＋
减少额记入方向：	－	－	－	－	－	－
期末余额通常方向：	△	△	△	△	△	△

图2—4 借贷记账法与相关账户结构的关系

概念辨析 借贷记账法中的"借"和"贷"两个字已失去原来字面上的含义而只有其技术含义，即只是作为指引记账方向的符号，成为左右两方的代名词。在具体的账户结构中，资产、成本和费用类账户一般借方表示增加，贷方表示减少，余额通常在借方；负债、所有者权益和收入类账户一般贷方表示增加，借方表示减少，余额通常在贷方。

在运用借贷记账法处理经济业务时,首先要根据经济业务的内容确定其所引起变动的账户的类别及其数量是增加还是减少,然后确定应记入有关账户的方向是借方还是贷方。下面仍以上述列举的 6 项经济业务为例,通过分析借贷记账法对这 6 项经济业务的处理,总结借贷记账法的记账规律。

〖例 2—1〗 这项经济业务涉及"库存现金"和"银行存款"两个资产类账户。"库存现金"账户增加记借方,"银行存款"账户减少记贷方。

〖例 2—2〗 这项经济业务涉及资产类"银行存款"账户,增加记借方;负债类"短期借款"账户,增加记贷方。

〖例 2—3〗 这项经济业务涉及资产类"无形资产"账户,增加记借方;所有者权益类"实收资本"账户,增加记贷方。

〖例 2—4〗 这项经济业务涉及资产类"库存商品"账户,增加记借方;成本类"生产成本"账户,减少记贷方。

〖例 2—5〗 这项经济业务涉及资产类"银行存款"账户,增加记借方;损益类"主营业务收入"账户,增加记贷方。

〖例 2—6〗 这项经济业务涉及资产类"银行存款"账户,增加记借方;损益类"财务费用"账户,减少记贷方。

从以上 6 个例子的分析可以看出,在借贷记账法下,任何一项经济业务的发生,不论涉及哪一类账户,或是同时涉及两类(或更多类)账户,都必须将其同时记入一个账户的借方和另一个账户的贷方,而且记入借方的金额与记入贷方的金额必须相等,这就是借贷记账法的记账规律——"有借必有贷,借贷必相等"。

在一定时期,账户的"借方"和"贷方"所登记的各项资金变化的累计数额称为"本期发生额"。"借方"登记的发生额是"借方本期发生额","贷方"登记的发生额是"贷方本期发生额"。若账户的借方数额(包括期初数)大于贷方数额,其结果(相减)称为"借方期末余额";若账户的贷方数额(包括期初数)大于借方数额,其结果(相减)称为"贷方期末余额"。

某会计期间某账户的期末余额就是该账户下一期的期初余额。账户的期初余额、本期发生额和期末余额之间的关系可用下列公式表示:

期末借方余额＝期初借方余额 ＋ 本期借方发生额 － 本期贷方发生额
期末贷方余额＝期初贷方余额 ＋ 本期贷方发生额 － 本期借方发生额

在借贷记账法下,按照"有借必有贷,借贷必相等"的记账规律记录每项经济业务时,就会使有关账户之间产生应借、应贷的相互关系。账户之间的这种相互依存关系称为账户的对应关系。发生对应关系的账户称为对应账户。

账户的对应关系可以清晰地反映经济业务的来龙去脉。如在例2—1中,借贷记账的结果是:"库存现金"增加800元登记在账户的借方,"银行存款"减少800元登记在账户的贷方,增加额相等,来踪去迹清楚,"库存现金"账户与"银行存款"账户之间发生的这种应借、应贷关系,就是账户的对应关系。通过这两个账户的对应关系,可以清楚地掌控该项经济活动的内容。

检查账户的对应关系可以发现对经济业务的处理是否合理、合法。例如,从"库存商品"账户借方登记10 000元和"管理费用"账户贷方登记10 000元这样一组账户的对应关系中可以看出,这项经济业务反映的是管理费用结转至库存商品,这样的账务处理所反映的内容不符合制造成本法的规定,因为管理费用属于会计期间应当负担的费用,应转入当期损益而不应记入"库存商品"账户。

二、借贷会计分录的编制方法

为了保证会计核算资料的正确,当经济业务发生后,在记入账户以前,必须根据经济业务的具体内容确定涉及的账户名称,应借、应贷的方向及其金额,即编制会计分录。换句话说,会计分录就是用以指明某项经济业务应借、应贷的账户名称及其登记金额的记录,是会计人员处理和描述经济业务的一种特有的会计语言。当全世界都通行借贷记账法,并按照公认的会计准则进行核算时,这种会计语言就成为世界性的通用商业语言,熟练编制会计分录也就成为会计人员必须具备的基本功。

在实际会计工作中,编制会计分录是通过填制记账凭证来实现的,应以反映经济业务发生和完成情况的原始凭证为依据。在教学中,一般用下面的形式来表示会计分录:

借:××××(账户名称)　　×××.××(金额)
　　贷:××××(账户名称)　　×××.××(金额)

借贷记账法下会计分录书写格式的基本规范是:借贷分行,上借下贷,左借右贷,前借后贷,借贷错开,借贷平衡。一般不能出现借贷平齐的"平头分录"。

现以上述所列举的6项经济业务为例,编制会计分录如下:

〖例2—1〗　借:库存现金　　　　　　　　　　800.00
　　　　　　　贷:银行存款　　　　　　　　　　　　800.00

〖例2—2〗　借:银行存款　　　　　　　　　80 000.00
　　　　　　　贷:短期借款　　　　　　　　　　　80 000.00

〖例2—3〗　借:无形资产　　　　　　　　　200 000.00
　　　　　　　贷:实收资本　　　　　　　　　　　200 000.00

【例2—4】 借:库存商品——甲产品　　　　　　　500 000.00
　　　　　　贷:生产成本——甲产品　　　　　　　　　　500 000.00
【例2—5】 借:银行存款　　　　　　　　　　　600 000.00
　　　　　　贷:主营业务收入　　　　　　　　　　　　600 000.00
【例2—6】 借:银行存款　　　　　　　　　　　1 800.00
　　　　　　贷:财务费用　　　　　　　　　　　　　　1 800.00

会计分录可以分为简单会计分录(简称"简单分录")和复合会计分录(简称"复合分录")两种。简单分录只有一借一贷,其反映的账户对应关系中借方和贷方各只有一个账户。上述6个例子都是简单分录。复合分录是一借多贷或一贷多借,其所反映的账户对应关系中借方或贷方只有一个账户,而贷方或借方则有两个或两个以上账户。

【例2—7】 购入材料一批,价值120 000元,已验收入库,并按实际成本结转,货款以银行存款支付80 000元,余额尚欠未付。

这项经济业务涉及"原材料""银行存款"和"应付账款"三个对应账户。"原材料"属于资产类账户,增加数应记入借方;"银行存款"也属于资产类账户,减少数应记入贷方;"应付账款"属于负债类账户,增加数应记入贷方。这样,就有一个借方账户和两个贷方账户发生对应关系,应编制的复合会计分录如下:

　　借:原材料　　　　　　　　　　　　　　　120 000.00
　　　贷:银行存款　　　　　　　　　　　　　　　80 000.00
　　　　 应付账款　　　　　　　　　　　　　　　40 000.00

温馨提示　会计分录编制的基本步骤:一是分析某项经济业务所涉及的会计科目,包括对应科目和明细科目;二是确定会计科目的名称和应借应贷的记账方向;三是分析各个会计科目所涉及的金额增减变动的情况,确定应记金额;四是根据"有借必有贷,借贷必相等"的记账规则正确编制会计分录。为了保持账户对应关系清晰明白,一般不宜把不同的经济业务合并在一起编制多借多贷的会计分录。但在某些特殊情况下,为了反映经济业务的全貌,也可以编制多借多贷的会计分录,如编制合并财务报表抵销分录等。

三、会计平衡原理

会计最讲求平衡。在不同的会计时点,会计等式虽然可以存在不同的表现形式,但始终保持恒等(如图2—5所示)。

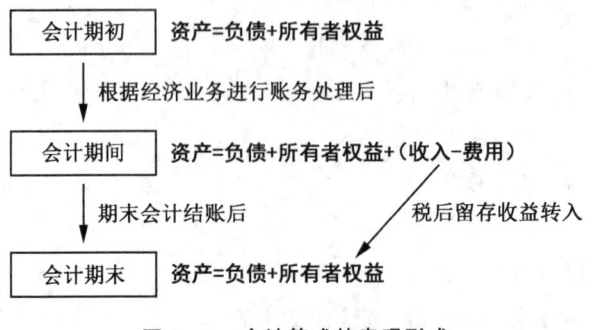

```
会计期初   资产=负债+所有者权益
             │
             ↓ 根据经济业务进行账务处理后
会计期间   资产=负债+所有者权益+(收入-费用)
             │
             ↓ 期末会计结账后        ↙ 税后留存收益转入
会计期末   资产=负债+所有者权益
```

图2—5　会计等式的表现形式

会计要素在资金运动过程中不仅存在着有机联系，而且全面反映了资金运动的静态和动态两个方面。它们在数量上存在着"资产＝权益"的平衡关系，任何经济业务发生后的账务处理都不会也不应该破坏这种平衡关系（如表2—3所示）。

表2—3　　　　　　　　　　会计要素及其会计平衡关系

资产＝权益	资产＝负债＋所有者权益
资产与权益同时增加	资产增加、负债增加
	资产增加、所有者权益增加
资产与权益同时减少	资产减少、负债减少
	资产减少、所有者权益减少
资产内部有增有减	资产增加、资产减少
权益内部有增有减	负债增加、负债减少
	负债增加、所有者权益减少
	所有者权益增加、所有者权益减少
	所有者权益增加、负债减少

会计的这种平衡关系可归纳为两种表现形式：一是总额变化后的平衡，如资产与权益同增或同减，总额因此同增或同减，保持平衡，反映资金进入或退出小企业；二是总额不变的平衡，如资产内部或权益内部项目之间此增彼减，增减相等，总额不变，反映资金在小企业内部的循环与周转。这如同在天平的一端增加和减少相同重量的砝码，或在天平的两端增加或减少相同重量的砝码，天平仍然平衡。这就是会计学最基础、最重要的平衡原理，任何经济业务的会计处理都不能破坏这种平衡关系。

第三章

核算方法与记账过程

第一节 会计核算方法与核算流程

一、会计核算方法

会计核算方法是指对已经发生的经济活动进行连续、系统、全面核算和监督所采用的方法,一般包括设置会计科目及账户、复式记账、填制和审核凭证、登记账簿、成本计算、财产清查和编制财务报表。

(一)设置会计科目及账户

设置会计科目及账户是对会计对象的具体内容进行分类反映和监督的方法。会计对象包含的内容纷繁复杂,设置会计科目及账户就是根据会计对象具体内容的不同特点和经济管理的不同要求,选择一定的标准进行分类,并事先规定分类核算项目,在账簿中开设相应的账户,以取得所需要的核算指标。

(二)复式记账

复式记账是指对每一项经济业务都要在两个或两个以上相互联系的账户中进行登记的一种方法。

(三)填制和审核凭证

会计凭证简称凭证,是记录经济业务、明确经济责任的书面证明,是用来登记账簿的依据,包括原始凭证和记账凭证。任何会计事项都应当取得原始凭证,用以证明其经济业务的发生或完成。原始凭证经审核无误后,才能编制记账凭证。

(四)登记账簿

会计账簿简称账簿,是指由具有一定格式、相互联系的账页组成,以会计凭证为依据,连续、系统、全面地记录经济业务的簿籍。登记账簿就是根据会计凭证,采用复式记账法,把经济业务分门别类、内容连续地在有关账簿中进行登记的方法。借助账簿,就能将分散的经济业务进行分类汇总,系统地提供每一类经济活动的完整资料,了解一类或全部经济活动发展变化的全过程,适应经济管理的需要。

(五)成本计算

成本计算是按照一定的对象归集和分配生产经营过程中发生的各种费用,以确定各对象的总成本和单位成本的一种专门方法。正确地进行成本计算既可以考核生产经营过程的费用支出水平,又是确定企业盈亏和制定产品价格的基础,并为企业进行经营决策提供重要数据。

(六)财产清查

财产清查就是通过对各项财产物资、货币资金进行盘点,对往来款项进行核对,以查明实存数与账存数是否相符的一种专门方法,以保证财产完整,并能为编制会计报表提供真实、准确的资料。账存大于实存为盘盈,账存小于实存为盘亏。

(七)编制财务报表

编制财务报表是根据账簿记录的数据资料,采用一定的表格形式,概括、综合地反映一定时期经济活动过程和结果的一种方法。

二、会计核算流程与主要环节

会计核算流程就是业财融合、算管结合的过程,会计的 7 种核算方法相互联系、密切配合,构成的方法体系就是为了完整地反映这个过程,主要包括三个环节:填制和审核凭证、登记账簿、编制财务报表。会计期间所发生的经济业务都要通过这三个环节进行会计处理,将大量经济业务转换为系统的会计信息。其基本内容是:经济业务发生后,经办人员要填制或取得原始凭证,经会计人员审核整理后,按照设置的会计科目,运用复式记账法编制记账凭证,并据以登记账簿;要依据凭证和账簿记录对生产经营过程中发生的各项费用进行成本计算,并依据财产清查对账簿的记录进行核实,在保证账实相符的基础上,定期编制财务报表。

会计核算的流程如图 3—1 所示。

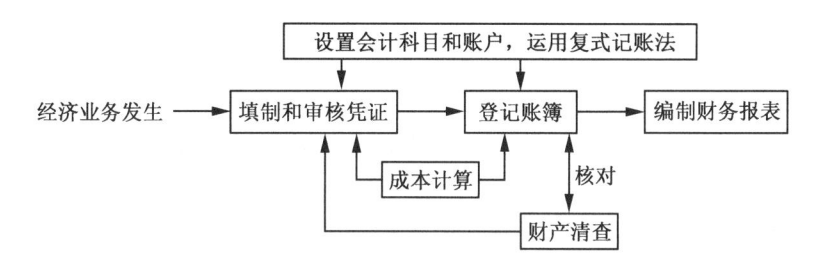

图 3－1　会计核算方法体系与核算流程

从图 3－1 中可以看出会计核算过程与会计核算方法是如何配合使用并密切相关的。其主线是凭证→账簿→报表，即会计凭证怎样编制、审核和传递，各种账簿根据什么来登记，财务报表又根据什么来编制等一系列方法和程序，是会计核算程序中的主要内容。小企业经济业务发生以后需要通过填制会计凭证记录下来，然后通过设置和登记账簿把经济业务的内容分门别类地反映出来。在上述核算程序中，如何编制会计凭证并据以登记入账起着承上启下的作用，即记账的过程是会计核算最基本、最重要的过程。

记账最直接的目的是序时、分类地反映各项经济业务。如果不记账，经济业务分散在各种发票和账单等原始凭证中，如何能将收入业务和费用业务既按照时间顺序又分门别类地反映出来？记账是为了算账，一个会计期间的各项收入是多少？费用开支如何分布？盈亏如何？这些问题都要通过对账簿汇集的信息进行计算、分析才能弄清楚。记账又是为了报账和用账，让投资者(股东)、债务人、经营者、主管部门以及与小企业有利害关系的财政、税务和银行等部门通过小企业提供的财务报表了解小企业的财务状况、经营成果与现金流量等。

第二节　原始凭证的填制与审核

一、原始凭证的概念与作用

每张记账凭证的背后都有一些原始凭证，用以反映经济业务的具体内容。只有事必有据，才能依据做账，所以小企业在处理经济业务时必须由执行和完成该业务的有关人员从外部取得或自行填制有关凭证，以书面形式记录和证明所发生经济业务的性质、内容、数量和金额等，并在凭证上签名或盖章，以对经济业务的合法性和凭证的真实性负责。

原始凭证就是在经济业务发生时由经办人员直接取得或者填制,用以表明某项经济业务已经发生或完成的情况,明确有关经济责任的一种会计凭证,是会计核算的原始依据,来源于实际发生的经济业务。例如,发票就是指在购销商品、提供或者接受服务以及从事其他经济活动的过程中,开具、收取的收付款凭证。发票是记录经济活动的商事凭证,同时也是税务机关进行税收征管的重要依据。我国常见的发票主要分为增值税专用发票和普通发票两类。普通发票只是一种收付款凭证,而增值税专用发票既是收付款凭证,又是纳税人据以抵扣增值税税款的主要依据。

有凭有据、真凭实据,是会计核算具有可靠性的基本特征。原始凭证的种类很多,既有来自企业外部的,也有企业自制的;既有国家统一印制的具有固定格式的发票,也有由发生经济业务的双方认可并自行填制的凭据等,如通用(机打、手工、定额)发票、门票、过路(过桥)费发票、客运发票、火车票、飞机行程单等。

原始凭证一般应当具备以下内容(基本要素):(1)原始凭证的名称及编号;(2)填制原始凭证的日期;(3)接受原始凭证的单位;(4)经济业务的内容;(5)经济业务的数量、单价和金额;(6)填制原始凭证单位的名称或者填制人员姓名;(7)经办业务人员的签名或盖章;等等(如图3-2所示)。其重点在于什么单位或个人,在什么时候,发生了什么业务,经何人办理。

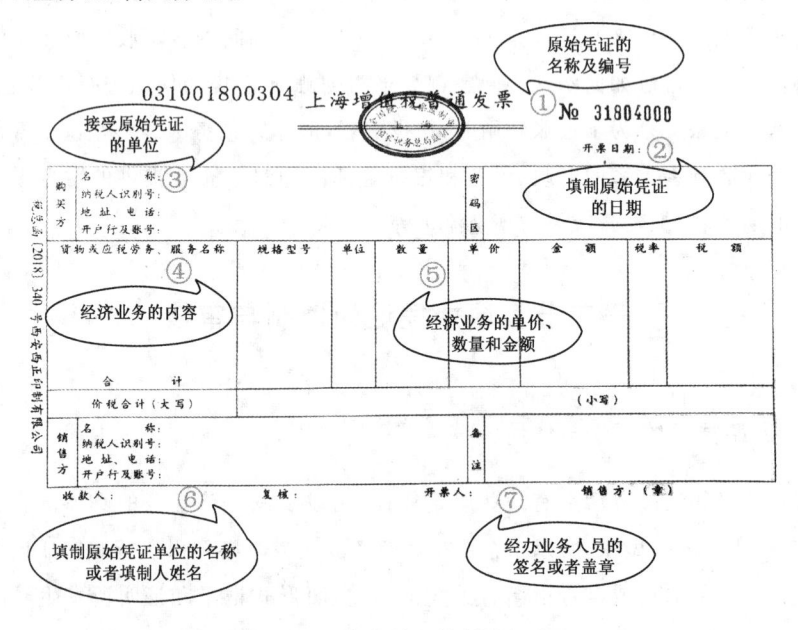

图3-2 发票填制的基本要素

二、原始凭证的填制要求

及时填制或取得原始凭证是会计核算工作得以正常进行的前提条件。一是办理经济业务时必须填制或取得原始凭证,不填制或不取得原始凭证将导致会计核算无法进行;二是填制或取得的原始凭证必须及时送交会计机构进行核算。出纳人员在办理收款或付款业务后,应在原始凭证上加盖"收讫"或"付讫"戳记,以避免重收或重付。一般来说,为了保证会计核算工作的正常进行和当期会计资料的真实、完整,填制或者取得的原始凭证送交会计机构的时间最迟不应超过一个会计结算期。

原始凭证的填制要求做到记录真实、内容完整、填制及时、书写正确。为了规范原始凭证的内容,明确相关人员的经济责任,防止利用原始凭证舞弊,《会计法》规定了原始凭证错误更正的要求如下:(1)原始凭证所记载的各项内容均不得涂改,随意涂改的原始凭证为无效凭证,不能作为填制记账凭证或登记会计账簿的依据;(2)原始凭证记载的内容有错误的,应当由开具单位重开或更正,更正工作必须由原始凭证出具单位进行,并在更正处加盖出具单位印章;(3)原始凭证金额错误的不得更正,只能由原始凭证开具单位重新开具,因为原始凭证上的金额是反映经济业务情况的最重要的数据,随意更改容易导致舞弊,不利于保证原始凭证的质量;(4)原始凭证开具单位应当依法开具准确无误的原始凭证,对于填制有误的原始凭证负有更正和重新开具的义务,不得拒绝。

三、原始凭证的审核要求

对原始凭证进行审核是确保会计资料质量的重要措施之一,也是会计机构和会计人员的法定职责。审核原始凭证应当按照会计控制的规范要求进行。例如,购买实物的原始凭证必须附有验收证明,以确认实物已验收入库等;又如,单位或个人取得网络发票时,应及时验证网络发票信息的真实性和完整性,对不符合规定的发票,不得作为财务报销凭证;等等。审核时,要正确理解实质重于形式的原则,从源头上把好会计信息的质量关。

(一)审核原始凭证所记录经济业务的真实性

真实是指原始凭证确实是本小企业经济业务的最初证明。审核原始凭证的真实性应审核原始凭证的日期是否真实、业务内容是否真实、数据是否真实等;同时,对外来原始凭证应注意审核是否有填制单位公章和填制人员的签名或盖章,对于自制的原始凭证应注意审核是否有经办部门和经办人员的签名或盖章。会计人员对于不真实的原始凭证不予接受,并应及时向小企业负责人报告。

(二)审核原始凭证所记录经济业务的合法性

合法是指原始凭证所反映的经济业务符合国家有关法规和制度等，无违法违规行为。会计机构和会计人员对不真实、不合法的原始凭证有权不予受理，并向小企业负责人报告，请求查明原因，追究有关当事人的责任；对记载不准确、不完整的原始凭证予以退回，并要求经办人员按照会计法规的规定进行更正、补充。

(三)审核原始凭证所记录经济业务的完整性

审核原始凭证中的所有项目是否填列齐全，手续是否齐备，有关经办人员是否都已签名或盖章，主管人员是否审核、批准。在审核中如果发现原始凭证项目填列不全、手续不齐备、签名或盖章有遗漏或不清晰、主管人员未批准等情况，会计人员应将原始凭证返还经办人员，待其补办完整后再予受理。

(四)审核原始凭证填写内容的正确性

审核原始凭证应确认凭证的摘要和说明是否填写清楚、正确，数量、单价、金额等数据是否正确，大小写金额是否相符等。对于填写内容不正确的原始凭证，应退还经办人员进行更正后再予办理。

第三节 记账凭证的填制与审核

一、记账凭证的概念与作用

记账凭证是对经济业务按其性质加以归类，确定会计分录并据以登记会计账簿的会计凭证，具有分类归纳原始凭证和满足登记会计账簿需要的作用。其必须根据原始凭证和有关资料编制。

记账凭证应当具备以下内容(基本要素)：(1)填制记账凭证的日期；(2)记账凭证的名称和编号；(3)经济业务内容摘要；(4)应记会计科目、方向和金额；(5)记账符号；(6)记账凭证所附原始凭证的张数；(7)记账凭证填制人员、稽核人员、记账人员和会计主管人员的签名或盖章；等等(如图3-3所示)。

二、记账凭证的编制要求

原始凭证反映经济业务的执行和完成情况，种类繁多、数量庞大、格式不一，因而不能直接凭以记账。在会计核算中，必须运用会计方法，将原始凭证分类整理，编制记账凭证，标明经济业务应记入的账户名称以及应借、应贷的金额，这样才能凭以登记账簿。

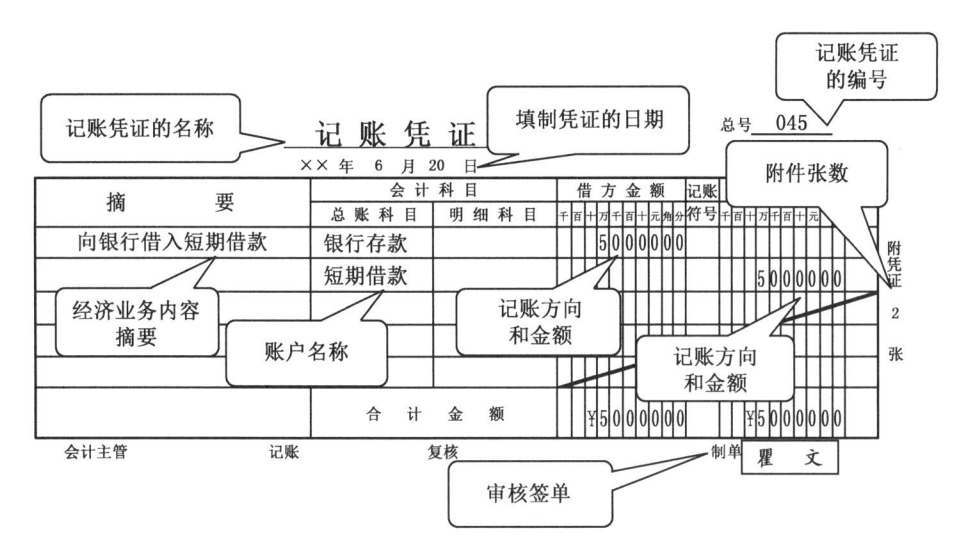

图 3－3 记账凭证填制的基本要素

记账凭证一般分为收款凭证、付款凭证和转账凭证三种。

(一)收款凭证

收款凭证是用来记录现金或银行存款收入业务的记账凭证。收款凭证是根据有关现金和银行存款收入的原始凭证填制的,具体分为现金收款凭证和银行存款收款凭证。收款凭证的格式如表 3－1 所示。

表 3－1　　　　　　　　　　　　收 款 凭 证

借方科目：　　　　　　　　　　年　月　日　　　　　　　　　　收字第　号

摘　要	贷方科目		√	金　额
	总账科目	二级或明细科目		百 十 万 千 百 十 元 角 分
合计				

会计主管：　　　　　记账：　　　　　复核：　　　　　出纳：　　　　　制单：

(二)付款凭证

付款凭证是用来记录现金或银行存款支付业务的记账凭证。付款凭证是根据有关现金和银行存款付出的原始凭证填制的,具体分为现金付款凭证和银行存款付款凭证。付款凭证的格式如表 3－2 所示。

表 3—2　　　　　　　　　　　　付 款 凭 证

贷方科目：　　　　　　　　　　　年　月　日　　　　　　　　　　　付字第　号

摘要	借方科目		√	金　额
	总账科目	二级或明细科目		百 十 万 千 百 十 元 角 分
合计				

会计主管：　　　　记账：　　　　复核：　　　　出纳：　　　　制单：

(三) 转账凭证

转账凭证是用来记录非货币资金收付业务的记账凭证。凡是不涉及现金和银行存款收付的业务均为转账业务，据此编制转账凭证。转账凭证的格式如表3—3所示。

表 3—3　　　　　　　　　　　　转 账 凭 证

年　月　日　　　　　　　　　　　　　　　转字第　号

摘要	总账科目	明细科目	√	借方金额	贷方金额
				百 十 万 千 百 十 元 角 分	百 十 万 千 百 十 元 角 分
合计					

会计主管：　　　　记账：　　　　复核：　　　　制单：

记账凭证可以根据每一张原始凭证填制，也可以根据若干张同类原始凭证汇总填制，还可以根据原始凭证汇总表填制，但不得将不同内容或类别的原始凭证汇总填制在一张记账凭证中。记账凭证是进行会计处理的直接依据，除了做到"真实可靠、内容完整、填写及时、书写清楚"外，还应当对记账凭证进行连续编号。一项经济业务需要填制两张以上记账凭证的，可以采用分数编号法编号。

如果在填制记账凭证时发生错误，应当重新填制。已经登记入账的记账凭证，在当年内发现填写错误时，可用红字填写一张与原内容相同的记账凭证，在"摘要"栏注明"注销×月×日×号凭证"，同时用蓝字填制一张正确的记账凭证，在"摘要"栏注明"订正×月×日×号凭证"。如果会计科目没有错误，只是金额错误，也可以将正确的数据与错误的数据之间的差额另编一张调整的记账凭证,调增金额用蓝字,调减金额用红字。

记账凭证的填制如有空行,应当自"金额"栏最后一笔金额数据下的空行处至合计数上的空行处画线注销。

三、记账凭证的审核要求

为了保证会计信息的质量,在记账之前应由有关负有稽核职责的人员对记账凭证进行严格审核,其审核的主要内容如下:

(一)内容是否真实

审核记账凭证是否有原始凭证为依据,所附原始凭证的内容与记账凭证的内容是否一致,记账凭证汇总表的内容与其所依据的记账凭证的内容是否一致等。

(二)项目是否齐全

审核记账凭证各项目的填写是否齐全,如日期、凭证编号、摘要、会计科目、金额、所附原始凭证张数及有关人员的签章等要素的填写是否齐全。

(三)科目是否正确

审核记账凭证的应借、应贷科目是否正确,账户对应关系是否正确,所使用的会计科目是否符合规定等。

(四)金额是否正确

审核记账凭证所记录的金额与原始凭证的有关金额是否一致,计算是否正确,记账凭证汇总表的金额与记账凭证的金额合计是否相符等。

(五)书写是否正确

审核记账凭证中的记录是否文字工整、数字清晰,是否按规定进行更正等。在审核中若发现差错,应查明原因并予以重填或更正,由更正人员在更正处签章。

四、会计凭证的传递

会计凭证的传递是指会计凭证从编制或取得时起,经过审核、登账,直至装订、归档保管,在小企业内部有关职能部门和人员之间的传递程序和传递时间。完善会计凭证的传递既可以保证及时反映经济业务的发生和完成情况,又可以督促各经办部门和人员及时、正确地完成经济业务和办理凭证手续,并且有利于加强岗位责任制。

各类小企业的生产组织特点、经济业务内容和管理要求不同,会计凭证的传递也可以有所不同。为此,应根据具体情况制定每一种凭证的传递程序和方法。例如,对于收料单,应规定:材料到达小企业后多长时间内验收入库,收料单由谁填制,一式几联,各联次的用途是什么,何时传递至会计部门,会计部门由谁负责收料单的审核工作,由谁据以编制记账凭证、登记账簿、整理归档等。会计凭证的传递是否科学、严谨、有效,对于加强小企业内部管理、提高会计信息的质量具有重要影响。从会计凭证的取得或填制时起至归档保管的过程中,在小企业内部有关部门和人员之间的传递程序要能够满足内部控制制度的要求,使传递程序合理、有效,尽量节约传递时间,减少传递的工作量。

> **温馨提示** 会计凭证作为记账的依据,是业务活动的信息载体,应定期整理,装订成册,不可遗失。小企业在完成经济业务手续和记账之后,必须将会计凭证按规定的立卷归档制度形成会计档案资料,妥善保管,防止丢失,不得随意销毁,以便日后查阅。

第四节 会计账簿的登记与审核

一、会计账簿的概念与发展

账,指货币、货物出入的记载。账从贝,古人用贝做货币,本意与钱货有关。

账房,旧时企业或私人家中管理银钱、货物出入的地方。

账房先生,在账房里管理银钱、货物出入和记录账簿的人。

登记账簿简称记账,通过对会计资料的收集、整理、加工、储存,提供连续、系统、全面、综合的会计信息,为纳税申报、改善管理和经营决策服务。

旧石器时代,人们记账全靠死记硬背和心算。随着部落人数增多,生产力提高,出现剩余物品,这时,单靠脑袋计数已不够,"结绳记事""刻木记数"等简单刻画和直观绘图等记录方法成为必要,记账萌芽了。"上古结绳而治,后世圣人易之以书契,百官以治,万民以察。"(《周易·系辞下》)

原始社会末期,随着农业、畜牧业、手工业分工的扩大,文字出现了,人们开始使用书契等文字叙述式的会计记录,收支事项按照发生的时间顺序记录,从而形成了流水账。

公元前5世纪,古希腊及古罗马奴隶社会的经济繁荣发展,流水账中出现了日记账和现金出纳账,也就是指按时间、物品名称、人名、货币资金等分别设置的类似于账户的账本,是一种以记录收付为主的单式记账。

我国封建社会时期的账簿组织体系以"三账"为骨干。"三账"是指"草流"(也称底账)、"流水簿"和"总清账"(也称老账)。"草流"用于营业时赶急暂记,起原始凭证的作用;"流水簿"用于整理账目,具有日记账的专门作用,一般于当日晚间由"草流"整理过入;"总清账"用于分类核算,根据"流水簿"按旬定期登记。

我国的复式记账法起源于明末清初的"龙门账",之后发展成"四脚账"等;西方的复式记账法最早出现在12～13世纪,存在于意大利的一些商人和银行家之间。1211年,意大利佛罗伦萨银行率先使用借贷记账法。1494年,意大利数学家卢卡·巴其阿勒所著的《算术、几何及比例概要》出版,为复式簿记及其会计学奠定了基础。

目前,我国税法规定,从事生产、经营的纳税人应当自领取营业执照或者发生纳税义务之日起15日内,按照国家有关规定设置账簿,包括总账、明细账、日记账以及其他辅助性账簿。总账、日记账应当采用订本式。

生产、经营规模小又确无建账能力的纳税人,可以聘请经批准从事会计代理记账业务的专业机构或者财会人员代为建账和办理账务。

纳税人应当自领取税务登记证件之日起15日内将其财务、会计制度或者财务、会计处理办法报送主管税务机关备案。纳税人使用计算机记账的,应当在使用前将会计电算化系统的会计核算软件、使用说明书及有关资料报送主管税务机关备案。

纳税人、扣缴义务人的会计制度健全,能够通过计算机正确、完整地计算其收入和所得或者代扣代缴、代收代缴税款情况的,其计算机输出的完整的书面会计记录可视同会计账簿。纳税人、扣缴义务人的会计制度不健全,不能通过计算机正确、完整地计算其收入和所得或者代扣代缴、代收代缴税款情况的,应当建立总账及与纳税或者代扣代缴、代收代缴税款有关的其他账簿。

任何小企业都应当依法设置会计账簿,并保证会计账簿的真实与完整。对于所发生的经济业务,应当在依法设置的会计账簿中统一登记与核算,既不能没有账,也不能将账记在笔记本、练习簿或纸条上,或形成"包包账""捆捆账",更不能另设会计账簿登记与核算。"账外账"或"小金库",是指将规定应当纳入统一会计核算的经济业务,不按照规定统一进行会计核算,而是将私自转移的资金或者私下筹集的资金在法定会计账簿之外另设账簿登记、核算或者不登记入账而私自存放的行为,是法律所不允许的。

对于微型经济组织的账簿设置,可以具体情况具体分析。例如,根据《个体工商户建账管理暂行办法》(2006年12月15日国家税务总局令第17号公布,2018年6月15日国家税务总局令第44号修正)的规定,凡从事生产、经营并有固定生产、经营场所的个体工商户,都应当按照法律、行政法规和本办法的规定设置、使用和保管账簿及凭证,并根据合法、有效的凭证记账核算。达不到上述建账标准的个体工商户,经县以上税务机关批准,可按照税收征收管理法的规定,建立收支凭证粘贴簿、进货销货登记簿或者使用税控装置。达到建账标准的个体工商户，应当根据自身的生产、经营情况和本办法规定的设置账簿条件，对照选择设置复式账或简易账，并报主管税务机关备案。账簿设置方式一经确定，在一个纳税年度内不得变更。

复式记账是对每笔业务在两个或两个以上相互关联的账户中进行记录的方法，是一种反映经济业务来龙去脉的完整的记账方法。符合下列情形之一的个体工商户，应当设置复式账：(1)注册资金在20万元以上；(2)销售增值税应税劳务的纳税人月销售额在40 000元以上，从事货物生产的增值税纳税人月销售额在60 000元以上，从事货物批发或零售的增值税纳税人月销售额在80 000元以上；(3)省税务机关确定应设置复式账的其他情形。复式账应设置总分类账、明细分类账、日记账等进行财务会计核算，如实记载财务收支情况。复式账簿中的现金日记账、银行存款日记账和总分类账必须使用订本式，其他账簿可以根据经济业务的实际情况选用活页账簿。

单式记账是对每笔业务只在一个账户中进行记录的方法，是一种简单而又不完整的记账方法。符合下列情形之一的个体工商户，应当设置简易账，并积极创造条件设置复式账：(1)注册资金在10万元以上、20万元以下；(2)销售增值税应税劳务的纳税人月销售额在15 000元至40 000元，从事货物生产的增值税纳税人月销售额在30 000元至60 000元，从事货物批发或零售的增值税纳税人月销售额在40 000元至80 000元；(3)省税务机关确定应当设置简易账的其他情形。简易账应设置经营收入账、经营费用账、商品(材料)购进账、库存商品(材料)盘点表和利润表，以收支方式记录、反映生产、经营情况并进行简易会计核算。简易账簿均应采用订本式。

来到信息化、数据化、智能化的21世纪，记账手段被不断创新。"区块链"作为分布式共享账本给人们新的选择。这是一个可以无限增加的巨型账本——每个区块可视作账本的一页；这是一个加密且有顺序的账本——账目信息被打包成一个区块并加密，同时盖上时间戳，一个个区块按时间戳顺序链接形成一个总账本；这是一个多中心化的账本——由网内用户共同维护。

二、账簿分类与账簿要素

(一)会计账簿按其外表形式分类

会计账簿按其外表形式的不同，可以分为订本式、活页式、卡片式和磁性媒介质式账簿等。

1. 订本式账簿

订本式账簿简称订本账，是未启用前就将许多账页装订在一起的账簿。这种账簿在账页上编有顺序号，可以避免散失或抽换账页，保证账簿记录的安全与完整。但由于账页固定,不能增减,因此必须为每一账户预留空白账页,如果留页过多就会造成浪费,而留页过少又会使账簿记录被割裂,不便于查阅。

订本式账簿的优点是能防止从账簿中抽出个别账页,保证各种会计记录的连续性和完整性;缺点是在同一时间只能由一个人登记,登记时不便于分工记账,同时也使核算资料难以分类并造成账页的浪费。

订本式账簿一般用于对具有统驭性和重要性的经济业务的记录。《会计基础工作规范》第五十七条规定:"现金日记账和银行存款日记账必须采用订本式账簿。不得用银行对账单或者其他方法代替日记账。"

2. 活页式账簿

活页式账簿简称活页账,是指将各种零散账页用账夹固定起来,可以随时增添、取出的一种账簿。活页式账簿一般用于明细分类核算。

3. 卡片式账簿

卡片式账簿简称卡片账,是由许多具有账页格式的硬纸卡片组成,存放在卡片箱中的一种账簿。卡片账多用于固定资产、存货等实物资产的明细分类核算。

活页式和卡片式账簿的优点是不受固定账页的限制,可以根据需要随时抽取或增添账页,便于核算工作的分工和核算资料的分类整理;缺点是易于从卡片箱或账夹内抽出或更换账页,容易发生各种舞弊。

4. 磁性媒介质式账簿

磁性媒介质式账簿是指储存在计算机中的账簿。这类"账"已没有传统的簿籍形式。采用电算化后,计算机中的"账"作为"文件"在打印输出前是没有实物形态的,而是存放在磁性媒介质中,如磁盘等,打印输出后才具有书面形式。

(二)会计账簿按用途分类

会计账簿按其用途的不同,可以分为序时账、分类账、联合账和备查簿等。

1. 序时账

序时账又称特种日记账,是按照经济业务发生的时间先后顺序,逐日逐笔序时登记经济业务的一种账簿。序时账的作用主要是作为经济业务的序时记录,便于查阅某一时期、某一日或某一项经济业务的发生和完成情况,也可以与分类账的有关账户相互检查、核对。小企业一般应设置"收付存"三栏式现金日记账和银行存款日记账。

多栏式日记账是将收入金额栏和支出金额栏按对应科目各设若干专栏,用以序时地、分类地反映与现金收支有关的经济业务。其优点是减少了登记总账的工作量,可以反映货币资金的来龙去脉。其缺点是日记账专栏设置较多,账页过长,登记不方便。利用多栏式日记账编制现金流量表是一种简便实用的好方法,详见第十章第五节的具体介绍。

普通日记账是逐日序时登记特种日记账以外的经济业务的账簿，在不设特种日记账的企业，可用以序时逐笔登记全部经济业务，也称分录簿或分录日记账，一般采用"借贷"两栏式账页格式。

2. 分类账

分类账是将全部经济业务按总分类账户和明细分类账户进行分类登记的账簿。分类账按其反映经济业务详细程度的不同，可以分为总分类账和明细分类账两类。

(1) 总分类账

总分类账简称总账，是按照规定的一级科目开设账户，用以全面、连续地记录和反映全部经济业务。总分类账可以提供经济活动和财务收支的全面情况，统驭明细分类账，为编制财务报表提供主要依据。因此，小企业必须设置总分类账。总分类账一般采用订本式账簿、三栏式账页，每一个账户单独使用一张账页。由于订本式账簿账页固定，不能随时增添，也不能任意撕毁，因此在启用时，要根据各账户发生业务的多少适当估计并预留账页。

(2) 明细分类账

明细分类账简称明细账，通常是根据总分类科目设置，按所属二级科目或明细科目开设账户，用以分类登记某一类经济业务，提供明细核算资料。利用明细分类账，可以获得经济活动和财务收支的详细情况，有利于加强财产物资的管理，监督往来款项的结算，也能够为编制财务报表提供必要资料。因此，小企业要在设置总分类账的基础上，根据经营管理的需要，按照一级科目设置必要的明细分类账。明细分类账一般采用活页式账簿，其账页格式可结合各项经济业务的内容和经营管理的实际需要设计。

3. 联合账

在经济业务比较简单、总分类账户不多的小企业，为简化记账工作，可以将序时记录和总分类记录结合在一起，即在同一账簿中既进行序时登记又进行总分类登记，这种同时具备日记账和总分类账两种用途的账簿称为联合账簿。日记总账便是典型的联合账簿。

4. 备查簿

备查簿是对日记账和分类账未能记载或记载不全面，而在经营管理中又必须掌握其信息的经济事项进行补充登记的辅助性账簿，是为了备查、备忘而专门设置的，如发票备查簿、代管商品备查簿、账销案存资产备查簿等。小企业对于短期投资、应收账款、存货、固定资产等，由于按照成本计量，不计提资产减值准备，在日常核算过程中对其增值和减值应当建立备查簿，待编制附注时，对短期投资的市场价格、存货的市场价格、应收账款账龄情况、固定资产折旧情况等予以披露。开出、承兑商业汇票的小企业应当设置应收票据备查簿,逐笔登记商业汇票的种类、号数、出票日、票面金额、交易合同号、付款人、承兑人、背书人、到期日、背书转让日、贴现日、贴现率、贴现净额、收款日、收回金额和退票情况等资料,商业汇票到期结清票款或退票后,在备查簿中应予以注销。

备查簿没有固定的格式,可以根据管理要求和实际需要灵活设置。

三、账簿的基本要素

会计账簿虽然形式较多,记录经济业务的内容各不相同,但一般应具备以下几个基本要素:

一是封面。封面上应填明账簿名称和记账单位名称。

二是扉页。扉页包括账簿启用表和管理账簿人员一览表,注明启用日期、起讫页数、册次、记账人员姓名和签章、会计主管人员签章、账户目录等内容。

三是账页。账页内容一般包括以下几个方面:(1)账户名称,简称户头,即会计科目的名称;(2)登账的日期栏,即记账年、月、日栏;(3)凭证的种类及编号栏;(4)摘要栏(扼要记载业务情况);(5)金额栏(记录业务增减变动的结果);(6)总页数和分户页数(如表3-4所示)。

表3-4　　　　　　　　　　　原材料明细分类账

总页数	
分户页数	

材料品种:甲种材料　　　　　　　　　　　　　　　　　　　　　　　　　　单位:千克

××年		凭证编号	摘要	收入(借方)			发出(贷方)			结存(余额)		
月	日			数量	单价	金额	数量	单价	金额	数量	单价	金额
11	1		期初结存							150	60.00	9 000.00
	8		销售				70	60.00	4 200.00	80	60.00	4 800.00
	15		购进	100	62.00	6 200.00				80 100	60.00 62.00	11 000.00
	20		销售				50	60	3 000.00	30 100	60.00 62.00	8 000.00
	24		销售				30 60	60.00 62.00	1 800.00 3 720.00	40	62.00	2 480.00
	28		购进	200	68.00	13 600.00				40 200	62.00 68.00	16 080.00
	30		销售				40 20	62.00 68.00	2 480.00 1 360.00	180	68.00	12 240.00
			本期合计	300		19 800.00	270		16 560.00	180	68.00	12 240.00

四、记账的基本要求

(一)会计记录应使用中文,并以人民币作为记账本位币

业务收支以人民币以外的货币为主的小企业,可以选定其中一种货币作为记账本位币,但在编报财务报表时应当折算为人民币。记账本位币一经确定,不得随意变更。

(二)记账必须有依据

依据经审核无误的会计凭证登记会计账簿是保证会计账簿记录质量的重要环节,包括已经审核确认无误的记账凭证和所附的各种原始凭证。

(三)记账工具要符合规定

为了使账簿记录清晰耐久,防止篡改,记账必须使用钢笔和蓝黑墨水书写,不得使用不符合规定的圆珠笔或铅笔,红色墨水只能在画线、改错、冲账时使用。一般来说,会计中的红色数据具有对蓝色数据进行冲减的特殊意义。

(四)记账必须及时

总分类账要按照所采用的会计核算形式及时登账;各种明细分类账应根据原始凭证、原始凭证汇总表和记账凭证每天登记,也可以定期(3天或5天)登记;现金日记账和银行存款日记账应当根据办理完毕的收付款凭证逐日、逐笔、序时登记。

在实际工作中,登记账簿与填制记账凭证的时间不一定一致,可以在填制记账凭证的同时登记账簿,也可以过后再登记账簿,但应当尽量做到记账及时。

账簿必须按页次顺序连续登记,不得跳行、隔页。若发生跳行、隔页,应将空行、空页画红色对角线,注明"此行空白"或"此页空白",并由记账人员盖章证明,加以注销。

(五)账页记满后应当办理"承前"和"过次"手续

每登记满一张账页并结转下页时,应当结出本页合计数和余额,写在本页最后一行和下页第一行有关栏内,并在本页的"摘要"栏内注明"转后页",在次页的"摘要"栏内注明"承前页"。

(六)账簿所记载的内容应与记账凭证一致,不得随便增减

每一笔账都要记明会计凭证的日期、编号、业务内容摘要和金额等,做到文字清楚、数据正确、摘要明晰。每笔账登记完毕,都应随即在凭证上盖上记账人员的印章,并注明账页号数和过账符号("√"),以防漏记、错记或重记。

(七)按规定结出余额

凡需结出余额的账户,都应定期结出余额。现金日记账和银行存款日记账应每天结出余额,结出余额后,应在"借或贷"栏内写明"借"或"贷"。没有余额的账户,应在该栏内写"平"并在"余额"栏"元"位上用"0"表示。

(八)账簿记录错误必须按规定的方法更正

记账要保持清晰、整洁,记账文字和数字要书写端正、清楚、规范,一般应占账簿格距的1/2,以便留有改错的空间。为了防止账簿记录被人为涂改从事非法活动,当账簿记录发生错误时,不准涂改、挖补、刮擦或用褪色药水消除字迹,更不准撕毁账页,而必须根据错误的具体情况,采用正确的方法予以更正。

(九)认真书写会计摘要

会计摘要是用文字或数据对经济业务内容的概括说明,是登记凭证、账簿和有关表格的一项重要内容,应当做到"言必具体,字必有用,直截了当,交代清楚"。

摘要只求摘其要点而写之。例如,对方单位(或个人)的名称,必要时应记录经办人的姓名,以便查证;重要凭证号码,如发票、支票、收据的号码;经济业务的简要情况;对查、查账、用账时应当指明的一些内容。围绕这些重点,会计人员书写摘要应当注意以下三个方面的"善于":

一要善于避免重复。在记账凭证和各种账表中,关于记账日期、会计科目(包括总分类科目和明细科目)金额以及附件张数等都有专栏填写,在"摘要"栏中无须填写这些内容,以免重复。

二要善于简洁明了。书写摘要原则上能简则简,避免文字冗长。有些记账凭证所附的原始凭证较多,内容比较零星繁杂,这时,不应当逐项详列,而应当抓住主要的几项经济业务做代表性说明,其余的可用"等"字略去。例如,报销差旅费的记账凭证后附件可能较多,其摘要就不必逐一填明报销人的姓名和金额等,仅填写主要人员(一般是指记账凭证所附原始凭证顺序中开始的几个人)的姓名即可,如"王刚、李灵等差旅费报销",看账与查账的人如有需要,可自行查看所附原始凭证。但在登记日记账时,应当按照所附原始凭证序时逐张(或逐人)或逐笔登记,不能因为摘要上写过一个"等"字就采用汇总的一笔登记法。

三要善于抓住要点。"摘要"栏的内容主要是从原始凭证中摘录下来的。摘录时,会计人员要有"当家理财"的管理头脑,要善于区别什么是要点、什么不是要点。要点非摘不可,其他一律从简。当然,不同经济业务的内容不同,要点也不同。"具体情况具体分析",这是书写摘要时应当注意的。

账簿中之所以需要摘要,一是指明经济业务的内容,便于看账;二是便于外来人员查账,可以直截了当知晓经济业务发生的名称、数量、金额等有关事项,而不必凡查账都要查看凭证。账簿中的"摘要"可以有针对性地选择记账凭证中的"摘要"或附件

(原始凭证)的内容,采用十分简洁的文字加以注明。

五、账簿更换与账簿保管要求

(一)账簿日常管理的具体要求

在新年度开始时,小企业应当更换一部分原有账簿并建立新账。总账、日记账和多数明细账应每年更换一次。有些财产物资明细账和债权债务明细账,如固定资产、原材料、应收账款和应付账款账簿等,由于材料品种、规格和往来单位较多,更换新账工作量大,可以跨年使用。各种备查簿可以连续使用。

更换新账时,应将上年年末各账户的余额直接记入新一年度的有关新账中,在旧账"摘要"栏内注明"余额结转下年",在新账的第一行"余额"栏内填写上年结转的余额,并在"摘要"栏内注明"上年余额结转"。

各种账簿要分工明确,指定专人管理。账簿经管人员既要负责记账、对账、结账等工作,又要保证账簿安全。未经领导和会计负责人或者有关人员批准,非经管人员不能随意翻阅、查看会计账簿。除需要与外单位核对外,一般不能将会计账簿携带外出。对携带外出的账簿,一般应由经管人员或会计主管人员指定专人负责。会计账簿不能随意交给其他人员管理,以保证账簿安全和防止任意涂改账簿等问题的发生。

(二)旧账归档保管的具体要求

年度终了更换并启用新账后,对更换下来的旧账应当整理、装订、造册归档。归档前旧账的整理工作包括:检查和补齐应办的手续,如改错、盖章、注销空行及空页、结转余额等。活页账应撤出未使用的空白账页再装订成册,并注明各账页号数。

旧账装订时应注意:活页账一般按账户分类装订成册,一个账户装订成一册或数册;某些账户账页较少,可以合并装订成一册。装订时应检查账簿扉页的内容是否填写齐全。装订后应由经办人员、装订人员和会计主管人员在封口处签名或盖章。

在每年结束旧账、开设新账时应当关注账簿设置是否符合相关管理规定。

六、错账更正方法

(一)划线更正法

在结账前发现账簿记录的文字或数字有笔误,而记账凭证没有错误,应采用划线更正法。更正时先将错误的文字或数字用一条红色横线划去,表示注销;再在划线的上方用蓝色字迹写上正确的文字或数字,并在划线处加盖更正人图章,以明确责任。注意划掉错误数字时,应将整笔数字划掉,不能只划掉其中一个或几个写错的数字,并保持被划去的字迹仍清晰可辨认。

(二)红字更正法

记账后,发现账簿记录错误,是因记账凭证中的应借、应贷会计科目或记账方向有错误而引起的,或发现记账凭证和账簿记录的金额有错误(所记金额大于应记的正确金额),而应借、应贷的会计科目没有错误,应用红字冲销原记账凭证,以更正账簿记录。

(三)补充登记法

记账后,发现记账凭证和账簿记录的金额有错误(所记金额小于应记的正确金额),而应借、应贷的会计科目没有错误,应用补充登记法进行更正。更正时,将少记的金额用蓝字或黑字填制一张应借、应贷会计科目与原错误记账凭证相同的记账凭证,在"摘要"栏中写明"补充少记金额"以及原错误记账凭证的号数和日期,并据以登记入账。

七、账簿等涉税资料管理的税务规定

根据我国税收征管法的要求,纳税人的账簿、记账凭证、报表、完税凭证、发票、出口凭证以及其他有关涉税资料应当合法、真实、完整,并保存10年。

税务机关有权检查纳税人的账簿、记账凭证、报表和有关资料,检查扣缴义务人代扣代缴、代收代缴税款账簿、记账凭证和有关资料。凡是依照法律、行政法规的规定应当设置账簿但未设置的;擅自销毁账簿或者拒不提供纳税资料的;虽设置账簿,但账目混乱或者成本资料、收入凭证、费用凭证残缺不全,难以查账的,税务机关有权核定其应纳税额。凡是未按照规定设置、保管账簿、记账凭证和有关资料的,可以处2 000元以下的罚款;情节严重的,处2 000元以上10 000元以下的罚款。纳税人伪造、变造、隐匿、擅自销毁账簿、记账凭证,或者在账簿上多列支出或者不列、少列收入的,属于偷税行为。

第四章

资金筹集与资金核算

第一节　设立小企业与筹集资金概述

一、企业设立与股东出资

股东是小企业的创办者或出资人（投资者）。

股东认缴的出资额形成了小企业的注册资本。股东实缴的出资额形成了小企业的实收资本，反映在会计账户中。

实收资本是指股东（投资者）按照小企业章程和出资协议约定投入小企业、构成小企业注册资本的部分，其出资方式有以下几种：

(1) 货币。设立小企业必然需要一定数量的货币资金以提供创建小企业时的必要开支和启动小企业运营的资金，小企业日常的运营离不开一定量的货币资金。

(2) 实物。实物出资一般是指以建筑物、机器设备、原材料和货物等作为出资。

(3) 无形资产。这主要是指知识产权和土地使用权，经过评估作价等法定程序以后可以作为出资。

(4) 其他可以用货币估价并可以依法转让的非货币财产也可以作价出资。

公司股东（发起人）应正确认识注册资本的认缴责任，理性做出认缴承诺，严格按照章程、协议约定的时间、数额等履行实际出资义务。

二、所有者权益的核算内容

投资者投入的资本以及享有的小企业资产中的经济利益被称为所有者权益。所有者权益归属于小企业的投资者,对小企业的净资产有索偿权,在数量关系上表现为资产减去负债后的差额。

在不同组织形式的小企业里,所有者权益的表现形式与所有者(投资人)所拥有的权利是有区别的。

在独资企业里,所有者权益表现为业主权益。业主对小企业的重大经营决策、人事变动及盈利分配等具有决定权,同时,对小企业的债务负全部责任。在小企业清算时,当小企业的财产不足以清偿其债务时,业主必须将个人的财产用来清偿小企业的债务,即应付无限责任。

在合伙企业里,所有者权益表现为合伙人权益。合伙人对小企业的经营决策权以及盈利分配等按投资金额或契约规定的比例分配,当小企业的财产不足以清偿其对外负债时,任何一个合伙人都负有清偿其他合伙人无力清偿的那一部分债务的责任,即应付无限连带责任。

在股份制企业里,所有者权益表现为股东权益。股东具有对小企业的重大经营决策及人事变动的参与权,有参与小企业盈利分配的权利,以及在小企业清算时,有对其剩余资产的要求权。股东以其认缴的出资额为限对小企业承担有限责任。

所有者权益包括的主要内容如图4-1所示。

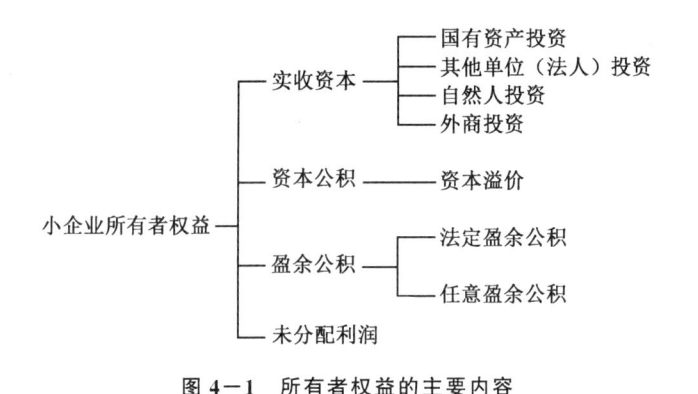

图4-1 所有者权益的主要内容

三、筹集资金业务

筹集资金既是小企业财务管理的起点,也是小企业会计核算的起点。

小企业筹集资金的渠道主要包括:投资人(所有者)对小企业的投资,形成实收资本(股本);小企业向银行等金融机构借款,形成负债(债务)。

(一)实收资本

实收资本来源于投资者的投入,是创立小企业的物质基础和必备条件。小企业的实收资本从保障小企业投资者权益的角度考虑,应当保全,其反映小企业与投资者之间的投资与被投资关系。投资者投入的资本以及所形成的所有者权益是可供小企业长期占有的一种相对稳定的资金来源。除法律另有规定外,资本在小企业经营期间无须偿还。

(二)负债

负债主要来源于借款,包括短期借款和长期借款,还有各种应付未付款项。负债不能归小企业永久使用,应当按期归还或偿付,其反映小企业与债权人之间的债权债务关系。小企业向银行借款分为信用贷款和担保贷款:信用贷款是以借款人的信誉为依据而获得的贷款;担保贷款包括保证贷款、抵押贷款和质押贷款(如图4-2所示)。

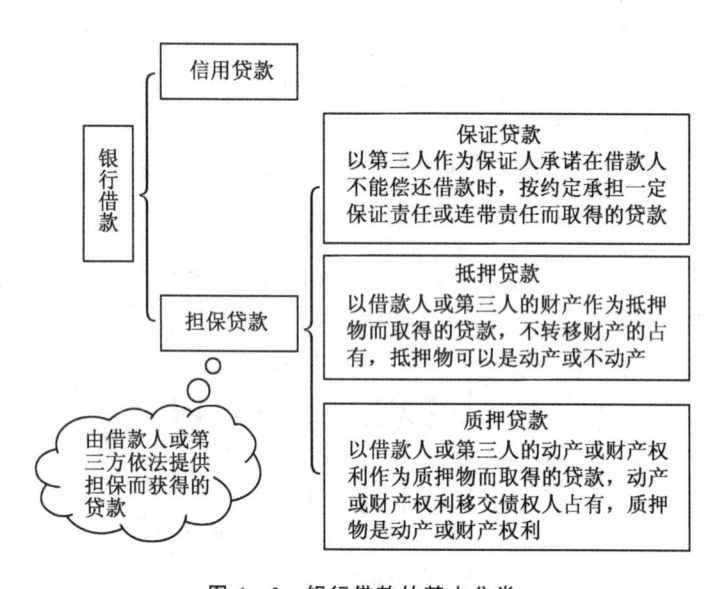

图4-2 银行借款的基本分类

资本与负债的区别可归纳如表4-1所示。

表4-1　　　　　　　　　　资本与负债的区别

比较项目	资　本	负　债
资金来源性质	永久性	临时性
是否需要还本付息	不需要	需要

续表

比较项目	资 本	负 债
能否参与企业管理	能	不能
能否参与利润分配	能	不能
企业清算时是否有优先受偿权	没有	有

第二节 资金筹集核算要点

为了正确核算和监督资金筹集过程中发生的各项经济业务,掌握小企业各种资金来源的增减变动与来龙去脉,需要设置"实收资本""资本公积""短期借款"和"长期借款"等账户。

一、"实收资本"账户

"实收资本"账户属于所有者权益类账户,用以核算小企业收到投资者按照合同约定或相关规定投入的、构成注册资本的部分。该账户结构如图4—3所示。

实收资本	
投资人按照法律手续收回的资本	收到投资人作为资本投入的货币资金、实物和无形资产等
	投入的资本总数

图4—3 "实收资本"账户结构

该账户应按投资者设置明细账,进行明细分类核算。有权代表国家投资的政府部门或者机构以及国有资产投入小企业形成的资本,称为国家资本金。其他法人单位以其依法可以支配的资产投入小企业形成的资本,称为法人资本金。自然人(如社会个人或者本企业内部职工)以合法财产投入小企业形成的资本,称为个人资本金。中国香港、中国澳门、中国台湾以及国外投资者投入小企业形成的资本,称为外商资本金。

小企业收到投资者以外币投入的资本,应当采用交易发生日的即期汇率折算,不产生外币资本折算差额。

小企业接受投资者投入的资本金,应遵守资本保全制度的要求,除法律法规规定可以减少资本外,不得随意抽回。

二、"资本公积"账户

"资本公积"账户属于所有者权益类账户,用于小企业收到投资者出资超出其在注册资本中所占份额的部分。该账户结构如图4—4所示。

资本公积	
按法定程序转增资本的数额	发生的资本溢价
	资本公积结余数

图4—4 "资本公积"账户结构

小企业的资本公积来源于投资者的投入。资本公积可以用于转增资本,但不能用于弥补亏损。小企业的资本公积不得出现借方余额。

三、"短期借款"账户

"短期借款"账户属于负债类账户,用以核算小企业向银行或其他金融机构借入的期限在1年以内的各项借款本金。该账户结构如图4—5所示。

短期借款	
归还的借款	借入的短期借款 银行承兑汇票到期,无力支付票款的,按银行承兑汇票的票面金额记录
	尚未偿还的短期借款本金

图4—5 "短期借款"账户结构

该账户应按照借款种类、贷款人和币种设置明细账,进行明细分类核算。

四、"长期借款"账户

"长期借款"账户属于负债类账户,用以核算小企业向银行或其他金融机构借入的期限在1年以上的各项借款本金。该账户结构如图4—6所示。

长期借款	
归还的借款	借入的长期借款
	尚未偿还的长期借款本金

图4—6 "长期借款"账户结构

该账户应按照借款种类、贷款人和币种设置明细账,进行明细分类核算。

第三节　资金筹集核算实务

讯达信息技术公司(以下简称讯达公司)为有限责任制的小型微利企业,小规模纳税人,适用增值税征收率3%,执行《小企业会计准则》。其注册资本和实收资本为30万元,目前正处于增资扩股发展阶段。某会计期间发生的经济业务被概括为42个核算实例,分布在例4—1至例4—5、例5—1至例5—6、例6—1至例6—16和例7—1至例7—15中,构成一个会计循环,请连贯学习,前后对照,完整掌握。

【例4—1】　因公司研发某新产品的需要,根据股东会增加注册资本的决议和修改后的公司章程的规定,A软件科技公司以货币资金增加投入讯达公司资本金250 000元,已存入银行。

这项经济业务的发生,一方面反映投入企业的资本金增加,应记入"实收资本"账户的贷方;另一方面反映银行存款增加,应记入"银行存款"账户的借方。编制其会计分录如下:

借:银行存款　　　　　　　　　　　　　　　　　250 000.00
　　贷:实收资本——A软件科技公司　　　　　　　　250 000.00

【例4—2】　根据讯达公司股东大会增加注册资本的决议和修改后公司章程的规定,伟业网络平台投入研发设备一台,经评估作价和投资双方确认的价值为120 000元,已经办妥财产转移的法律手续并交付生产车间使用。

这项经济业务的发生,一方面反映投入的法人资本金增加,应记入"实收资本"账户的贷方;另一方面反映固定资产增加,应记入"固定资产"账户的借方。编制其会计分录如下:

借:固定资产——生产经营用固定资产　　　　　　120 000.00
　　贷:实收资本——伟业网络平台　　　　　　　　　120 000.00

【例4—3】　根据讯达公司股东大会增加注册资本的决议和修改后公司章程的规定,××自然人以一项专利技术投资于讯达公司,已经办妥财产转移的法律手续,按评估确认的价值10 000元入账。

这项经济业务的发生,一方面反映××自然人投入的资本金增加,应记入"实收资本"账户的贷方;另一方面专利技术属于无形资产,应记入"无形资产"账户的借方。编制其会计分录如下:

借:无形资产——专利技术　　　　　　　　　　　10 000.00
　　贷:实收资本——××　　　　　　　　　　　　　10 000.00

【例4—4】 讯达公司为了扩大业务规模,向工商银行借入为期3个月的信用借款20 000元,存入银行。

这项经济业务的发生,一方面反映短期借款的增加,应记入"短期借款"账户的贷方;另一方面反映银行存款的增加,应记入"银行存款"账户的借方。编制其会计分录如下:

借:银行存款　　　　　　　　　　　　　　　　20 000.00
　　贷:短期借款——工商银行　　　　　　　　　　20 000.00

小企业向银行进行短期借款需按照银行规定的程序,在提出申请、接受审核、签订人民币短期借款合同后借入款项、支付利息,并按规定的借款期限归还借款。

在应付利息日,小企业应当按照短期借款合同约定的利率计算利息费用,借记"财务费用"账户,贷记"应付利息"等账户。

银行承兑汇票到期,小企业无力支付票款的,应当按照银行承兑汇票的票面金额,借记"应付票据"账户,贷记"短期借款"账户。

持未到期商业汇票向银行贴现,应当按照实际收到的金额(即减去贴现息后的净额),借记"银行存款"账户;按照贴现息,借记"财务费用"账户;按照商业汇票的票面金额,贷记"应收票据"账户(银行无追索权的情况下)或"短期借款"账户(银行有追索权的情况下)。

【例4—5】 讯达公司需购进研发设备一套,向上海银行借入2年期专用设备借款30 000元,存入银行,并以该设备作为贷款抵押物。

这项经济业务的发生,一方面反映长期借款的增加,应记入"长期借款"账户的贷方;另一方面反映银行存款的增加,应记入"银行存款"账户的借方。编制其会计分录如下:

借:银行存款　　　　　　　　　　　　　　　　30 000.00
　　贷:长期借款——上海银行　　　　　　　　　　30 000.00

在应付利息日(不一定是某一资产负债表日),小企业应当按照借款本金和长期借款合同约定的利率计提利息费用,借记"财务费用"和"在建工程"等账户,贷记"应付利息"账户。

第四节　货币资金核算实务

一、货币资金的概念与种类

货币资金是指在小企业生产经营过程中处于货币形态的那部分资金,按其形态和用途的不同,可分为库存现金、银行存款和其他货币资金。无论是投资者投入的货币资本还是从银行借入的资金,都会形成小企业货币资金的来源。货币资金是小企业最重要的支付手段和流通手段,也是流动资产管理的重点。

由于货币资金是小企业流动性最强、控制风险可能最高的资产,是小企业生存与发展的重要基础,而大多数贪污、诈骗、挪用公款等违法乱纪的行为与货币资金有关,因此,小企业必须加强对货币资金的核算与管理,建立健全货币资金内部控制,实施不相容职务分离与授权批准管理等措施,确保货币资金收付业务及其相关的经营管理活动合法、有效。

二、库存现金的核算

库存现金是指小企业持有的现金,包括人民币现金和外币现金。

小企业在办理有关现金收支业务时,至少应当遵守以下规定:

第一,全部现金收入应于当日送存开户银行,当日送存有困难的,由开户银行确定送存时间。

第二,支付现金可以从本企业库存现金限额中支付或从开户银行提取,不得从本企业的现金收入中直接支付,即不得"坐支"现金。因特殊情况需要"坐支"现金的,应当事先报经开户银行审查批准,并在核定的"坐支"范围和限额内操作,同时,收支的现金必须入账。

第三,从开户银行提取现金时,应如实写明提取现金的用途,由本企业财会部门负责人签字、盖章,并经开户银行审查批准后予以支付。

第四,因采购地点不确定、交通不便、抢险救灾以及其他特殊情况必须使用现金的小企业,应向开户银行提出书面申请,由本企业财会部门负责人签字,并经开户银行审查批准后予以支付。

第五,不准"白条顶库";不准谎报用途套取现金;不准用银行账户代替其他单位或个人存入或支取现金;不准将小企业收入的现金以个人名义储蓄;不准保留账外公款,即不得公款私存或设置"小金库";等等。

小企业应当设置"库存现金"账户,用以核算小企业的库存现金。小企业增加库存现金时,借记"库存现金"账户,贷记"银行存款"等账户;减少库存现金时,做相反的会计分录。该账户的期末借方余额反映小企业持有的库存现金。

温馨提示 小企业应当设置"库存现金日记账",由出纳人员根据收付款凭证,按照业务发生顺序逐笔登记。每日终了,应当计算当日的现金收入合计额、现金支出合计额和结

余额,将结余额与实际库存额核对,做到账款相符。有外币现金的小企业,应当分别按照人民币和外币进行明细核算。

三、银行存款的核算

(一)银行存款核算与管理的基本要求

银行存款是指小企业存放在银行和其他金融机构的货币资金。按照国家现金管理和结算制度的规定,每家小企业都要在银行开立账户,称为结算户,用来办理存款、取款和转账结算。

小企业一般只能选择一家银行的一个营业机构开立一个基本存款账户,主要用于办理日常的转账结算和现金收付,如小企业的工资、奖金等现金的支取只能通过该账户办理。此外,小企业还可以在其他银行的一个营业机构开立一个一般存款账户,该账户可办理转账结算和存入现金,但不能支取现金。

小企业应当设置"银行存款"账户,用以核算小企业存入银行或其他金融机构的各种款项。小企业增加银行存款时,借记"银行存款"账户,贷记"库存现金"或"应收账款"等账户;小企业减少银行存款时,做相反的会计分录。该账户的期末借方余额反映小企业存在银行或其他金融机构的各种款项。

温馨提示 小企业应当按照开户银行和其他金融机构、存款种类等设置"银行存款日记账",由出纳人员根据收付款凭证,按照业务的发生顺序逐笔登记。每日终了,应结出余额。"银行存款日记账"应定期与"银行对账单"核对,至少每月核对一次。月终,小企业银行存款账面余额与银行对账单余额之间如有差额,应编制"银行存款余额调节表"调节相符。有外币银行存款的小企业,应当分别按照人民币和外币进行明细核算。

(二)结算方式的主要内容与适用范围

结算方式是经济主体之间经济往来(商品交易、劳务供应、债权债务清算等)的款项收付程序和方法,按支付手段分为现金结算和转账结算,按地点分为同城结算和异地结算等。现行银行的结算方式主要包括银行汇票、商业汇票、银行本票、支票、汇兑、委托收款和异地托收承付结算等。结算方式的主要内容包括商品交易及货款支付的地点、时间和条件,商品所有权转移的条件,结算凭证及其传递的程序和方法等(如表4-2所示)。

表 4-2　　　　　　　　　　　　银行的主要结算方式

种类	签发人	分类	起点额	有效期	适用范围
支票	存款人	现金支票、转账支票	无规定	10 天	同城
银行本票	银行	定额本票、不定额本票	1 000 元	2 个月	同城
汇兑	汇款人	电汇、信汇	无规定	2 个月	异地
托收承付	收款人	邮寄、电划	1 000 或 10 000 元	验单 3 天,验货 10 天	异地
商业汇票	付款人或收款人	商业承兑汇票、银行承兑汇票	1 000 元	6 个月	同城、异地
银行汇票	银行		无限制	1 个月	同城、异地
委托收款	收款人	电报、邮寄	1 000 元	3 天	同城、异地

小企业应当执行《中华人民共和国票据法》《票据管理实施办法》和《支付结算办法》等规定,不准签发没有资金保证的票据或远期支票套取银行信用;不准签发、取得或转让没有真实交易和债权债务关系的票据,套取银行或他人资金;不准无理拒绝付款,任意占用他人资金;不准违反规定开立和使用账户;等等。小企业应通过严格遵守银行支付结算办法规定的结算纪律,保证结算业务的正常进行。

(三)结算中涉及的往来账户

1. 应收及预付款项

应收及预付款项是指小企业在日常生产经营活动中发生的各项债权,包括应收票据、应收账款、应收股利、应收利息和其他应收款等。小企业核算应收及预付款项应当按照发生额入账,并按照规定至少设置下列会计账户:

(1)应收票据

"应收票据"账户核算小企业因销售商品(产成品或材料,下同)、提供劳务等日常生产经营活动而收到的商业汇票(银行承兑汇票和商业承兑汇票)。该账户应按照开出、承兑商业汇票的单位进行明细核算。该账户的期末借方余额反映小企业持有的商业汇票的票面金额。

小企业应当设置"应收票据备查簿",逐笔登记商业汇票的种类、号数、出票日、票面金额、交易合同号、付款人、承兑人、背书人的姓名或单位名称、到期日、背书转让日、贴现日、贴现率、贴现净额、收款日期、收回金额和退票情况等。商业汇票到期结清票款或退票后,应在备查簿中予以注销。

(2)应收账款

"应收账款"账户核算小企业因销售商品、提供劳务等日常生产经营活动应收取的款项。该账户应按照对方单位(或个人)进行明细核算。该账户的期末借方余额反映小企业尚未收回的应收账款。

(3)预付账款

"预付账款"账户核算小企业按照合同规定预付的款项,包括根据合同规定预付的购货款、租金和工程款等。预付款项不多的小企业可以不设置该账户,将预付款项直接记入"应付账款"账户的借方。小企业在建工程预付的工程价款也通过该账户核算。该账户应按照对方单位(或个人)进行明细核算。该账户的期末借方余额反映小企业预付的各种款项。

(4)其他应收款

"其他应收款"账户核算小企业除应收票据、应收账款、预付账款、应收股利和应收利息以外的其他各种应收及暂付款项,包括各种应收的赔款和应向职工收取的各种垫付款项等。小企业出口商品按照税法规定应予退回的增值税税款也通过该账户核算。该账户应按照对方单位(或个人)进行明细核算。该账户的期末借方余额反映小企业尚未收回的其他应收款项。

小企业对于发生的坏账采用直接转销法。应收及预付款项符合下列条件之一的,减除可收回的金额后确认的无法收回的应收及预付款项,应当作为坏账损失:①债务人依法宣告破产、关闭、解散、被撤销或者被依法注销、吊销营业执照,其清算财产不足以清偿的;②债务人死亡或者依法被宣告失踪、死亡,其财产或者遗产不足以清偿的;③债务人逾期3年以上未清偿,且有确凿证据证明已无力清偿债务的;④与债务人达成债务重组协议或法院批准破产重整计划后无法追偿的;⑤因自然灾害、战争等不可抗力导致无法收回的;⑥国务院财政、税务主管部门规定的其他条件。

温馨提示 小企业对于可能发生的坏账损失在核算时不予考虑,只有在实际发生坏账时才计入营业外支出(当期损益),同时冲减应收及预付款项,并应按照规定的程序向主管税务机关申报后方能在税前扣除;未经申报的损失,不得在税前扣除。这些规定与现行税法一致。

小企业不可以采用备抵法核算坏账损失。备抵法是期末在检查应收款项收回的可能性的前提下,预计可能发生的坏账损失,计提坏账准备,当某一应收款项全部或部分被确认为坏账时,将其金额冲减坏账准备并相应转销应收款项的方法。

---

2. 应付及预收款项

应付及预收款项是指小企业在日常生产经营活动中发生的各项债务,包括应付票据、应付账款、预收账款、应付利息、应付利润和其他应付款。小企业核算应付及预

收款项,应当按照发生额入账,并按照规定至少设置下列会计账户:

(1)应付票据

"应付票据"账户核算小企业因购买材料、商品和接受劳务等日常生产经营活动而开出、承兑的商业汇票(银行承兑汇票和商业承兑汇票)。该账户应按照债权人进行明细核算。该账户的期末贷方余额反映小企业开出、承兑的尚未到期的商业汇票的票面金额。

小企业应当设置"应付票据备查簿",详细登记商业汇票的种类、号数、出票日期、到期日、票面金额、交易合同号、收款人姓名或单位名称、付款日期和金额等。商业汇票到期结清票款后,应在备查簿中予以注销。

(2)应付账款

"应付账款"账户核算小企业因购买材料、商品和接受劳务等日常生产经营活动而应支付的款项。该账户应按照对方单位(或个人)进行明细核算。该账户的期末贷方余额反映小企业尚未支付的应付账款。小企业确实无法偿付的应付账款,借记"应付账款"账户,贷记"营业外收入"账户。

(3)预收账款

"预收账款"账户核算小企业按照合同规定预收的款项,包括预收的购货款和工程款等。预收账款不多的小企业可以不设置该账户,将预收款项直接记入"应收账款"账户的贷方。该账户应按照对方单位(或个人)进行明细核算。该账户的期末贷方余额反映小企业预收的款项;期末如为借方余额,则反映小企业尚未转销的款项。

(4)其他应付款

"其他应付款"账户核算小企业除应付账款、预收账款、应付职工薪酬、应交税费、应付利息和应付利润以外的其他各项应付、暂收的款项,如应付租入固定资产和包装物的租金、存入保证金等。该账户应按照其他应付款的项目和对方单位(或个人)进行明细核算。该账户的期末贷方余额反映小企业应付未付的其他应付款项。

小企业发生了确实无法支付的应付及预收款项,应当结转"营业外收入"账户。

小企业对于往来款项可以采用与对方单位核对账目的方法进行清查,可以在检查往来款项账目正确性和完整性的基础上,根据有关明细分类账的记录,按用户编制对账单,送交对方单位进行核对。对账单一般一式两联,其中一联作为回单。如果对方单位核对相符,应在回单上盖章后退回;如果不符,应将不符的情况在回单上注明或另抄对账单退回,以便进一步清查。在核对过程中,如果发现未达账项,双方都应采用调节账面余额的方法核对往来款项是否相符。尤其应注意查明有无双方发生争议的款项或无法支付的款项,以便及时采取措施进行处理,避免或减少坏账损失。

四、其他货币资金的核算

其他货币资金是指小企业除库存现金和银行存款以外的其他各种货币资金,即存放地点和用途均与现金和银行存款不同的货币资金。

小企业设置"其他货币资金"账户,用以核算小企业的银行汇票存款、银行本票存款、信用卡存款、信用证保证金存款、外埠存款和备用金等其他货币资金,并按照银行汇票或本票、信用卡发放银行、信用证收款单位和外埠存款开户银行,分别"银行汇票""银行本票""信用卡""信用证保证金"和"外埠存款"等进行明细核算。小企业增加其他货币资金时,借记"其他货币资金"账户,贷记"银行存款"账户;减少其他货币资金时,做相反的会计分录。"其他货币资金"账户的期末借方余额反映小企业持有的其他货币资金。

其他货币资金的核算程序如图4—7所示。

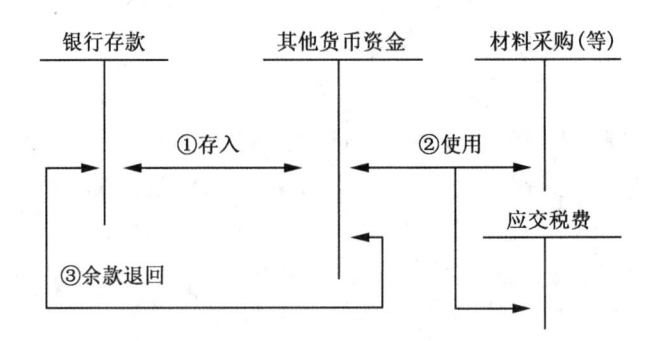

图4—7 其他货币资金核算流程图

小企业对于发生的外币交易,应当将外币金额折算为记账本位币金额。为简化核算,外币交易在初始确认时,采用交易发生日的即期汇率将外币金额折算为记账本位币金额,也可以采用交易当期的平均汇率折算。对外币财务报表进行折算时,一律采用即期汇率。

第五章

采购与存货业务核算

第一节 小企业采购与存货概述

一、小企业采购过程核算的主要经济业务

采购是指通过交换获取物料和服务的购买行为,以保证生产经营活动的正常开展。

采购过程是劳动资料和劳动对象的准备过程,包括建造厂房、购买机器设备和各种材料物资等。

在物资采购过程(又称供应过程)中,小企业的主要经济业务是以货币资金采购材料等物资、与供货单位办理货款结算、支付材料等物资的价款和各种采购费用等。物资采购核算的主要内容是:反映和监督材料物资货款和采购费用的支出情况,确定材料物资的采购成本,促使小企业节约材料物资费用,降低材料物资采购成本;反映和监督材料物资在保管过程中的收、发、存情况,保证材料物资的安全、完整;等等。

二、小企业存货核算的主要内容

存货是指小企业在日常生产经营过程中持有以备出售的产成品或商品、处在生产过程中的在产品、将在生产过程或提供劳务过程中耗用的材料和物料等,以及小企业(农、林、牧、渔业)为出售而持有的或在将来收获为农产品的消耗性生物资产。

持有存货的最终目的是出售,不论是可供直接销售(如小企业的产成品、商品等)还是需进一步加工后才能出售(如原材料等)。小企业的存货主要包括以下内容:

(一)原材料

原材料是指在生产过程中经加工改变其形态或性质并构成产品主要实体的各种原料及主要材料、辅助材料、外购半成品(外购件)、修理用备件(备品备件)、包装材料和燃料等。

(二)在产品

在产品是指正在制造、尚未完工的产品,包括正在各个生产工序加工的产品,以及已加工完毕但尚未检验或已检验但尚未办理入库手续的产品。

(三)半成品

半成品是指经过一定的生产过程并已检验合格、交付半成品仓库保管但尚未制造完工成为产成品,仍需进一步加工的中间产品。

(四)产成品

产成品是指已经完成全部生产过程并已验收入库,符合标准规格和技术条件,可以按照合同规定的条件送交订货单位,或者可以作为商品对外销售的产品。

(五)商品

商品是指外购或委托加工完成并已验收入库用于销售的各种商品。

(六)周转材料

周转材料是指小企业能够多次使用、逐渐转移其价值但仍保持原有形态且不被确认为固定资产的材料,包括包装物、低值易耗品、(建筑业)的钢模板、木模板和脚手架等。但各种包装材料,如纸、绳、铁丝和铁皮等,应在"原材料"账户核算;用于储存和保管产品、材料而不对外出售的包装物,应按照价值的大小和使用年限的长短,分别在"固定资产"和"周转材料"账户核算。小企业的包装物和低值易耗品也可以单独设置"包装物"和"低值易耗品"账户核算。包装物数量不多的小企业可以不设置"周转材料"账户,而将包装物并入"原材料"账户核算。

(七)委托加工物资

委托加工物资是指委托外单位加工的各种材料和商品等物资。

(八)消耗性生物资产

消耗性生物资产是指小企业(农、林、牧、渔业)的处于生长过程中的大田作物、蔬菜、用材林以及存栏待售的牲畜等。

三、小企业存货的计量方法

外购存货的成本包括购买价款、相关税费、运输费、装卸费、保险费以及在外购存货过程中发生的其他直接费用,但不含按照税法规定可以抵扣的增值税进项税额。

通过进一步加工取得存货的成本包括直接材料、直接人工以及按照一定的方法分配的制造费用。

经过1年以上的制造才能达到预定可销售状态的存货发生的借款费用也计入存货的成本。其中,借款费用是指小企业因借款而发生的利息及其他相关成本,包括借款利息、辅助费用以及因外币借款而发生的汇兑差额等。

投资者投入存货的成本应当按照评估价值确定。

提供劳务的成本包括与劳务提供直接相关的人工费、材料费和应分摊的间接费用。

自行栽培、营造、繁殖或养殖的消耗性生物资产的成本,应当按照下列规定确定:(1)自行栽培的大田作物和蔬菜的成本包括收获前耗用的种子、肥料、农药等材料费、人工费和应分摊的间接费用;(2)自行营造的林木类消耗性生物资产的成本包括郁闭前发生的造林费、抚育费、营林设施费、良种试验费、调查设计费和应分摊的间接费用;(3)自行繁殖的育肥畜的成本包括出售前发生的饲料费、人工费和应分摊的间接费用;(4)水产养殖的动物和植物的成本包括出售或入库前耗用的苗种、饲料、肥料等材料费、人工费和应分摊的间接费用。

盘盈存货的成本应当按照同类或类似存货的市场价格或评估价值确定。

发出存货的计价方法可以采用先进先出法、加权平均法或者个别计价法。计价方法一经选用,不得随意变更。

小企业的存货既可以按实际成本进行日常核算,也可以按计划成本(或标准成本、售价法)进行日常核算,但在资产负债表日应当将其调整为实际成本。

第二节 采购与存货业务核算要点

为了正确核算和监督采购与存货业务发生的情况,小企业需要设置和应用一系列资产类和负债类账户,包括"材料采购""在途物资""原材料""应付账款"和"应交税费"等主要账户。

一、"材料采购"账户

"材料采购"账户属于资产类账户,用以核算小企业采用计划成本进行材料日常核算和购入材料的采购成本。该账户结构如图5-1所示。

材料采购	
购入材料的买价和采购费用转出实际成本小于计划成本的差额	已完成采购手续转入"原材料"的计划成本 转出实际成本大于计划成本的差额
已经收到发票、账单,但材料尚未到达或尚未验收入库的在途物资的采购成本	

图 5－1 "材料采购"账户结构

为计算材料的采购成本,反映材料采购计划的执行情况,"材料采购"账户应按照供应单位和物资品种设置明细账,进行明细分类核算,并按采购成本项目分设专栏。

采用计划成本进行材料日常核算的小企业还应当设置"材料成本差异"账户,用以核算小企业采用计划成本进行日常核算的材料计划成本与实际成本的差额。"材料成本差异"账户可以分别"原材料"和"周转材料"等设置明细账,进行明细分类核算。该账户的期末借方余额反映小企业库存材料等的实际成本大于计划成本的差额,贷方余额反映小企业库存材料等的实际成本小于计划成本的差额。

小企业验收入库的材料发生的材料成本差异:实际成本大于计划成本的差异,借记"材料成本差异"账户,贷记"材料采购"账户;实际成本小于计划成本的差异,做相反的会计分录。入库材料的计划成本应当尽可能接近实际成本。除特殊情况外,计划成本在年度内不得随意变更。

二、"在途物资"账户

"在途物资"账户属于资产类账户,用以小企业采用实际成本进行材料、商品等物资的日常核算,以及尚未到达或尚未验收入库的各种物资的实际采购成本的核算。该账户结构如图 5－2 所示。

在途物资	
购入材料或商品的买价和采购费用	已完成采购手续的材料或商品的实际成本
已经收到发票、账单,但材料或商品尚未到达或尚未验收入库的在途物资、商品等物资的采购成本	

图 5－2 "在途物资"账户结构

该账户应按照供应单位和物资品种设置明细账,进行明细分类核算。

小企业对于材料已经收到但尚未办理结算手续的,可暂不做会计分录,待办理结算手续后,再根据所付金额或发票、账单的应付金额,借记"在途物资"账户,贷记"银行存款"等账户。

三、"原材料"账户

"原材料"账户属于资产类账户,用以核算小企业库存的各种材料,包括原料及主要材料、辅助材料、外购半成品(外购件)、修理用备件(备品备件)、包装材料、燃料等的实际成本或计划成本。购入的工程用材料在"工程物资"账户核算,不在"原材料"账户核算。该账户结构如图5-3所示。

原材料	
购入并已验收入库材料的实际成本	发出材料的实际成本 采用计划成本进行材料日常核算的,按照计划成本记账;月末,按照发出原材料的计划成本计算应负担的成本差异
库存材料的实际成本或计划成本	

图5-3 "原材料"账户结构

为了反映和监督各类材料的增减变动情况,应按照材料的保管地点(仓库)、品种和规格等设置明细账,进行明细分类核算。

四、"应付账款"账户

"应付账款"账户属于负债类账户,用以核算小企业因购买材料、商品和接受劳务等日常生产经营活动而应支付的款项。该账户结构如图5-4所示。

应付账款	
偿还的账款 确实无法偿付的应付账款	购入物资等已验收入库但尚未支付的账款
	尚未偿还的账款余额

图5-4 "应付账款"账户结构

该账户应按供应单位(或个人)设置明细账,进行明细分类核算。

五、"应交税费"账户

"应交税费"账户属于负债类账户,用以核算小企业按照税法等规定计算应缴纳的增值税等各种税费。该账户结构如图5-5所示。

应交税费	
已缴纳的税费	应缴纳的税费
	未缴纳的税费

图 5－5　"应交税费"账户结构

一般纳税人应当在"应交税费"账户下设置"应交增值税""未交增值税""预缴增值税""待抵扣进项税额"等账户进行明细分类核算。"应交税费——应交增值税"账户下应设置"进项税额""销项税额抵减""已交税金""转出未交增值税""减免税款""出口抵减内销产品应纳税额""销项税额""出口退税""进项税额转出"和"转出多交增值税"等专栏。

按照增值税的有关规定，一般纳税人购进货物，提供加工修理修配劳务，销售服务、无形资产或不动产，用于简易计税方法计税项目、免征增值税项目、集体福利或个人消费等，其进项税额不得从销项税额中抵扣的，应当计入相关成本费用，不通过"应交税费——应交增值税（进项税额）"账户核算。

温馨提示　小规模纳税人由于不能抵扣进项税额等简化核算的原因，只需要设置"应交税费——应交增值税"账户，用以核算增值税的应缴数、已缴数及欠缴或多缴数。该账户的借方记录已缴增值税，贷方记录应缴增值税，期末借方余额反映小企业多缴的增值税，期末贷方余额反映小企业欠缴的增值税。

第三节　采购与存货业务核算实务

【例 5－1】　讯达公司采用实际成本核算存货业务，包括计算材料采购成本、货款结算和材料验收入库等。

讯达公司购入甲材料（如表 5－1 所示），收到供货单位的发票，货款未支付，货物未验收，应先记入"在途物资"账户的借方和"应付账款"账户的贷方，应编制会计分录如下：

表 5－1　　　　　　　　　　甲材料采购明细　　　　　　　　　金额单位：元

甲材料	数量	单价	买价
明辉公司	20 千克	372.00	7 440.00

续表

甲材料	数量	单价	买价
申达公司	5 千克	372.00	1 860.00
合　计	25 千克		9 300.00

小规模纳税企业实行简易办法计算缴纳增值税,在其购入货物或接受应税劳务时,不管是取得增值税专用发票还是取得普通发票,所支付的增值税税额均应直接计入有关货物及劳务的成本。表5—1中的单价为含税价。

借:在途物资——甲材料　　　　　　　　　　　　9 300.00
　　贷:应付账款——明辉公司　　　　　　　　　　7 440.00
　　　　应付账款——申达公司　　　　　　　　　　1 860.00

【例5—2】　讯达公司以银行存款650元支付上述甲材料的运输费。

采购材料的运输费是材料采购成本的组成部分,应记入"在途物资"账户的借方,支付的款项则记入"银行存款"账户的贷方。本例中的运杂费发生在一种材料上,不需进行分摊。应编制会计分录如下:

借:在途物资——甲材料　　　　　　　　　　　　650.00
　　贷:银行存款　　　　　　　　　　　　　　　　650.00

【例5—3】　采购员采购甲、乙两种材料(如表5—2所示),货款和运费已从银行存款中支付,取得发票,但尚未验收入库,应先记入"在途物资"账户,编制会计分录如下:

表5—2　　　　　　　　　　甲、乙材料采购明细　　　　　　　　金额单位:元

材料名称	数量	单价	买价	运输费	总计
甲材料	15 千克	372.00	5 580.00	312.00	5 892.00
乙材料	10 千克	472.00	4 720.00	208.00	4 928.00

借:在途物资——甲材料　　　　　　　　　　　　5 892.00
　　在途物资——乙材料　　　　　　　　　　　　4 928.00
　　贷:银行存款　　　　　　　　　　　　　　　　10 820.00

【例5—4】　以银行存款支付例5—3中甲、乙材料的装卸、搬运费180元(按重量比例分配装卸、搬运费)。

材料采购成本的计算就是把供应过程中购买的材料的买价和各种采购费用按照

材料的类别分别进行归集,计算出各种材料的采购总成本和单位成本。

各种材料的买价可从供货单位的发票中直接认定。采购材料支付的各种费用能够直接分清归属于哪种材料的,可直接计入该材料的采购成本;不能直接认定计入哪种材料的,按材料的重量或买价等分摊计入各种材料的采购成本,其方法如下:

(1)分配率=采购费用÷应分摊材料重量(或买价)之和

分配率=180÷(10+15)=7.2(元/千克)

(2)某种材料分摊的采购费用=分配率×该种材料的重量(或买价)

甲材料分摊的采购费用=7.2×15=108(元)

乙材料分摊的采购费用=7.2×10=72(元)

(3)材料采购成本=买价+采购费用

装卸、搬运费是甲、乙材料共同发生的,需要按一定的方法分配后才能计入有关材料的成本中。根据分配结果,编制其会计分录如下:

借:在途物资——甲材料　　　　　　　　　　108.00
　　在途物资——乙材料　　　　　　　　　　 72.00
　贷:银行存款　　　　　　　　　　　　　　180.00

[例5—5] 上述甲、乙材料已验收入库,按实际成本结转,根据确定的材料实际采购成本,应从"在途物资"账户的贷方转入"原材料"账户的借方,反映库存材料的增加。应编制会计分录和"材料成本计算表"(如表5—3、表5—4和表5—5所示)如下。为与各章经济业务核算内容配套,有关账簿中凭证号码的登记以各章经济业务举例的编号为序:

借:原材料——甲材料　　　　　　　　　15 950.00
　　原材料——乙材料　　　　　　　　　 5 000.00
　贷:在途物资——甲材料　　　　　　　15 950.00
　　　在途物资——乙材料　　　　　　　 5 000.00

表5—3　　　　　　　　　在途物资明细分类账

材料名称:甲材料　　　　　××年×月×日　　　　　　单位:元

×年		凭证号码	摘要	借方金额			贷方金额	余额
月	日			买价	采购费用	合计		
略	略	5—1	25千克,每千克372元	9 300.00		9 300.00		9 300.00
		5—2	支付运输费		650.00	650.00		9 950.00
		5—3	15千克,每千克372元,运费312元	5 580.00	312.00	5 892.00		15 842.00

续表

×年		凭证号码	摘要	借方金额			贷方金额	余 额
月	日			买价	采购费用	合计		
		5—4	分摊装卸、搬运费		108.00	108.00		15 950.00
		5—5	结转采购成本				15 950.00	0.00
			本期发生额及余额	14 880.00	1 070.00	15 950.00	15 950.00	0.00

表 5—4　　　　　　　　　　　　在途物资明细分类账

材料名称：乙材料　　　　　　　××年×月×日　　　　　　　　　　单位：元

×年		凭证号码	摘要	借方金额			贷方金额	余 额
月	日			买价	采购费用	合计		
略	略	5—3	10千克，每千克472元，运费208元	4 720.0	208.00	4 928.00		4 928.00
		5—4	分摊装卸、搬运费		72.00	72.00		5 000.00
		5—5	结转采购成本				5 000.00	0.00
			本期发生额及余额	4 720.00	280.00	5 000.00	5 000.00	0.00

表 5—5　　　　　　　　　　　　材料成本计算表

××年×月×日　　　　　　　　　　　　　　单位：元

项　目	甲材料		乙材料	
	总成本（40千克）	单位成本	总成本（10千克）	单位成本
买价	14 880.00	372.00	4 720.00	472.00
采购费用	1 070.00	26.75	280.00	28.00
材料采购成本	15 950.00	398.75	5 000.00	500.00

〖例5—6〗 以银行存款支付购入甲材料的货款。这项业务表明银行存款减少的同时应付账款也减少，编制会计分录如下：

　　借：应付账款——明辉公司　　　　　　　　　　　　7 440.00
　　　　应付账款——申达公司　　　　　　　　　　　　1 860.00
　　　　贷：银行存款　　　　　　　　　　　　　　　　　　　9 300.00

月末，小企业对于购入并已经到达和已验收入库但尚未收到发票、账单的收料凭证，应分别材料或商品，并按照估计金额（或计划成本）暂估入账，借记"原材料""周转材料"或"库存商品"等账户，贷记"应付账款——暂估应付账款"账户，下月初用红字做同样的会计分录予以冲回,以便下月收到发票、账单等结算凭证时,按照正常程序进行账务处理。

会计期末,为了保证账面记录的金额与实际拥有的财产物资一致,需要进行财产清查,并编制"库存物资盘点表",目的是保证账实相符、账表相符等,从而使会计信息反映真实的财务状况。

原材料等存货发生盘盈(账面记录数小于实际拥有数)或盘亏(账面记录数大于实际拥有数)的原因包括:(1)收发计量发生差错;(2)管理不善造成账实不符;(3)自然灾害等非常原因造成损失;等等。

小企业发生存货盘盈时,借记"原材料"等相关账户,贷记"待处理财产损溢"账户;在按管理权限报经批准后,将盘盈收益借记"待处理财产损溢"账户,贷记"营业外收入"账户。

小企业发生存货的盘亏、毁损、报废损失时,应先借记"待处理财产损溢"账户,贷记"原材料"等相关账户。按管理权限报经批准后,根据造成存货盘亏或毁损的原因,分别按以下情况进行处理:属于计量收发差错和管理不善等原因造成的存货短缺,应扣除残料价值和过失人赔偿后,将净损失计入"营业外支出";属于自然灾害等非常原因造成的存货毁损,应扣除处置收入、保险赔偿和过失人赔偿后,将净损失计入"营业外支出"。

无论发生盘盈还是盘亏或毁损,小企业都要依据实际拥有数来调整账面记录数,经过账务处理达到账实相符。

第六章

生产与加工业务核算

第一节 小企业生产与加工概述

一、小企业生产过程核算的主要经济业务

生产过程是劳动者借助于劳动资料对劳动对象进行加工,把劳动对象加工成劳动产品,从而形成物化劳动和活劳动的耗费过程,具体经济业务核算内容包括原材料耗用、工资结算、固定资产折旧、无形资产摊销、制造费用的归集与分配、完工产品生产成本结转等。

在生产加工发生的各项费用中,为一定种类、一定数量的产品所支出的费用称为计入制造成本的费用,构成产品的生产成本;不受产量或工作量增减变化影响而由当期损益负担的费用,称为期间费用。

期间费用是指与产品制造过程没有联系的非生产性成本耗费(非制造成本),包括销售费用、管理费用和财务费用。小企业发生的期间费用,如果不属于销售费用或财务费用,就归属于管理费用。管理费用是一个"兜底"的概念。三项期间费用可直接计入当期损益,不需要间接分配。

费用是小企业为销售商品、提供劳务等日常活动所发生的经济利益的流出。图6-1说明了直接费用、间接费用、期间费用与生产成本之间的关系。其中对直接费用和间接费用的发生、汇集与分配构成生产加工核算的主要经济业务,属于营业成本核算的相关内容,包括直接计入和分配计入等方法,构成制造成本的核算范围。

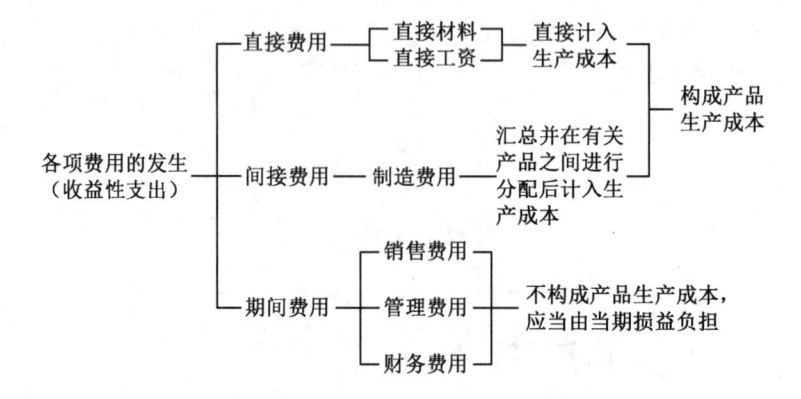

```
各项费用的发生      ┌─ 直接费用 ─┬─ 直接材料 ─── 直接计入      ┐
（收益性支出）      │            └─ 直接工资      生产成本   │── 构成产品
                   │                                          生产成本
                   ├─ 间接费用 ─── 制造费用 ─── 汇总并在有关  ┘
                   │                           产品之间进行
                   │                           分配后计入生
                   │                           产成本
                   │            ┌─ 销售费用
                   └─ 期间费用 ─┼─ 管理费用 ─── 不构成产品生产成本，
                                └─ 财务费用     应当由当期损益负担
```

图 6-1 费用分类与生产加工主要经济业务的相关内容

核算费用是为了控制消耗，并为计算成本和确定损益奠定基础。

二、小企业费用核算的原则与确认标准

(一)费用确认的基本原则

费用的实质是资产的耗费，但并不是所有资产的耗费都是费用，这就需要明确什么样的资产耗费应确认为费用。由于发生费用的目的是取得收入，因此，费用的确认应当与收入的确认相联系。总体看来，确认费用应当正确划分收益性支出与资本性支出，按照权责发生制的要求和配比原则进行核算。

1. 正确划分收益性支出与资本性支出

收益性支出是指受益期不超过 1 年或一个营业周期的支出，即发生该项支出仅仅是为了取得本期收益。资本性支出是指受益期超过 1 年或一个营业周期的支出，即发生该项支出不仅是为了取得本期收益，而且是为了取得以后各期收益。

成本核算要求正确区分资本性支出与收益性支出：将收益性支出记入费用账户，作为当期损益列入利润表；将资本性支出记入资产账户，作为资产列入资产负债表。前者称为支出费用化，后者称为支出资本化。资本化支出随着每期对资产的耗费，按照受益原则和耗费比例通过转移、折旧和摊销等方法，逐渐转化为费用。由此看来，与取得本期收益有关的支出，即本期的成本和费用，一是直接记入费用账户的收益性支出，二是本期从资产账户转入费用账户的资本性支出。

收益性支出是成本费用核算的主要内容。在收益性支出中，需要正确划分成品成本与期间费用。小企业在生产产品或提供劳务的过程中发生的耗费，应由产品或劳务负担。期间费用不应由产品或劳务负担，不计入产品或劳务成本而直接计入当

期损益。

2. 以权责发生制作为核算基础

按照权责发生制,凡是本期已经发生或应当负担的费用,不论其款项是否已经收付,都应作为当期费用处理;凡是不属于当期的费用,即使款项已经在当期收付,也不应作为当期费用。权责发生制明确了费用确认与计量方面的要求,解决了费用何时予以确认及确认多少等问题。

产品成本核算要善于依据权责发生制和受益原则划清各期产品成本的界限。某项耗费是否应计入本月产品成本,不取决于成本金额的大小,而取决于本月产品是否受益。如果是本月产品受益的耗费,就应计入本月产品成本;如果是由本月与以后各月共同受益的耗费,就应在相关期间内采用适当的方法进行合理计量。

3. 配比原则的具体应用

按照配比原则,为产生当期收入所发生的费用应当确认为当期费用,即当收入已经实现时,某些资产(如物料)已被消耗或已被出售(如商品)、劳务已经提供,已被耗用的这些资产和劳务的成本应当在确认有关收入的期间予以确认。如果收入要到未来期间实现,相应的费用就应递延分配于未来的实际受益期间。

(二)费用确认的基本标准

1. 按费用与收入的因果关系确认

凡是与本期收入有因果关系(直接联系)的耗费,应当确认为本期费用:一是经济性质上的因果性,即有所得才有所费,应予以确认的费用与其收入项目因果关联;二是时间上的一致性,即应予以确认的费用与某项收入时间关联,应配比确认。如果销售出去的商品是直接与所产生的营业收入相联系的,那么,该商品的成本就应当随同本期实现的销售收入作为本期的费用;如果企业采用分期收款方式销售商品,则应按合同约定的收款日期分期确认收入,此时,按商品全部销售成本与全部销售收入的比率计算出本期应结转的营业成本,并与本期所确认的营业收入相配比。

2. 按系统、合理的分摊方式确认

如果某项费用的经济效益有望在若干会计期间发生,并且只能大致和间接地确定其与收益的联系,该项费用就应当按照合理的分配程序在利润表中确认为一项费用,如固定资产的折旧和无形资产的摊销等。

3. 直接作为当期费用确认

有些支出不能提供明确的未来经济利益,并且如果对这些支出加以分摊也没有多大意义,这时,这些费用可予以简化核算,直接作为当期费用予以确认,如小企业的固定资产日常修理费,虽然与跨期收入有一定联系,但由于不确定性因素,往往不能肯定地预计其收益所涉及的期间,因而直接将其列作当期费用处理。

三、小企业营业成本核算的内容与方法

完全成本法将总成本按经济用途分为生产成本(制造成本)和非生产成本(期间费用),并且将全部生产成本(包括变动和固定的生产成本)计入产品成本(营业成本)。①

完全成本法下的营业成本被划分为若干个产品成本项目,一般包括直接材料、直接工资和制造费用。按照这种分类,可以了解制造成本中各成本项目的金额,分析各成本项目的金额是否合理,寻求降低成本的途径;还可以按照不同成本项目的特点,采用不同的方法将费用在各种产品之间进行分配。

直接材料是指直接耗用并构成产品实体的原材料、有助于产品形成的主要材料和辅助材料等。对于直接用于产品生产的燃料和动力较多的小企业,可单列"燃料与动力"成本项目。

直接人工也称直接工资,是指直接从事产品生产的人员的职工薪酬。

制造费用是指车间为组织和管理生产所发生的、不能直接计入有关产品成本的各项费用,如车间固定资产折旧费、维修费、保险费、机物料消耗、车间管理人员工资、低值易耗品摊销、水电费、办公费、劳动保护费和差旅费等。

概念辨析　能够直接用于产品生产,应当尽可能直接计入并构成产品成本的各项生产费用,被称为直接费用(直接成本),如直接材料和直接人工等耗费。直接成本是指与某一特定产品有直接联系,能够既经济又方便地直接计入该产品的成本。凡是不能分清为哪种产品所耗用,不能直接计入某种产品成本而必须按照一定的标准分配(如产销量、消耗量、工时或工资、成本动因等)计入有关产品成本的费用,被称为间接费用(间接成本),如制造费用。

综上所述,费用是成本的基础,没有发生费用就不会形成成本。但费用、生产费用、计入本月产品成本的生产费用、完工产品成本和在产品成本等不是同一个概念。以工业企业为例,经过对费用的层层划分以后,费用与成本的分布情况如表 6−1 所示。产品的生产费用构成了营业成本,其计算过程实质上是费用汇集和分配(摊)的

---

　　①　变动成本法是管理会计为改革财务会计的传统成本核算而产生的新的核算模式,主要特点是只将变动生产成本(包括直接材料、直接人工、变动性制造费用和变动性销售及管理费用)作为产品成本的构成内容,将固定生产成本(包括固定性制造费用和固定性销售及管理费用)作为期间成本处理。详见李敏主编的《成本会计学》《管理会计学》,上海财经大学出版社出版。

过程,或者说,成本计算就是对费用进行多步骤处理的渐进过程。

表 6－1　　　　　　　　　　　费用与成本的分布情况

费用					
生产费用					非生产费用
计入本月产品成本的生产费用			期间费用	跨期摊配费用	^
甲产品生产费用 (按成本项目反映)	乙产品生产费用 (按成本项目反映)	丙产品生产费用 (按成本项目反映)	直接计入当月损益	如预付费用、长期待摊费用和应付利息等	资本性支出和营业外支出等
完工产品成本 (全部完工)	在产品成本 (全部未完工)	完工产品成本	在产品成本		

四、小企业完全成本核算规程

成本核算规程是对生产过程中发生的各项要素费用按经济用途归集、分配及计入产品成本的过程,也称成本流转过程。

第一,对所发生的各项费用进行审核,划清成本费用开支范围与列支项目,确定哪些成本属于生产经营成本,将其区分为正常的生产经营成本和非正常的生产经营成本,在此基础上将正常的生产经营成本区分为产品成本和期间费用。

第二,编制各项要素费用的分配表,将本月应计入产品成本的生产成本区分为直接成本和间接成本。根据领料凭证和人工费用支出等编制各要素费用分配表。凡是能直接计入成本计算对象的费用,根据各要素费用分配表可直接记入"基本生产成本"和"辅助生产成本"账户及有关明细账户;凡是不能直接计入成本计算对象的费用,应先进行归集,然后记入"制造费用"账户及其有关明细账户。

第三,对于跨期摊配费用,如预付费用、待摊费用、长期待摊费用和应付利息等,应区分应当计入本月产品的成本(费用)与应当由其他月份产品负担的成本(费用)。

第四,进行辅助生产费用的归集与分配,将归集在"辅助生产成本"账户及其明细账户的费用按受益对象和所耗用的劳务数量,编制辅助生产费用分配表,据以登记"生产成本——基本生产成本"和"制造费用"等账户及有关明细账户。

第五,进行制造费用的归集与分配,分别不同车间于月终编制制造费用分配表,分配计入相应车间的产品成本中,记入"生产成本——基本生产成本"账户及其明细账户。

第六,结转完工产品成本。通过上述计算,本期发生的全部生产成本都已汇集在"生产成本"账户的借方,如果小企业没有在产品,则产成品成本就是"生产成本"账户的期初余额加上本期发生的全部生产成本。但是,一般小企业都同时有在产品和产成品,因而需要把产品生产成本在产成品与在产品之间进行分配,同时计算在产品成本和产成品成本。产成品成本计算出来后,还要用产成品总成本除以总产量求得单位成本。

上述成本核算的操作程序可用图6—2汇总说明。

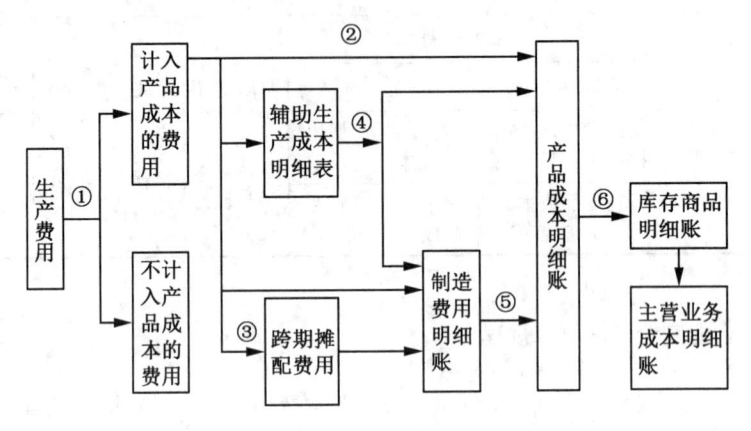

图6—2 成本核算的基本程序

第二节 生产与加工业务核算要点

为了核算和监督生产加工过程中小企业各项费用的发生情况,并正确计算产品成本,需要设置并应用一系列费用和成本以及有关的资产和负债账户,如"生产成本""制造费用""管理费用""财务费用"和"库存商品"账户等。

一、"生产成本"账户

"生产成本"账户属于成本类账户,用以核算小企业进行工业性生产发生的各项生产成本,包括生产各种产品(产成品、自制半成品等)、自制材料、自制工具和自制设备等发生的成本。核算小企业对外提供劳务发生的成本时,可将该账户改为"劳务成本"账户或单独设置"劳务成本"账户进行核算。该账户结构如图6—3所示。

生产成本	
为产品生产发生的直接材料、直接人工和制造费用	生产完成并已验收入库的产成品成本
尚未加工完成的在产品成本	

图6—3 "生产成本"账户结构

该账户可按基本生产成本和辅助生产成本设置明细账,进行明细分类核算。

二、"制造费用"账户

"制造费用"账户属于成本类账户,用以核算小企业的生产车间(部门)为生产产品和提供劳务而发生的各项间接费用。小企业经过1年以上的制造才能达到预定可销售状态的产品发生的借款费用,也在该账户核算。能直接计入成本核算对象的直接费用,可直接记入"生产成本"账户,不通过"制造费用"账户核算;不能直接确认成本核算对象的间接费用,应记入"制造费用"账户,但不包括小企业的行政管理部门为组织和管理生产经营活动而发生的管理费用。该账户结构如图6—4所示。

制造费用

生产车间发生的机物料消耗、固定资产修理费、生产车间管理人员的工资等职工薪酬、生产车间计提的固定资产折旧费、生产车间支付的办公费和水电费、发生季节性和修理期间的停工损失、经过1年以上的制造才能达到预定可销售状态的产品发生的借款利息	将制造费用分配计入有关成本核算对象,转入"生产成本"账户的费用
除季节性生产外,期末应无余额	

图6—4 "制造费用"账户结构

该账户应按照不同的生产车间、部门和费用项目进行明细分类核算。

三、"管理费用"账户

"管理费用"账户属于损益类账户,用以核算小企业为组织和管理生产经营而发生的其他费用,包括小企业在筹建期间发生的开办费、行政管理部门发生的费用(固定资产折旧费、修理费、办公费、水电费、差旅费和管理人员的职工薪酬等)、业务招待费、研究费、技术转让费、相关长期待摊费用摊销、财产保险费、聘请中介机构费、咨询费(含顾问费)和诉讼费。小企业(批发业、零售业)管理费用不多的,可以不设置该账户,该账户的核算内容可并入"销售费用"账户核算。该账户结构如图6—5所示。

管理费用

发生的各项管理费用	将借方归集的管理费用转入"本年利润"
结转后期末应无余额	

图6—5 "管理费用"账户结构

该账户应按费用项目进行明细分类核算。

小企业在研究与开发无形资产的过程中发生的各项支出应当集中在"研发支出"账户中核算。该账户应按照研发项目分别"费用化支出"和"资本化支出"进行明细分类核算。

小企业自行研发无形资产发生的研发支出,不满足资本化条件的,借记"研发支出"账户(费用化支出);满足资本化条件的,借记"研发支出"账户(资本化支出),贷记"原材料""银行存款""应付职工薪酬"和"应付利息"等账户。研发项目达到预定用途形成无形资产的,应按"研发支出"账户(资本化支出)的余额,借记"无形资产"账户,贷记"研发支出"账户(资本化支出)。

月末,应将"研发支出"账户归集的费用化支出金额转入"管理费用"账户,借记"管理费用"账户,贷记"研发支出"账户(费用化支出)。该账户的期末借方余额反映小企业正在进行的无形资产开发项目满足资本化条件的支出。

为鼓励企业自主创新,研究开发费用计入当期损益的,可再按照50%的比例在企业所得税前加计扣除;形成无形资产的,可按照无形资产成本150%的摊销额在企业所得税前列支。

四、"财务费用"账户

"财务费用"账户属于损益类账户,用以核算小企业为筹集生产经营所需资金而发生的筹资费用,包括利息费用(减利息收入)、汇兑损失、银行相关手续费和小企业给予的现金折扣(减享受的现金折扣)等。小企业为购建固定资产、无形资产和经过1年以上的制造才能达到预定可销售状态的存货发生的借款费用在"在建工程""研发支出"和"制造费用"等账户核算,不在该账户核算。小企业发生的汇兑收益在"营业外收入"账户核算,不在该账户核算。该账户结构如图6-6所示。

财务费用	
发生的各项财务费用	转入"本年利润"账户的借方
结转后期末应无余额	

图6-6 "财务费用"账户结构

该账户应按费用项目设置明细账户,进行明细分类核算。

五、"库存商品"账户

"库存商品"账户属于资产类账户,用以核算小企业库存的各种商品的实际成本或售价,包括库存产成品、外购商品、存放在门市部准备出售的商品、发出展览的商品以及寄存在外的商品等。该账户结构如图6-7所示。

库存商品	
转入产品的实际成本	已销产品的实际成本
期末库存产成品的实际成本	

图 6—7　"库存商品"账户结构

该账户应按库存商品的品种和规格设置明细账户,进行明细分类核算。

第三节　生产与加工业务核算实务

一、材料费用的核算

在制造业的生产经营过程中,材料费用包括消耗的原材料、主要材料和辅助材料等。在确定材料费用时,应根据领料凭证区分车间、部门和不同用途后,将发出材料的成本分别记入"生产成本""制造费用""管理费用"等账户和产品生产成本明细账。

〖例 6—1〗　讯达公司仓库发出材料一批,发料单记录有关汇总情况如下:

	用途	甲材料	乙材料	丙材料
生产产品耗用	A 产品	33 千克	10 千克	
	B 产品	9 千克	2 千克	
生产车间耗用				300 千克
管理部门耗用				100 千克
总计		42 千克	12 千克	400 千克

材料核算通常分以下三步进行:

第一步,进行材料计价。

材料计价通常有全月一次加权平均法、移动加权平均法、先进先出法和个别计价法等。讯达公司采用全月一次加权平均法,根据原材料明细账计算每一种材料的平均单位成本。其计算公式如下:

$$\text{全月一次加权平均单价} = \frac{\text{期初结存材料实际成本} + \text{本期收入材料实际成本}}{\text{期初结存材料数量} + \text{本期收入材料数量}}$$

已知甲材料期初结存数量为 9 千克,实际成本为 3 650 元(如表 6—2 所示)。本期收入数量(见例 5—1 和例 5—3)为 40 千克,实际成本为 15 950 元。

$$\text{甲材料的加权平均单价} = \frac{3\ 650 + 15\ 950}{9 + 40} = 400(元/千克)$$

已知乙材料期初结存数量为 20 千克,实际成本为 10 000 元(如表 6—3 所示)。本期收入数量(见例 5—5)为 10 千克,实际成本为 5 000 元。

乙材料的加权平均单价 $=\dfrac{10\,000+5\,000}{20+10}=500$(元/千克)

已知丙材料期初结存数量为 500 千克,实际成本为 4 500 元(如表 6—4 所示)。本期收入数量为 0。

丙材料的加权平均单价 $=\dfrac{4\,500+0}{500+0}=9$(元/千克)

第二步,分别计算各领用部门不同用途材料耗费的金额。

A 产品材料耗费=400×33+500×10=18 200(元)

B 产品材料耗费=400×9+500×2=4 600(元)

生产车间材料耗用=9×300=2 700(元)

管理部门材料耗用=9×100=900(元)

第三步,根据上述计算结果编制会计分录。

对于各种产品耗用的原材料,能明确划分归属对象的,应根据领料凭证汇总单,直接登记在各产品成本的明细账中;对于由几种产品共同耗用、应由这些产品共同负担的材料费,应选择适当的标准在各种产品之间进行分配后记入各产品生成成本明细账;对生产车间间接消耗的各种材料费,应先在"制造费用"账户中进行归集,然后与其他间接费用一起分配计入有关产品成本。对于管理部门消耗的材料费,应记入"管理费用"账户。

借:生产成本——A 产品	18 200.00
生产成本——B 产品	4 600.00
制造费用	2 700.00
管理费用	900.00
贷:原材料——甲材料	16 800.00
原材料——乙材料	6 000.00
原材料——丙材料	3 600.00

以上业务同时需在有关明细账户中登记(如表 6—2、表 6—3 和表 6—4 所示)。

表 6—2　　　　　　　　　　　　原材料明细分类账

材料名称:甲材料　　　　　　　　　　　　　　　　　　数量单位:千克/金额单位:元

×年		凭证号码	摘要	收入			发出			结存		
月	日			数量	单价	金额	数量	单价	金额	数量	单价	金额
略	略		期初余额							9	405.56	3 650.00

续表

×年		凭证号码	摘要	收入			发出			结存		
月	日			数量	单价	金额	数量	单价	金额	数量	单价	金额
		5-5	购入	40	398.75	15 950.00				49	400.00	19 600.00
		6-1	A、B产品耗用				42	400.00	16 800.00	7	400.00	2 800.00
			本期发生额及月末余额	40	398.75	15 950.00	42	400.00	16 800.00	7	400.00	2 800.00

表6-3　　　　　　　　　　　　　　原材料明细分类账

材料名称：乙材料　　　　　　　　　　　　　　　　　　　　数量单位：千克/金额单位：元

×年		凭证号码	摘要	收入			发出			结存		
月	日			数量	单价	金额	数量	单价	金额	数量	单价	金额
略	略		期初余额							20	500.00	10 000.00
		5-5	购入	10	500.00	5 000.00				30	500.00	15 000.00
		6-1	A、B产品耗用				12	500.00	6 000.00	18	500.00	9 000.00
			本期发生额及月末余额	10	500.00	5 000.00	12	500.00	6 000.00	18	500.00	9 000.00

表6-4　　　　　　　　　　　　　　原材料明细分类账

材料名称：丙材料　　　　　　　　　　　　　　　　　　　　数量单位：千克/金额单位：元

×年		凭证号码	摘要	收入			发出			结存		
月	日			数量	单价	金额	数量	单价	金额	数量	单价	金额
略	略		期初余额							500	9.00	4 500.00
		6-1	车间、管理部门领用				400	9.00	3 600.00	100	9.00	900.00
			本期发生额及月末余额				400	9.00	3 600.00	100	9.00	900.00

〖例6-2〗　车间向仓库领取为制造产品而用的燃料14千克，共计3 500元。其中，用于A产品10千克，用于B产品4千克，每千克单价为250元。

这项业务反映燃料库存的减少和生产费用的增加，应编制会计分录如下：

　　借：生产成本——A产品　　　　　　　　　　　　　　2 500.00
　　　　生产成本——B产品　　　　　　　　　　　　　　1 000.00
　　　　贷：原材料——燃料　　　　　　　　　　　　　　　3 500.00

上述业务同时需在原材料的燃料明细账中登记(如表6-5所示)。

表 6—5　　　　　　　　　　　原材料明细分类账

材料名称：燃料　　　　　　　　　　　　　　　　　　　数量单位：千克/金额单位：元

×年		凭证号码	摘要	收入			发出			结存		
月	日			数量	单价	金额	数量	单价	金额	数量	单价	金额
略	略		期初余额							54	250.00	13 500.00
		6—2	A、B产品耗用				14	250.00	3 500.00	40	250.00	10 000.00
			本期发生额及月末余额				14	250.00	3 500.00	40	250.00	10 000.00

关于小企业发出存货的计价与核算可归纳说明如下：

(1)对于生产经营及管理需要领用的原材料，借记"生产成本""制造费用""销售费用"和"管理费用"等账户。

(2)对于基建工程等部门领用的原材料，按其实际成本加上不予抵扣的增值税税额等，借记"在建工程"等账户。

(3)对于出售的原材料，按收到或应收价款，借记"银行存款"或"应收账款"等账户；按实现的营业收入，贷记"其他业务收入"账户；按应缴纳的增值税税额，贷记"应交税费——应交增值税"账户；同时，结转出售材料的实际成本，借记"其他业务成本"账户，贷记"原材料"账户。

(4)周转材料采用一次转销法进行会计处理，在领用时按其成本计入生产成本或当期损益；金额较大的周转材料，也可以采用分次摊销法进行会计处理。出租或出借周转材料不需要结转其成本，但应当进行备查登记。

小企业如果采用计划成本进行材料的日常核算，日常领用、发出原材料均应按照计划成本记账。月末，按照发出各种原材料的计划成本计算应负担的成本差异，借记"生产成本""制造费用""销售费用""管理费用""委托加工物资"和"其他业务成本"等账户，贷记"材料成本差异"账户；实际成本小于计划成本的差异，做相反的会计分录。

发出材料应负担的成本差异应当按月分摊，不得在季末或年末一次计算。除委托外部加工的发出材料应负担的成本差异可按照月初成本差异率计算外，应使用本月的实际成本差异率；月初成本差异率与本月实际成本差异率相差不大的，也可按照月初成本差异率计算。计算方法一经确定，不得随意变更。

材料成本差异率的计算公式如下：

$$本月材料成本差异率 = \frac{月初结存材料的成本差异 + 本月验收入库材料的成本差异}{月初结存材料的计划成本 + 本月验收入库材料的计划成本} \times 100\%$$

$$月初材料成本差异率 = \frac{月初结存材料的成本差异}{月初结存材料的计划成本} \times 100\%$$

发出材料应负担的成本差异＝发出材料的计划成本×材料成本差异率

二、人工费用与应付职工薪酬的核算

人工费用是产品成本和期间费用的重要组成部分,应按其发生地点进行归集,并按其用途分别计入产品成本和期间费用。人工费用应当集中反映在"应付职工薪酬"账户中。

应付职工薪酬是指小企业为获得职工提供的服务而应付给职工的各种形式的报酬以及其他相关支出,主要包括:(1)职工工资、奖金、津贴和补贴;(2)职工福利费;(3)医疗保险费、养老保险费、失业保险费、工伤保险费和生育保险费等社会保险费(简称"五险"),其中,医疗保险、养老保险和失业保险由用人单位和个人共同缴纳保费,工伤保险和生育保险由用人单位承担,个人储蓄性养老保险属于职工个人行为,不属于职工薪酬范畴;(4)住房公积金,即按照国家规定的基准和比例计算向住房公积金管理机构缴存的住房公积金,单位和职工个人必须依法履行缴存义务;(5)工会经费和职工教育经费;(6)非货币性福利;(7)因解除与职工的劳动关系而给予的补偿;(8)其他与获得职工提供的服务相关的支出。

小企业应当设置"应付职工薪酬"账户,用以核算小企业根据有关规定应付给职工的各种薪酬。小企业按照规定从净利润中提取的职工奖励及福利基金也通过该账户核算。该账户应按照"职工工资""奖金、津贴和补贴""职工福利费""社会保险费""住房公积金""工会经费""职工教育经费""非货币性福利"和"辞退福利"等进行明细分类核算。

小企业发放职工薪酬应当区分以下情况进行处理:

(1)向职工支付工资、奖金、津贴和福利费等,从应付职工薪酬中扣还的各种款项(代垫的家属药费、个人所得税等)等,借记"应付职工薪酬"账户,贷记"库存现金""银行存款""其他应收款"和"应交税费——应交个人所得税"等账户。

(2)支付工会经费和职工教育经费用于工会活动和职工培训,借记"应付职工薪酬"账户,贷记"银行存款"等账户。

(3)按照国家有关规定缴纳的社会保险费和住房公积金,借记"应付职工薪酬"账户,贷记"银行存款"账户。

(4)以自产产品发放给职工的,按照产品的销售价格,借记"应付职工薪酬"账户,贷记"主营业务收入"账户;同时,结转产成品成本。涉及增值税销项税额的,还应进行相应的账务处理。

(5)支付的因解除与职工的劳动关系而给予职工的补偿,借记"应付职工薪酬"账户,贷记"库存现金"或"银行存款"等账户。

月末,小企业应当将本月发生的职工薪酬区分以下情况进行分配:生产部门(提供劳务)人员的职工薪酬,借记"生产成本"或"制造费用"等账户,贷记"应付职工薪酬"账户;应由在建工程、无形资产开发项目负担的职工薪酬,借记"在建工程"或"研发支出"等账户,贷记"应付职工薪酬"账户;管理部门人员的职工薪酬和因解除与职工的劳动关系而给予的补偿,借记"管理费用"账户,贷记"应付职工薪酬"账户;销售人员的职工薪酬,借记"销售费用"账户,贷记"应付职工薪酬"账户。

"应付职工薪酬"账户的期末贷方余额反映小企业应付未付的职工薪酬。

【例6—3】 讯达公司开出现金支票11 900元向银行提取现金,以备发放工资。编制这项提现业务的会计分录如下:

借:库存现金　　　　　　　　　　　　　　　　11 900.00
　　贷:银行存款　　　　　　　　　　　　　　　　11 900.00

【例6—4】 以现金支付本月职工工资11 900元。编制这项发放工资业务的会计分录如下:

借:应付职工薪酬　　　　　　　　　　　　　　　11 900.00
　　贷:库存现金　　　　　　　　　　　　　　　　11 900.00

【例6—5】 分配结转本月职工工资11 900元。其中:

A产品生产工人工资	8 000.00元
B产品生产工人工资	2 000.00元
车间管理人员工资	900.00元
企业管理人员工资	1 000.00元
合　　计	11 900.00元

应付生产工人工资为直接费用,应直接计入产品成本,记入"生产成本"账户的借方;车间管理人员的工资属于间接费用,应记入"制造费用"账户;企业管理人员的工资属于期间费用,应记入"管理费用"账户;按应付给职工的工资记入"应付职工薪酬"账户的贷方。编制会计分录如下:

借:生产成本——A产品　　　　　　　　　　　　8 000.00
　　生产成本——B产品　　　　　　　　　　　　2 000.00
　　制造费用　　　　　　　　　　　　　　　　　900.00
　　管理费用　　　　　　　　　　　　　　　　　1 000.00
　　贷:应付职工薪酬——工资　　　　　　　　　　11 900.00

【例6—6】 结转应发放的职工奖金1 666元。其中,A产品生产工人奖金1 120元,B产品生产工人奖金280元,车间管理人员奖金126元,行政管理人员奖金140元。编制会计分录如下:

借:生产成本——A产品	1 120.00
生产成本——B产品	280.00
制造费用	126.00
管理费用	140.00
贷:应付职工薪酬——奖金	1 666.00

三、固定资产及其折旧的核算

(一)固定资产

固定资产是指为生产产品、提供劳务、出租或经营管理而持有的,使用寿命超过1年的实物资产,包括房屋、建筑物、机器和机械、运输工具、设备、器具、工具等。小企业应当根据《小企业会计准则》规定的固定资产标准,结合本企业的具体情况,编制固定资产目录,作为核算依据。

小企业应当设置"固定资产"账户,用以核算小企业固定资产的原价(原始价值)。该账户应按照固定资产的类别和项目进行明细分类核算。该账户的期末借方余额反映小企业固定资产的原价。小企业应当根据实际情况设置"固定资产登记簿"和"固定资产卡片"。

小企业购置计算机硬件所附带的未单独计价的软件通过"固定资产"账户核算。

小企业临时租入的固定资产和以经营租赁形式租入的固定资产,应另设备查簿进行登记,不在"固定资产"账户核算。

固定资产应当按照成本进行计量,即以取得固定资产时发生的全部相关支出作为成本。小企业取得的增值税专用发票上注明的固定资产进项税额允许抵扣,不应当计入固定资产的购进成本。

小企业购入(含以分期付款方式购入)不需要安装的固定资产,应当按照实际支付的购买价款、相关税费(不包括按照税法规定可抵扣的增值税进项税额)、运输费、装卸费和保险费等,借记"固定资产"账户,按照税法规定可抵扣的增值税进项税额,借记"应交税费——应交增值税(进项税额)"账户,贷记"银行存款"或"长期应付款"等账户。

以一笔款项购入多项没有单独标价的固定资产,应当按照各项固定资产或类似资产的市场价格或评估价值的比例对总成本进行分配,分别确定各项固定资产的成本。

小企业购入需要安装的固定资产,应先记入"在建工程"账户,安装完成后转入"固定资产"账户。"在建工程"账户核算小企业需要安装的固定资产、固定资产新建工程和改扩建等所发生的成本。

《小企业会计准则》要求在建工程转固定资产以竣工决算为标准。在建工程在竣工决算前发生的借款利息,在应付利息日应当根据借款合同约定的利率计算利息费用,借记"在建工程"账户,贷记"应付利息"账户。办理竣工决算后发生的利息费用,在应付利息日,借记"财务费用"账户,贷记"应付利息"等账户。

小企业因出售、转让、报废、毁损等原因转出的固定资产净值以及在清理过程中发生的费用等,通过"固定资产清理"账户核算。清理完成后的净损益转入"营业外收入"或"营业外支出"账户。

(二)折旧

固定资产折旧是指在固定资产使用寿命内,按照折旧方法对应计折旧额进行系统分摊,将固定资产在使用过程中损耗的价值(包括有形损耗价值和无形损耗价值)逐步转移到成本费用中的一种核算方法。

除已提足折旧仍继续使用的固定资产和单独计价入账的土地不计提折旧外,小企业应当对所有固定资产计提折旧,并根据用途计入相关资产的成本或者当期损益。

在计提折旧的过程中,占用在固定资产形态上的资金由于固定资产价值的转移而减少;随着产品销售的实现,计入产品中的折旧费从收入中得到相应的补偿而转化为货币资金。作为折旧费计入各期成本费用,不仅是为了收回投资,使小企业有能力重新购置固定资产,而且是为了把固定资产的成本分配于各受益期,实现期间收入与折旧费的配比。

固定资产折旧核算还涉及以下基本概念:

一是固定资产原价,即固定资产的成本。

二是固定资产使用寿命,即使用固定资产的预计期间。除国务院财政、税务主管部门另有规定外,固定资产计算折旧的最低年限,房屋、建筑物为20年,飞机、火车、轮船、机器、机械和其他生产设备为10年,与生产经营活动有关的器具、工具、家具等为5年,飞机、火车、轮船以外的运输工具为4年,电子设备为3年。

三是应计折旧额,即应计提折旧的固定资产的原价扣除其预计净残值后的金额。

四是预计净残值,即固定资产预计使用寿命已满,小企业从该项固定资产处置中获得的扣除预计处置费用后的金额。

小企业应当根据固定资产的性质和使用情况,并考虑税法的规定,合理确定固定资产的使用寿命和预计净残值。

小企业应当自固定资产投入使用月份的次月起按月计提折旧,停止使用的固定资产应当自停止使用月份的次月起停止计提折旧。也就是说,当月增加的固定资产,当月不提折旧,从下月起计提折旧;当月减少的固定资产,当月照提折旧,从下月起不提折旧。固定资产提足折旧后,不管能否继续使用,均不再提取折旧;提前报废的固定资产也不再补提折旧。所谓提足折旧,是指已经提足该项固定资产应提的折旧总额。应提的折旧总额为固定资产原价减去预计残值加上预计清理费用后的金额。

小企业拥有并用于生产经营的主要或关键固定资产,由于技术进步,产品更新换代较快或常年处于强震动、高腐蚀状态,确需加速折旧的,可以缩短折旧年限或者采取加速折旧的方法。

小企业应当根据与固定资产有关的经济利益的预期实现方式,合理选择固定资产折旧方法,包括年限平均法、工作量法、双倍余额递减法和年数总和法等。折旧方法一经确定,不得随意变更。如需变更,应将变更的内容及原因在变更当期的财务报表附注中说明。若采取缩短折旧年限方法的,最低折旧年限不得低于《企业所得税法实施条例》规定折旧年限的60%;采取加速折旧方法的,可以采取双倍余额递减法或者年数总和法。

> **温馨提示** 小型微利制造业企业新购进的研发和生产经营共用的仪器、设备,单位价值不超过100万元的,允许一次性计入当期成本费用在计算应纳税所得额时扣除,不再分年度计算折旧;单位价值超过100万元的,可缩短折旧年限或采取加速折旧的方法。对所有行业企业持有的单位价值不超过5 000元的固定资产,允许一次性计入当期成本费用在计算应纳税所得额时扣除,不再分年度计算折旧(财政部、税务总局公告2019年第66号)。

固定资产折旧反映了固定资产价值的减少,本来可以将减少的固定资产价值直接记入"固定资产"账户的贷方,但为了保持固定资产的原始价值,又能随时查明固定资产的净值和已损耗的价值,就需要设置和运用"累计折旧"账户。

"累计折旧"账户用以核算小企业固定资产的累计折旧,可以进行总分类核算,也可以通过设置"固定资产卡片"进行明细分类核算。小企业按月计提固定资产的折旧费,应当按照固定资产的受益对象,借记"制造费用"或"管理费用"等账户,贷记"累计折旧"账户。因出售、报废、毁损或对外投资等原因处置固定资产,应当按照该项固定资产的账面价值,借记"固定资产清理"账户;按照其已计提的累计折旧,借记"累计折旧"账户;按照其原价,贷记"固定资产"账户。"累计折旧"账户的期末贷方余额反映小企业固定资产的累计折旧额。

"累计折旧"账户与"固定资产"账户的关系如图6-8所示。

(被调整账户) 固定资产	(调整账户) 累计折旧
原价 120 000.00	折旧 1 759.00

图6-8 "固定资产"账户与"累计折旧"账户的对应关系

从图 6-8 中可以获得三个指标，即固定资产原始价值（又称原值）120 000 元、已提折旧 1 759 元和固定资产净值 118 241 元(120 000－1 759)。

【例 6-7】 讯达公司计提固定资产折旧 1 759 元。其中，车间负担 1 249 元，公司本部负担 510 元。

在这项业务中，车间负担的固定资产折旧应记入"制造费用"账户的借方，公司本部负担的固定资产折旧应记入"管理费用"账户的借方，提取的折旧记入"累计折旧"账户的贷方。应编制会计分录如下：

借：制造费用　　　　　　　　　　　　　　1 249.00
　　管理费用　　　　　　　　　　　　　　　 510.00
　　贷：累计折旧　　　　　　　　　　　　　　　1 759.00

小企业主要采用固定资产原值和报废时的预计净残值按平均使用年限计算折旧，即固定资产的价值可以通过折旧均衡地摊配于使用期内的各个期间。采用这种方法，每年摊提的固定资产折旧额是相等的，所以又称直线法。按这种方法计算固定资产折旧时，其折旧额和折旧率的计算公式如下：

$$固定资产年折旧率 = \frac{固定资产原值 - 预计净残值}{固定资产原值 \times 使用年限} \times 100\%$$

$$= \frac{1 - 预计净残值}{使用年限} \times 100\%$$

上述公式中的预计净残值等于预计残值收入减去预计清理费用。

$$预计净残值率 = \frac{预计净残值}{固定资产原价} \times 100\%$$

$$固定资产年折旧额 = 固定资产原值 \times 年折旧率$$

$$固定资产月折旧率 = 固定资产年折旧率 \div 12$$

$$固定资产月折旧额 = 固定资产原值 \times 月折旧率$$

固定资产的折旧方法、使用寿命和预计净残值一经确定，不得随意变更。

四、无形资产及其摊销的核算

小企业对于持有的无形资产，应当设置"无形资产"账户进行核算，其摊销额应当通过"累计摊销"账户核算。

(一) 无形资产

无形资产是指小企业为生产产品、提供劳务、出租或经营管理而持有的，没有实物形态的可辨认非货币性资产，包括专利权、商标权、著作权、非专利技术和土地使用权等。小企业应设置"无形资产"账户，用以核算小企业持有的无形资产的成本。该账户应按照无形资产的项目进行明细分类核算。

小企业外购无形资产,应当按照实际支付的购买价款、相关税费和其他相关支出(含相关的利息费用),借记"无形资产"账户,贷记"银行存款"和"应付利息"等账户。

自行开发建造厂房等建筑物、外购土地及建筑物支付的价款应当在建筑物与土地使用权之间按照合理的方法进行分配,其中,属于土地使用权的部分,借记"无形资产"账户,贷记"银行存款"等账户。

收到投资者投入的无形资产,应当按照评估价值和相关税费,借记"无形资产"账户,贷记"实收资本"和"资本公积"账户。

开发项目达到预定用途形成无形资产的,按照应予以资本化的支出,借记"无形资产"账户,贷记"研发支出"账户。

因出售、报废、对外投资等原因处置无形资产,应当按照取得的出售无形资产的价款等处置收入,借记"银行存款"等账户;按照已计提的累计摊销额,借记"累计摊销"账户;按照应支付的相关税费及其他费用,贷记"银行存款"等账户;按照其成本,贷记"无形资产"账户;按照差额,贷记"营业外收入——非流动资产处置净收益"账户或借记"营业外支出——非流动资产处置净损失"账户。

"无形资产"账户的期末借方余额反映小企业无形资产的成本。

(二)累计摊销

"累计摊销"账户用以核算小企业对无形资产计提的累计摊销额。该账户应按照无形资产的项目进行明细分类核算。

《小企业会计准则》规定,无形资产的摊销期自其可供使用时开始至停止使用或出售;有关法律规定或合同约定了使用年限的,可以按照规定或约定的使用年限分期摊销;小企业不能可靠估计无形资产使用寿命的,摊销期不得低于10年。

小企业按月采用年限平均法计提无形资产的摊销额,借记"制造费用"和"管理费用"等账户,贷记"累计摊销"账户。处置无形资产应同时结转累计摊销。

"累计摊销"账户的期末借方余额反映小企业无形资产的累计摊销额。

【例6—8】 小企业摊销无形资产1 000元。

在这项业务中,摊销的无形资产1 000元应记入"管理费用"账户的借方和"累计摊销"账户的贷方。应编制会计分录如下:

借:管理费用 1 000.00
  贷:累计摊销 1 000.00

"累计摊销"账户与"无形资产"账户的关系如图6—9所示。

（被调整账户）	（调整账户）
无形资产	累计摊销
原价　10 000.00	摊销　1 000.00

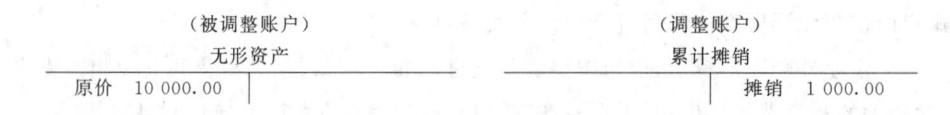

图 6—9　"无形资产"账户与"累计摊销"账户的对应关系

概念辨析　固定资产和无形资产都属于企业持有的长期资产,使用寿命均超过一个会计年度,需要折旧或摊销;而物资或商品属于等待出售、企业自身并不使用的流动资产,使用寿命在一个会计年度内,不需要折旧。

无形资产的特点是没有实物形态,而其他资产通常具有实物形态。

五、期间费用的核算

期间费用是指本期发生的、不能直接或间接归入产品成本,而是直接计入当期损益的各项费用。构成产品成本的费用要待产品销售时才能得到补偿,而期间费用由于与产品的生产没有直接关系,但与发生的期间配比,因此应作为当期收益的扣减,直接从当期收入中得到补偿。通常所说的"当期费用",一般是指当期的期间费用,即某个特定会计期间的销售费用、管理费用和财务费用,其发生额不影响下一个会计期间。

按照配比原则,当会计上确认某项营业收入时,对应产生的该项营业收入的相关费用要在同一会计期间确认,如产品生产过程中发生的直接材料、直接人工和制造费用等生产成本理应被成本化,待产品销售时与销售收入相配比。但期间费用由于不能提供明确的未来收益,按照谨慎性原则,应在这些费用发生时立即确认,如企业支付的广告费将在今后的哪个会计期间获得收益难以确定,即使期间费用与将来某些会计期间的收益确有联系,也不可能预期未来收益的多少。为简化会计核算工作,除了应当跨期摊配的费用外,将期间费用立即费用化确认较合理。

从财务会计角度看,期间费用与产品成本相比,具有以下几个特点:

一是与产品生产的关系不同。期间费用的发生是为产品生产提供条件,是管理的需要,而与产品生产本身并不直接相关;生产成本是指与产品生产直接相关的成本,应直接计入或分配计入有关产品的成本。

二是与会计期间的关系不同。期间费用只与费用发生的当期有关,不影响或不分摊到其他会计期间;生产成本中当期完工的部分当期转为产品成本,未完工的部分结转至下一期继续加工,与前后会计期间都有联系。

三是与财务报表的关系不同。期间费用直接列入当期利润表,扣减当期损益;生产成本中完工的部分转为产品成本,已销售产成品的生产成本再转入利润表列作营业成本,而未售产品和未完工产品都应作为存货列入资产负债表。

需要提请关注的是,有些费用的发生涉及若干会计期间,按照权责发生制的核算要求,允许对其进行跨期分配或预计。

〖例6-9〗 预付3个月办公用房租金共6 600元、预付待开发的软件开发费100 000元,以银行存款付讫。

这项预付租金业务的一次性支出数额较大,受益期间为3个月,虽已预付,但应由本期和以后各期负担。应编制会计分录如下:

借:预付账款——租金　　　　　　　　　　　　　　6 600.00
　　预付账款——软件开发　　　　　　　　　　　　100 000.00
　贷:银行存款　　　　　　　　　　　　　　　　　106 600.00

"预付账款"账户用以核算小企业按照合同规定预付的款项,包括根据合同规定预付的购货款、租金和工程款等。预付款项不多的小企业可以不设置该账户,将预付的款项直接记入"应付账款"账户的借方。

〖例6-10〗 摊销已支付的应由本月负担的办公用房租金。本月应按比例摊入的金额为2 200元,应记入"管理费用"账户的借方以及"预付账款"账户的贷方。应编制会计分录如下:

借:管理费用　　　　　　　　　　　　　　　　　　2 200.00
　贷:预付账款——租金　　　　　　　　　　　　　　2 200.00

小企业发生的已提足折旧的固定资产改建支出、经营租入固定资产改建支出、固定资产大修理支出和其他长期待摊费用等,应当通过"长期待摊费用"账户核算,并按照年限平均法进行摊销,而不应当通过"预付账款"或"待摊费用"账户核算。

〖例6-11〗 讯达公司在应付利息日按照借款合同计提短期借款利息300元。

这项业务中的利息属于期间费用,虽未支付,但可以通过预计方式计入本期损益。短期借款利息支出应在"财务费用"列支,故这项业务应记入"财务费用"账户的借方和"应付利息"账户的贷方。应编制会计分录如下:

借:财务费用　　　　　　　　　　　　　　　　　　300.00
　贷:应付利息　　　　　　　　　　　　　　　　　　300.00

"应付利息"账户用以核算小企业按照合同约定应支付的利息费用,应按照贷款人等进行明细分类核算。

〖例6-12〗 支付借款利息900元(原已预计利息600元加本次预计利息300元)。支付已预计的借款利息应记入"应付利息"账户的借方。应编制会计分录如下:

借：应付利息 900.00
　　贷：银行存款 900.00

六、其他费用的核算

其他费用主要有水电费、办公费和维修费等。这些费用发生在车间的，记入"制造费用"账户；发生在小企业本部的，记入"管理费用"账户；能够直接归属于某产品的，记入"生产成本"账户。

〖例6－13〗 讯达公司接电力公司通知，本月电费为2 650元，按照电度表上的耗电量分别计算耗用金额如下：

应由A产品负担的动力电	1 250.00元
应由B产品负担的动力电	750.00元
车间照明及机修部门耗电	500.00元
公司本部耗电	150.00元
合　计	2 650.00元

由产品负担的动力电属于直接费用，应记入"生产成本"账户的借方；车间耗电属于间接费用，应记入"制造费用"账户的借方；公司本部耗电属于期间费用，应记入"管理费用"账户的借方。当小企业收到付款通知，在没有立即支付前一般记入"应付账款"账户的贷方。应编制会计分录如下：

借：生产成本——A产品 1 250.00
　　生产成本——B产品 750.00
　　制造费用 500.00
　　管理费用 150.00
　　贷：应付账款——电力公司 2 650.00

〖例6－14〗 讯达公司接银行通知，已从企业存款中支付电费2 650元。应编制会计分录如下：

借：应付账款——电力公司 2 650.00
　　贷：银行存款 2 650.00

七、制造费用的归集与分配

制造费用是指应计入小企业产品的生产成本，但在其发生时还不能直接计入的有关费用。一般情况下，先要对这些费用进行汇总，然后按照各受益产品的生产工时、机器工时和生产工人工资等比例在各产品之间进行分配，分别计入各受益产品的生产成本。

〖例6—15〗 讯达公司发生制造费用 5 475 元,要求按生产工人工资比例分配。

制造费用分配的计算公式如下：

制造费用分配率＝制造费用总额÷各产品生产工时(或直接材料、直接工资)之和

某产品应分配的制造费用＝该产品生产工时(或直接材料、直接工资)×分配率

以"按生产工人工资比例分配"说明制造费用的分配方法如下：

制造费用分配率＝5 475÷(8 000＋2 000)＝0.547 5

A 产品应分配的制造费用＝8 000×0.547 5＝4 380(元)

B 产品应分配的制造费用＝2 000×0.547 5＝1 095(元)

上述分配可编制"制造费用分配表"(如表 6—6 所示)。

表 6—6　　　　　　　　　　制造费用分配表

××年×月　　　　　　　　　　　　　　单位:元

产品名称	分配标准：生产工人工资	分配率	分配额
A 产品	8 000	分配率＝$\frac{5\ 475}{8\ 000+2\ 000}$＝0.547 5	0.547 5×8 000＝4 380
B 产品	2 000		0.547 5×2 000＝1 095
合　计	10 000		5 475

根据上述制造费用分配表,编制会计分录如下：

借：生产成本——A 产品　　　　　　　　　　　　4 380.00

　　生产成本——B 产品　　　　　　　　　　　　1 095.00

　　贷：制造费用　　　　　　　　　　　　　　　　　5 475.00

八、完工产品生产成本的核算

各项生产费用经过一系列归集、分配、汇总后,把应计入产品制造成本的各项费用按成本项目全部归集在"生产成本"账户中。月末,小企业的产品成本可能有以下三种情况出现：

(1)产品已全部完工,产品成本明细账中归集的生产费用(如果有月初在产品,就还包括月初在产品的生产费用)之和就是该完工产品的成本。

(2)产品均未完工,产品成本明细账中归集的生产费用之和就是该种在产品的成本。

(3)既有完工产品又有在产品,产品成本明细账中归集的生产费用之和应在完工

产品和月末在产品之间采用适当的分配方法进行生产费用的归集与分配,以计算完工产品和月末在产品的成本,具体可分为以下三种情况:

①先确定月末在产品成本,然后确定完工产品成本。这种方法是先对月末在产品进行计价,然后将汇总的基本生产总成本减去月末在产品成本,就可以计算出完工产品成本。其具体方法有在产品按年初数计价法、在产品按定额成本计价法和在产品不计价法等。

②先确定完工产品成本,然后确定月末在产品成本。这种方法是先采用历史成本、计划成本或定额成本等方法对完工产品进行计算,然后根据生产费用总额减去完工产品成本倒算出月末在产品成本。

③同时确定完工产品成本与月末在产品成本。这种方法是按照一定比例将生产费用在完工产品和月末在产品之间进行分配,同时求得完工产品成本和月末在产品成本,具体方法有约当产量法和定额比例法等。

不论是完工产品还是月末在产品,其成本分配都必须按成本项目进行,也就是说,各项目的成本都应分别在完工产品与月末在产品之间进行划分。但在某些情况下,如果产品中的直接材料成本项目在全部成本中的比重很大且月末在产品数量较少,则可以根据重要性原则,仅将全部成本项目中的直接材料成本在完工产品与月末在产品之间进行划分,而其他成本项目(如直接人工、制造费用)全部由完工产品成本承担,这样可以简化成本核算工作。

产品成本的计算与分配过程如图6-10所示。

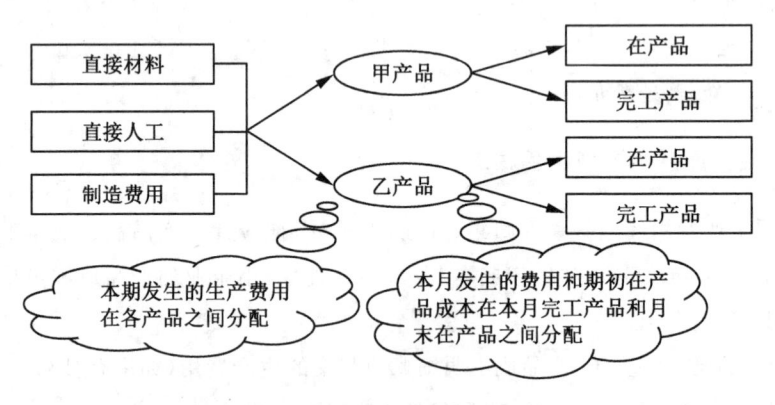

图6-10 产品成本的计算与分配过程

【例6-16】 A产品50件已全部完工,结转完工产品成本;B产品没有完工。生产成本明细账一般采用多栏式(如表6-7和表6-9所示)。

表 6—7　　　　　　　　　　　　生产成本明细账

产品名称：A 产品　　　　　　　　　××年×月　　　　　　　　　　完工数量：50 件

×年		凭证编号	摘要	借方（成本项目）				贷方	余额
月	日			直接材料	直接人工	制造费用	合计		
略	略	6—1	原材料	18 200.00			18 200.00		18 200.00
		6—2	燃料	2 500.00			2 500.00		20 700.00
		6—5	生产工人工资		8 000.00		8 000.00		28 700.00
		6—6	生产工人奖金		1 120.00		1 120.00		29 820.00
		6—13	动力电	1 250.00			1 250.00		31 070.00
		6—15	制造费用			4 380.00	4 380.00		35 450.00
		6—16	结转完工产品					35 450.00	0.00
			本期发生额与余额	21 950.00	9 120.00	4 380.00	35 450.00	35 450.00	0.00

表 6—8 的生产成本明细账只设置了借方，未设置"贷方"和"余额"栏，实务上常见这种格式。其登记方法须注意，贷方发生额只能以红字在借方进行登记，期末余额也只能在借方列示。

表 6—8　　　　　　　　　　　　生产成本明细账

产品名称：A 产品　　　　　　　　　××年×月　　　　　　　　　　完工数量：50 件

×年		凭证编号	摘要	成本项目			
月	日			直接材料	直接人工	制造费用	合计
略	略	6—1	原材料	18 200.00			18 200.00
		6—2	燃料	2 500.00			2 500.00
		6—5	生产工人工资		8 000.00		8 000.00
		6—6	生产工人奖金		1 120.00		1 120.00
		6—13	动力电	1 250.00			1 250.00
		6—15	制造费用			4 380.00	4 380.00
		6—16	成本费用合计	21 950.0	9 120.00	4 380.00	35 450.00
			结转完工产品成本	21 950.00	9 120.00	4 380.00	35 450.00

表6—9　　　　　　　　　　　　　生产成本明细账

产品名称：B产品　　　　　　　××年×月　　　　　　　　　　　　　完工数量：0

×年		凭证编号	摘要	借方（成本项目）				贷方	余额
月	日			直接材料	直接人工	制造费用	合计		
略	略		期初余额				12 900.00		12 900.00
		6—1	原材料	4 600.00			4 600.00		17 500.00
		6—2	燃料	1 000.00			1 000.00		18 500.00
		6—5	生产工人工资		2 000.00		2 000.00		20 500.00
		6—6	生产工人奖金		280.00		280.00		20 780.00
		6—13	动力电	750.00			750.00		21 530.00
		6—15	制造费用			1 095.00	1 095.00		22 625.00
			本期发生额与余额	6 350.00	2 280.00	1 095.00	9 725.00		22 625.00

从上述明细账中可以看出，A产品既无月初余额，也无月末余额，其生产周期较短，对其已完工产品可编制"产品制造成本计算单"（如表6—10所示），并从"生产成本"账户转入"库存商品——产成品"账户。这部分资金已转化为成品资金。

表6—10　　　　　　　　　　　　产品制造成本计算单

产品名称：A产品　　　　　　　××年×月　　　　　　　　　　　　金额单位：元

成本项目	直接材料	直接人工	制造费用	产品制造成本
总成本（50件）	21 950.00	9 120.00	4 380.00	35 450.00
单位成本	439.00	182.40	87.60	709.00

编制会计分录如下（B产品尚未完工，所以不能从"生产成本"账户转入"库存商品——产成品"账户）：

借：库存商品——产成品（A产品）　　　　　　　35 450.00
　　贷：生产成本——A产品　　　　　　　　　　　　　　　35 450.00

小企业应当设置"库存商品"账户，用以核算小企业库存的各种商品的实际成本或售价。该账户应按照库存商品的种类和规格等进行明细分类核算。该账户的期末借方余额反映小企业库存商品的实际成本或售价。

小企业生产的产成品的入库和出库，平时只记数量、不记金额，月末计算入库产成品的实际成本。生产完成并验收入库的产成品，按照其实际成本，借记"库存商品"账户，贷记"生产成本"等账户。对外销售产成品时，借记"主营业务成本"账户，贷记"库存商品"账户。

购入商品已到达并已验收入库但尚未办理结算手续的,可按暂估价值入账,借记"库存商品"账户,贷记"应付账款——暂估应付账款"账户;下月初用红字做同样的会计分录予以冲回,以便下月收到发票、账单等结算凭证时按照正常程序进行账务处理。

接受来料加工制造的代制品和为外单位加工修理的代修品,在制造和修理完成验收入库后,视同产成品,通过"库存商品"账户核算。可以降价出售的不合格品也在"库存商品"账户核算,但应与合格品分开记账。

已经完成销售手续,但购买单位在月末未提取的库存产成品,应作为代管产品处理,单独设置"代管产品备查簿",不在"库存商品"账户核算。

从事商品流通的小企业,其库存商品可以按进价核算,也可以按售价核算。商品按售价核算是指商品流通企业以库存商品的销售价格来反映和控制商品购进、销售和存储情况的一种核算方法。小企业如采用售价进行日常核算,对商品的售价与进价之间的差额应当设置"商品进销差价"账户,并应按照库存商品的种类和规格等进行明细分类核算。其期末贷方余额反映小企业库存商品的进销差价。

小企业购入、加工收回以及销售退回等增加的库存商品,按照商品售价,借记"商品采购"或"库存商品"账户;按照商品进价,贷记"银行存款"或"委托加工物资"等账户;按照售价与进价之间的差额,贷记"商品进销差价"账户。

月末分摊已销商品的进销差价,借记"商品进销差价"账户,贷记"主营业务成本"账户。销售商品应分摊的商品进销差价按照以下公式计算:

$$商品进销差价率 = \frac{月末分摊前本账户贷方余额}{"库存商品"账户借方余额 + "主营业务收入"账户贷方发生额} \times 100\%$$

本月销售商品应分摊的商品进销差价 = "主营业务收入"账户贷方发生额 × 商品进销差价率

小企业的商品进销差价率各月之间比较均衡的,也可以采用上月商品进销差价率计算分摊本月商品进销差价。年度终了,应对商品进销差价进行复核调整。

小企业采用售价金额核算法的主要账务处理流程如图6—11所示。

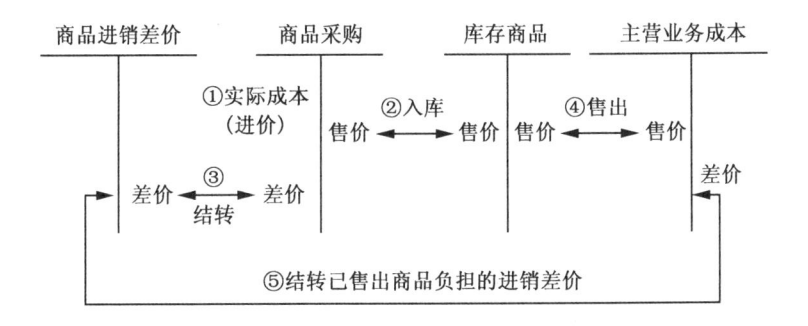

图6—11 售价金额核算的账务处理

第七章

销售与财务成果核算

第一节 小企业收入与利润概述

一、小企业销售过程核算的主要经济业务

生产产品的最终目的是对外销售并获取利润,从而支持小企业的可持续发展。在销售与财务成果核算过程中,涉及收入、成本、利润等主要经济业务的核算包括取得营业收入,结转营业成本,核算期间费用、投资损益和营业外收支,计算与缴纳税费,计算与分配利润等。

小企业的营业收入包括主营业务收入和其他业务收入。

主营业务收入是指小企业为完成其经营目标所从事的经常性活动实现的收入,包括销售商品收入和提供劳务收入,可以根据小企业营业执照上注明的主要业务范围确定。主营业务收入一般占小企业营业收入的较大比重,对经济效益产生较大影响。小企业在市场竞争中应当努力突出主营业务,做专、做精、做优具有核心竞争力的产品。

其他业务是指小企业除主营业务以外的其他日常活动,如出租固定资产、出租无形资产和销售材料等,可以通过小企业营业执照上注明的兼营业务范围来确定,其收入一般占小企业总收入的较小比重。

股息、红利等权益性投资收益,转让股权、股票、债券等财产性收入,作为小企业的非稳定性业务,属于投资损益核算的对象;转让固定资产、无形资产等财产收入以及接受捐赠收入作为小企业的非经常性业务,属于小企业营业外收支核算的对象。

二、小企业应当正确划分各项支出的界限

支出是小企业经济活动中发生的开支(或耗费)。小企业经济活动的广泛性决定了发生各种耗费的用途是多方面的,有的是用于生产经营活动,有的是用于生产经营活动以外的其他方面(如对外投资,营业外支出以及不得列入成本、费用的其他支出等)。在进行支出或费用核算时,不能把小企业的所有支出或费用都计入产品成本或期间费用中,而必须按其用途进行合理划分,以保证成本、费用的真实性和客观性。

(一)资本性支出

资本性支出是指该支出的发生不仅与本期收入有关,而且与其他会计期间的收入有关,主要是为以后各期的收入取得而发生的支出,如购建固定资产、无形资产和对外长期投资等的支出。

(二)收益性支出

收益性支出是指一项支出的发生仅与本期收益的取得有关,因而其可以直接抵减当期收益,如小企业为生产经营而发生的材料、工资和费用等支出。

(三)所得税支出

所得税支出是小企业在取得经营所得和其他所得的情况下,按国家税法的规定向政府缴纳的税金支出。所得税支出作为小企业的一项费用,直接抵减当期收益。所得税支出发生在小企业取得利润之后,与利润总额和应纳税所得额有直接的关系。

(四)营业外支出

营业外支出是指与小企业的生产经营没有直接联系的支出,如小企业支付的税收罚款和自然灾害造成的非常损失等。这些支出尽管与生产经营活动没有直接联系,但与小企业的收入有关,因而把它们作为当期损益的抵减因素。

(五)利润分配性支出

利润分配是指在税后利润分配环节的开支,如向投资者分配股利等。利润分配与费用、成本核算内容无直接关系。

三、小企业利润核算的主要内容

小企业作为依法设立的营利性经济组织,应当以收抵支,实现盈利与可持续发展。小企业的利润主要包括营业利润、利润总额和净利润。

(一)营业利润

营业利润是指营业收入减去营业成本、税金及附加、销售费用、管理费用、财务费用,加上投资收益(或减去投资损失)后的金额,是生产经营活动所获得的收益,即:

营业利润＝营业收入－营业成本－税金及附加－销售费用－管理费用－财务费用＋投资收益

上述计算公式中的投资收益由小企业股权投资取得的现金股利（或利润）、债券投资取得的利息收入以及处置股权投资和债券投资取得的处置价款扣除成本或账面余额、相关税费后的净额构成，来源于"短期投资""长期债券投资"和"长期股权投资"账户所记载的数据，其中，长期股权投资只能采用成本法进行会计处理。

（二）利润总额

利润总额是小企业缴纳企业所得税前的利润（简称税前利润），是指营业利润加上营业外收入，减去营业外支出后的金额，即：

利润总额＝营业利润＋营业外收入－营业外支出

（三）净利润

净利润是税后利润，是指利润总额减去企业所得税费用后的净额。

净利润＝利润总额－所得税费用

只有税后利润才能用于利润分配。小企业的利润经过利润分配仍有余额的，属于未分配利润，是留存收益的重要内容。

利润核算和利润分配核算一般通称为经营成果（或财务成果）核算。

第二节　收入与利润核算要点

为了正确组织收入和利润的会计核算，小企业应设置"主营业务收入""主营业务成本""其他业务收入""其他业务成本""销售费用""税金及附加""营业外收入""营业外支出""所得税费用""本年利润""利润分配""盈余公积"和"应付利润"等账户。

一、"主营业务收入"账户

"主营业务收入"账户属于损益类账户，用以核算小企业销售商品、提供劳务及让渡资产使用权等日常活动所产生的收入。该账户结构如图7－1所示。

主营业务收入

发生销货退回（包括本年度和以前年度的销售） 期末余额转入"本年利润"账户	销售商品或提供劳务实现的收入
	结转后期末无余额

图7－1　"主营业务收入"账户结构

该账户应按照主营业务的种类或产品类别设置明细账，进行明细分类核算。

小企业确认的除主营业务活动以外的其他日常生产经营活动实现的收入,包括出租固定资产、出租无形资产和销售材料等实现的收入,应当通过"其他业务收入"账户核算,并应按照其他业务收入的种类进行明细分类核算。

二、"主营业务成本"账户

"主营业务成本"账户属于损益类账户,用以核算小企业确认销售商品或提供劳务等主营业务收入应结转的成本。该账户结构如图 7－2 所示。

主营业务成本

销售商品或提供劳务的实际成本 发生的销售退回可以直接从本月销售数量中减去,得出本月销售的净数量,然后计算应结转的主营业务成本	也可以单独计算本月销售退回的成本 期末余额转入"本年利润"账户
结转后期末应无余额	

图 7－2　"主营业务成本"账户结构

该账户应按照主营业务的种类设置明细账,进行明细分类核算。

小企业确认的除主营业务活动以外的其他日常生产经营活动所发生的支出,包括销售材料的成本、出租固定资产的折旧费和出租无形资产的摊销额等,应当通过"其他业务成本"账户核算,并应按照其他业务成本的种类进行明细分类核算。

三、"销售费用"账户

"销售费用"账户属于损益类账户,用以核算小企业在销售商品或提供劳务过程中发生的各种费用。该账户结构如图 7－3 所示。

销售费用

发生的各项销售费用	将借方归集的销售费用转入"本年利润"账户
结转后期末应无余额	

图 7－3　"销售费用"账户结构

该账户应按费用项目进行明细分类核算。

四、"税金及附加"账户

"税金及附加"账户属于损益类账户,用以核算小企业开展日常生产经营活动应负担的消费税和城市维护建设税等价内税费。该账户结构如图7-4所示。

税金及附加	
计算与日常生产经营活动相关的税费	期末余额转入"本年利润"账户
结转后期末应无余额	

图7-4 "税金及附加"账户结构

该账户应按照税金及附加项目设置明细账,进行明细分类核算。

五、"营业外收入"账户

"营业外收入"账户属于损益类账户,用以核算小企业实现的各项营业外收入。该账户结构如图7-5所示。

营业外收入	
期末转入"本年利润"账户的金额	确认的各项营业外收入
	结转后期末应无余额

图7-5 "营业外收入"账户结构

该账户应按营业外收入项目设置明细账,进行明细分类核算。

六、"营业外支出"账户

"营业外支出"账户属于损益类账户,用以核算小企业发生的各项营业外支出。该账户结构如图7-6所示。

营业外支出	
确认的各项营业外支出	期末转入"本年利润"账户的金额
结转后期末应无余额	

图7-6 "营业外支出"账户结构

该账户应按营业外支出项目设置明细账,进行明细分类核算。

七、"所得税费用"账户

"所得税费用"账户属于损益类账户,用以核算小企业根据《企业所得税法》确定的应从当期利润总额中扣除的所得税费用。小企业根据《企业所得税法》的规定补缴的企业所得税也通过该账户核算。小企业按照规定实行企业所得税先征后返的,实际收到返还的企业所得税在"营业外收入"账户核算,不在该账户核算。该账户结构如图7-7所示。

所得税费用

按照税法规定计算确定的当期应纳税额	期末借方余额转入"本年利润"账户
结转后期末应无余额	

图7-7 "所得税费用"账户结构

八、"本年利润"账户

"本年利润"账户属于所有者权益类账户,用以核算小企业当期实现的净利润(或发生的净亏损)。该账户结构如图7-8所示。

本年利润

期末从各成本费用账户转来的数额 年末将本年实现的利润转入"利润分配"账户	期末从各收入账户转来的数额 年末将本年实现的亏损总额转入"利润分配"账户
截至本期的累计亏损	截至本期累计实现的利润

图7-8 "本年利润"账户结构

年度终了,小企业应当将本年的收入和支出相抵后结出的本年实现的净利润转入"利润分配"账户,结转后该账户应无余额。

九、"利润分配"账户

"利润分配"账户属于损益类账户,用以核算小企业利润的分配(或亏损的弥补)和历年分配(或弥补)后的余额。该账户结构如图7-9所示。

利润分配

根据有关规定分配给投资者的利润 用盈余公积弥补亏损	年度终了,应将本年实现的净利润自"本年利润"账户转入
	滚存的未分配利润(或未弥补亏损)

图7-9 "利润分配"账户结构

为了具体反映小企业上缴所得税和留存利润的详细情况,"利润分配"账户应按照"应付利润"和"未分配利润"等进行明细分类核算。

十、"盈余公积"账户

"盈余公积"账户属于所有者权益类账户，用以核算小企业（公司制）按照《公司法》的规定在税后利润中提取的法定公积金和任意公积金。小企业（外商投资）按照法律规定在税后利润中提取储备基金和企业发展基金的，也在该账户核算。该账户结构如图7－10所示。

盈余公积	
用盈余公积弥补亏损或转增资本	从税后利润中提取的盈余公积
	滚存的盈余公积总额

图7－10 "盈余公积"账户结构

该账户应当分别"法定盈余公积"和"任意盈余公积"进行明细分类核算。小企业（外商投资）还应当分别"储备基金"和"企业发展基金"进行明细分类核算。小企业（中外合作经营）根据合同规定在合作期间归还投资者的投资，应在该账户设置"利润归还投资"明细账户进行核算。

十一、"应付利润"账户

"应付利润"账户属于负债类账户，用以核算小企业向投资者分配的利润。该账户结构如图7－11所示。

应付利润	
向投资者实际支付的利润	根据规定或协议确定的应分配给投资者的利润
	滚存的应付未付的利润

图7－11 "应付利润"账户结构

该账户应当按照投资者进行明细分类核算。

第三节　收入与利润核算实务

一、主营业务收入的核算

小企业对收入进行确认的条件遵从《企业所得税法》的相关规定，在发出商品并收到货款或取得收款权利时确认商品的销售收入。凡是属于当期的收入，不论款项是否收付，均应作为当期收入；凡是不属于当期的收入，即使款项已经在当期收取，也不作为当期收入。在收入计量方面，不再要求小企业按照从购买方已收或应收的合同或协议价款或者应收的合同或协议价款的公允价值确定收入的金额，而是要求按照从购买方已收或应收的合同或协议价款确定收入的金额。

之所以对小企业的收入确认不强求实质重于形式，并减少了关于风险与报酬转移的职业判断，是因为除了谋求上市等欲做大收入的企业（这类企业应当执行《企业会计准则》），大多数小企业没有提前确认收入的动机。

当然，小企业需要根据结算方式和销售方式的不同，区别以下几种情况分别确认收入的时点：

(1)采用现金、支票、汇兑和信用证等方式销售商品，由于不存在购买方承付的问题，商品一经发出即收到货款或取得收款权利，因此在商品办完发出手续时即应确认收入。

(2)销售商品采用托收承付方式的，在办妥托收手续时即表明已经取得收款的权利，可以确认收入。

(3)销售商品采取预收款方式的，销售方应当在收到最后一笔款项时才交货，小企业在发出商品时意味着已经收到了购买方的最后一笔款项，这时应当将收到的货款全部确认为收入。

(4)销售商品采用分期收款方式的，按照合同约定的收款日期开出销售发票是确认销售收入实现的重要标志。

(5)销售商品需要安装和检验的，在购买方接受商品以及安装和检验完毕时确认收入。安装程序比较简单的，可在发出商品时确认收入。

(6)销售商品采用支付手续费方式委托代销的，在收到代销清单时确认收入。

(7)销售商品以旧换新的，销售的商品作为商品销售处理，回收的商品作为购进商品处理。

(8)采取产品分成方式取得的收入，在分得产品之日按照产品的市场价格或评估价值确定销售商品收入的金额。

小企业实现的销售商品收入和提供劳务收入通过"主营业务收入"账户核算,并需通过"主营业务成本"账户核算为取得主营业务收入而发生的相关成本。

【例7-1】 讯达公司向明光公司出售下列产品,货款收到并已存入银行:A产品20件,单价1 400元/件,计28 000元,应收取的增值税税额为840元(28 000×3%),共计28 840元;B产品40件,单价550元/件,计22 000元,应收取的增值税税额为660元(22 000×3%),共计22 660元。

增值税属于价外税,小规模纳税人企业销售货物,开具增值税专用发票,应将销项税额和实现的不含税收入分别入账。应编制会计分录如下:

借:银行存款　　　　　　　　　　　　　　　　51 500.00
　　贷:主营业务收入——A产品　　　　　　　　28 000.00
　　　　主营业务收入——B产品　　　　　　　　22 000.00
　　　　应交税费——应交增值税　　　　　　　　1 500.00

【例7-2】 讯达公司向中原公司出售A产品25件,单价1 400元/件,计35 000元,应收取的增值税税额为1 050元(35 000×3%),共计36 050元,款项未收。这项业务说明货已按协议发出,销售已经实现,债权也已确定,但货款尚未收到,做应收账款处理。应编制会计分录如下:

借:应收账款——中原公司　　　　　　　　　　36 050.00
　　贷:主营业务收入——A产品　　　　　　　　35 000.00
　　　　应交税费——应交增值税　　　　　　　　1 050.00

【例7-3】 20天后讯达公司收到中原公司前欠货款,存入银行。这项业务说明应收账款的减少,银行存款的增加。应编制会计分录如下:

借:银行存款　　　　　　　　　　　　　　　　36 050.00
　　贷:应收账款——中原公司　　　　　　　　　36 050.00

小企业在确认收入时,应当注意以下几个方面的核算区别:

一是现金折扣,是指债权人为鼓励债务人在规定的期限内付款而向债务人提供的债务扣除。现金折扣一般采用"折扣/付款期限"表示。例如,"2/10、1/20、$n/30$"表示买方在10天内付款,销货企业将按商品售价给客户2%的折扣;买方在20天内付款,销货企业将按售价给客户1%的折扣;销货企业允许客户的最长付款期限为30天,客户在21~30天付款将不能享受现金折扣。销售商品涉及现金折扣的,应当按照扣除现金折扣前的金额确定销售商品收入的金额,现金折扣应当在实际发生时计入财务费用。

二是商业折扣,是指为促进商品销售而在商品标价上给予的价格扣除。例如,购买 100 件以上商品给予 10% 的折扣。此外,企业为了尽快出售一些陈旧的商品,可能降价(即打折)销售。销售商品涉及商业折扣的,应当按照扣除商业折扣后的金额确定销售商品收入的金额。

三是销售退回,是指售出的商品由于质量、品种不符合要求等原因而发生的退货。小企业已经确认收入的售出商品发生的销售退回(不论是属于本年度还是以前年度的销售),应当在发生时冲减当期销售商品的收入。

四是销售折让,是指因售出商品的质量不合格等原因而在售价上给予的减让。小企业已经确认收入的售出商品发生的销售折让,应当在发生时冲减当期销售商品的收入。

二、主营业务成本的核算

小企业销售商品,一方面减少了库存;另一方面作为取得主营业务收入而垫支的资金表明小企业发生了费用,这项费用称为主营业务成本(又称产品销售成本)。将销售发出产品的成本转为主营业务成本应遵循配比的要求,也就是说,不仅主营业务成本的结转应与主营业务收入在同一会计期间加以确认,而且主营业务成本应与主营业务收入在数量上相配比。

主营业务成本的计算公式如下:

本期应结转的主营业务成本=本期销售产品的数量×单位产品的生产成本

产品销售以后,应随时或定期于月末计算并结转已销产品的生产成本,借记"主营业务成本"账户,贷记"库存商品"账户。

〖例 7-4〗 讯达公司结转本期已销产品的生产成本[A 产品本月完工的生产成本单价为 709 元/件(见表 6-10),B 产品期初库存 70 件,库存金额为 21 000 元,单价为 300 元/件]。

讯达公司已销产品的生产成本计算如下:

A 产品生产成本=45×709=31 905(元)

B 产品生产成本=40×300=12 000(元)

根据上述计算,编制结转销售产品成本的会计分录如下:

借:主营业务成本——A 产品　　　　　　　　31 905.00
　　主营业务成本——B 产品　　　　　　　　12 000.00
　贷:库存商品——A 产品　　　　　　　　　　31 905.00
　　库存商品——B 产品　　　　　　　　　　12 000.00

三、销售费用的核算

小企业为了销售产品会发生各种销售费用,包括销售人员的职工薪酬、商品维修费、运输费、装卸费、包装费、保险费、广告费、业务宣传费和展览费等;小企业(批发业、零售业)在购买商品的过程中发生的费用,包括运输费、装卸费、包装费、保险费、运输途中的合理损耗和入库前的挑选整理费等,也因简化核算而作为销售费用直接计入当期损益。

【例 7-5】 讯达公司以银行存款支付销售产品的运杂费 1 121.64 元。这项业务使产品销售费用增加,应编制会计分录如下:

借:销售费用　　　　　　　　　　　　　　　 1 121.64
　　贷:银行存款　　　　　　　　　　　　　　　 1 121.64

四、增值税、税金及附加的核算

小企业在销售商品的过程中实现了商品的销售额,就应该向国家税务机关缴纳各种税费,包括增值税(价外税)、消费税、城市维护建设税和教育费附加等。其中,附加税费一般是根据当月应税流转税额,按照规定的税率计算,于下月初缴纳。计算税金及附加时,一方面作为小企业发生的一项费用支出,借记"税金及附加"账户;另一方面形成企业的一项负债,贷记"应交税费"账户。

【例 7-6】 讯达公司根据本期计算的增值税税额 2 550 元(1 500+1 050)上缴税务部门,应编制会计分录如下:

借:应交税费——应交增值税　　　　　　　　　　 2 550.00
　　贷:银行存款　　　　　　　　　　　　　　　 2 550.00

【例 7-7】 讯达公司根据实际缴纳的流转税,按 7% 计算并缴纳城市维护建设税,按 3%、2% 分别计算并缴纳教育费附加、地方教育附加。

应纳城市维护建设税=实际缴纳的增值税×适用税率
　　　　　　　　　=2 550×7%=178.50(元)

应纳教育费附加=实际缴纳的增值税×附加率
　　　　　　　=2 550×3%=76.50(元)

应纳地方教育附加=实际缴纳的增值税×附加率
　　　　　　　　=2 550×2%=51.00(元)

应进行账务处理如下:

借:税金及附加　　　　　　　　　　　　　　　306.00
　　贷:应交税费——应交城市维护建设税　　　　178.50
　　　　应交税费——应交教育费附加　　　　　　76.50
　　　　应交税费——应交地方教育附加　　　　　51.00
借:应交税费——应交城市维护建设税　　　　　178.50
　　应交税费——应交教育费附加　　　　　　　　76.50
　　应交税费——应交地方教育附加　　　　　　　51.00
　　贷:银行存款　　　　　　　　　　　　　　　306.00

五、营业外收支的核算

(一)营业外收入

营业外收入是指小企业非日常生产经营活动形成的,应当计入当期损益,会导致所有者权益增加,与所有者投入资本无关的经济利益的净流入,包括非流动资产处置净收益、政府补助、捐赠收益、盘盈收益、汇兑收益、出租包装物和商品的租金收入、逾期未退包装物押金收益、确实无法偿付的应付款项、已做坏账损失处理后又收回的应收款项和违约金收益等。这些营业外收入应当在实现时按照实现的金额计入当期损益。

政府补助是指小企业从政府那里无偿取得货币性资产或非货币性资产,但不含政府作为小企业所有者投入的资本。政府补助一般可分为与资产相关的政府补助和与收益相关的政府补助。与资产相关的政府补助是指小企业取得的用于购建或以其他方式形成长期资产的政府补助,与收益相关的政府补助是指除了与资产相关的政府补助之外的政府补助。小企业取得与收益相关的政府补助,用于补偿以后期间的费用或损失的,在取得时先确认为递延收益,然后在确认相关费用的期间计入当期营业外收入;用于补偿小企业已发生的费用或损失的,取得时直接计入当期营业外收入。

(二)营业外支出

营业外支出是指小企业非日常生产经营活动发生的,应当计入当期损益,会导致所有者权益减少,与向所有者分配利润无关的经济利益的净流出,包括存货的盘亏、毁损、报废损失,非流动资产处置净损失,坏账损失,无法收回的长期债券投资损失,无法收回的长期股权投资损失,自然灾害等不可抗力因素造成的损失,税收滞纳金,罚金、罚款,被没收财物的损失,捐赠支出和赞助支出等。这些营业外支出应当在发生时按照其发生额计入当期损益。

【例7—8】 债权人因破产而放弃了债权,结转确实无法偿付的其他应付款100元。这项业务应列作营业外收入,其会计分录编制如下:

借:其他应付款——×× 100.00
　　贷:营业外收入 100.00

【例7—9】 向某学校捐赠支出2 000元。这项业务应列作营业外支出,其会计分录编制如下:

借:营业外支出 2 000.00
　　贷:银行存款 2 000.00

【例7—10】 支付合同违约罚款667.36元。这项业务应列作营业外支出,其会计分录编制如下:

借:营业外支出 667.36
　　贷:银行存款 667.36

【例7—11】 支付审计费5 000元,董事会费用1 300元。这些费用应当在"管理费用"账户列支。其会计分录编制如下:

借:管理费用——审计费 5 000.00
　　管理费用——董事会费 1 300.00
　　贷:银行存款 6 300.00

六、结转损益类账户的核算

小企业在一定时期内取得的收入遵循配比的要求,与其相对应的成本费用相抵后的差额即为当期的财务成果。小企业实现的利润一部分要以所得税的形式上缴国家,形成财政收入;另一部分即税后利润,要按规定的程序在各方面进行合理分配。通过利润分配,一部分资金退出小企业,另一部分资金重新投入小企业的生产经营过程,开始新的资金循环。

【例7—12】 讯达公司采用账结法,将损益类账户的有关发生额结转至"本年利润"账户,应编制会计分录如下:

借:主营业务收入 85 000.00
　　营业外收入 100.00
　　贷:本年利润 85 100.00
借:本年利润 60 500.00
　　贷:主营业务成本 43 905.00
　　　　税金及附加 306.00

销售费用	1 121.64
管理费用	12 200.00
财务费用	300.00
营业外支出	2 667.36

营业利润=85 000－43 905－306－1 121.64－12 200－300=27 167.36(元)

利润总额=27 167.36＋100－2 667.36=24 600(元)

或=85 100－60 500=24 600(元)

【例7－13】 按应纳税所得额计算并结转讯达公司应缴纳的所得税。

企业所得税的计算依据是应纳税所得额。小企业的利润总额按照税法规定做相应调整后为应纳税所得额。应纳税所得额乘以所得税税率,就是应纳所得税税额。

应纳税所得额＝利润总额±应纳税所得额调增(调减)项目
应纳所得税税额＝应纳税所得额×企业所得税适用税率

讯达公司属于小型微利企业,减按25％计算应纳税所得额,按20％的税率缴纳企业所得税。

讯达公司直接捐赠某学校的支出2 000元应调增应纳税所得额。

讯达公司的应纳税额=(24 600＋2 000)×25％×20％=1 330(元)

其中:应纳所得税税额=(24 600＋2 000)×20％=5 320(元)

减免所得税税额=(24 600＋2 000)×20％×75％=3 990(元)

讯达公司编制的年度纳税申报表(A类)详见第九章表9－9。

小企业应缴纳的所得税通过"所得税费用"账户和"应交税费"账户核算,应编制会计分录如下:

借:所得税费用		1 330.00
贷:应交税费——应交所得税		1 330.00
借:本年利润		1 330.00
贷:所得税费用		1 330.00

净利润=24 600－1 330=23 270（元）

七、利润分配的核算

小企业实现的净利润应按照国家的规定和投资者的决议进行合理分配。净利润的分配涉及各个方面的利益关系,包括投资人、企业以及企业内部职工,必须遵循兼顾投资人利益、企业利益以及企业职工利益的原则对净利润进行分配。利润应按照下列顺序进行分配:

(一)弥补以前年度亏损

按财务和税务制度的规定,小企业的年度亏损可以由下一年度的税前利润弥补,下一年度税前利润不足以弥补的,可以由以后年度的利润继续弥补,但用税前利润弥补以前年度亏损的连续期限不得超过5年,5年内不足以弥补的,用本年税后利润弥补。本年净利润加上年初未分配利润和其他转入(一般为盈余公积补亏转入的部分)为企业可供分配的利润。只有当可供分配的利润大于零时,小企业才能进行后续分配。

(二)提取法定盈余公积

小企业(公司制)在分配当年税后利润时,应当按照《公司法》的规定提取法定盈余公积金和任意盈余公积金。其中,法定盈余公积金应按照本年实现净利润的一定比例提取:《公司法》规定公司制企业按净利润的10%提取;其他企业可以根据需要确定提取比例,但不得低于10%。企业提取的法定盈余公积金累计额超过注册资本50%以上的,可以不再提取。

(三)提取任意盈余公积

经股东会决议,小企业还可以从税后利润中提取任意盈余公积金,提取比例由股东会商定。

(四)向投资者分配利润

小企业实现的净利润在扣除上述项目后,再加上年初未分配利润,形成可供投资者分配的利润,用公式表示为:

可供投资者分配的利润＝净利润－弥补以前年度亏损－提取的盈余公积＋以前年度未分配利润

有限责任公司的股东按照实缴的出资比例分取红利,全体股东约定不按照出资比例分取红利的除外;股份有限公司按照股东持有的股份比例分配股利,股份有限公司章程规定不按持股比例分配的除外。

根据《公司法》的规定,股东会或者董事会违反相关规定,在弥补亏损和提取法定盈余公积金之前向股东分配利润的,股东必须将违反规定分配的利润退还公司。

未分配利润是小企业留待以后年度进行分配的利润或等待分配的利润,是所有者权益的重要组成部分。

〖**例7-14**〗 讯达公司根据董事会决议,按税后利润23 270元的10%提取法定盈余公积。

这项业务表明的是利润分配事项,小企业从税后利润中提取盈余公积,应记入"利润分配"账户的借方和"盈余公积"账户的贷方。应编制会计分录如下:

借：利润分配　　　　　　　　　　　　　　　2 327.00
　　贷：盈余公积　　　　　　　　　　　　　　　　　2 327.00

盈余公积来源于小企业实现的利润。小企业用盈余公积弥补亏损或者转增资本，应当减少盈余公积。小企业的盈余公积还可以用于扩大生产经营规模。

〖例7—15〗 讯达公司按照股东会决议向投资者分配利润10 000元。

这项业务属于利润分配事项，小企业结转分配给投资者的利润，应借记"利润分配"账户，贷记"应付利润"账户。其会计分录编制如下：

借：利润分配　　　　　　　　　　　　　　　10 000.00
　　贷：应付利润　　　　　　　　　　　　　　　　　10 000.00

小企业进行利润分配应按照公司章程的规定由企业股东大会决定。"利润分配"的账务处理应附相关决议等文本。

经过上述利润分配核算以后，讯达公司当期利润(24 600元)－当期所得税(1 330元)＝当期净利润(23 270元)，再减去提取盈余公积(2 327元)和应付利润(10 000元)，当期未分配利润为10 943元，加上上期未分配利润30 000元，期末未分配利润为40 943元(详见第八章中"本年利润"和"利润分配"账户及其资产负债表)。

留存收益是指盈余公积与未分配利润的合计数。讯达公司当期盈余公积为2 327元，加上以前提取的盈余公积18 760元，合计期末盈余公积为21 087元(详见第八章中"盈余公积"账户及其资产负债表)，与期末未分配利润40 943元相加就是累计的留存收益62 030元，这部分收益最终归属于投资人，目前留存于讯达公司内用于扩大再生产。

温馨提示 未分配利润有两层含义：一是留待以后年度处理的利润，二是未指明特定用途的利润。相对于所有者权益的其他部分来说，企业对于未分配利润有较大的自主权。核算未分配利润一般在年度终了进行，平时不需核算。年终时，将本年实现的净利润结转到"利润分配——未分配利润"账户的贷方，同时将本年利润分配的数额结转到"利润分配——未分配利润"账户的借方，并检查利润分配比例是否符合合同、协议、章程以及股东会决议的规定，利润分配数额及年度未分配利润数额是否正确。年末结转后的"利润分配——未分配利润"账户的贷方期末余额反映累计的未分配利润，借方期末余额反映累计的未弥补亏损。

第八章

业财融合与会计循环

第一节 会计循环与账务处理程序

一、会计循环中的账务处理程序

经济业务引发的资金运动在一个小企业中循环往复,会计核算与信息化管理因此周而复始。业务与财务的融合程度体现在不断循环的账务处理程序中。

归纳前面各章的内容可以发现,从会计对象到会计记录的演绎过程科学地反映出会计核算既严密又具体的逻辑思维过程,其间涉及的会计概念之间具有的内在联系就是一个系统的会计循环(如图 8-1 所示)。

会计循环是指在一定的会计期间内,按照一定的步骤反复运行的工作程序。从会计核算方法看,会计循环由填制和审核会计凭证、设置会计科目和账户、复式记账、登记会计账簿、成本计算、财产清查、编制财务报告等环节组成。其中,分析经济业务和交易事项是会计核算的前提与基础,对业务活动的确认、计量、记录和报告构成会计循环的主要内容,编制财务报表是会计循环的结果,并为分析评价和形成新一轮循环起到承上启下的作用。

在上述会计循环中,账务处理程序是指账簿组织与记账程序有机结合的方法和体系,也称会计核算形式。账簿组织是指设置账簿的种类、格式及其相互之间的关系,记账程序是指填制会计凭证、登记各种账簿和编制财务报表的过程与步骤。

由于不同小企业的生产和经营情况不同,规模大小不一,业务繁简差别很大,对经营管理的要求各不相同,因此,不同的小企业不可能使用完全一致的凭证、账簿和

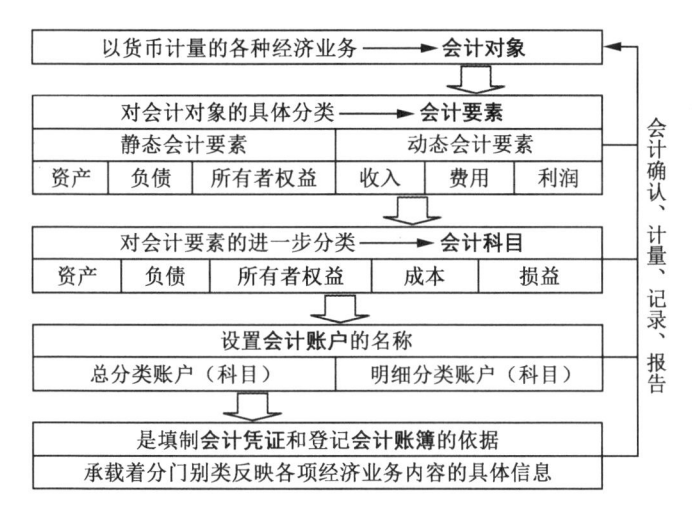

图 8－1　会计核算的基本逻辑过程

记账程序，而应当根据各自的具体条件，选择使用适合本企业规模和特点，能全面、及时、正确地提供会计核算资料并尽可能简化会计核算手续的账务处理程序。

我国常用的账务处理程序包括记账凭证账务处理程序、汇总记账凭证账务处理程序、科目汇总表账务处理程序、多栏式日记账账务处理程序和日记总账账务处理程序等。小企业可以选择采用记账凭证账务处理程序，业务较多的小企业也可以选择采用科目汇总表账务处理程序。

二、记账凭证账务处理程序

(1) 根据各种原始凭证或汇总原始凭证，编制记账凭证(包括收款凭证、付款凭证和转账凭证)，详见例 4－1～4－5、例 5－1～5－6、例 6－1～6－16、例 7－1～7－15 以讯达公司所发生的经济业务为例编制的收款凭证、付款凭证和转账凭证(以会计分录代替记账凭证)的具体介绍。

(2) 根据收款凭证和付款凭证逐笔登记现金日记账和银行存款日记账。

(3) 根据原始凭证、汇总原始凭证和记账凭证登记各种明细账。

(4) 根据记账凭证逐笔登记总分类账。

(5) 月终，将现金日记账和银行存款日记账的余额以及各种明细账的余额合计数分别与总分类账中有关科目的余额核对相符并试算平衡。

(6) 月终，根据核对无误的总分类账和明细分类账编制财务报表。

小企业记账凭证账务处理程序如图 8－2 所示。

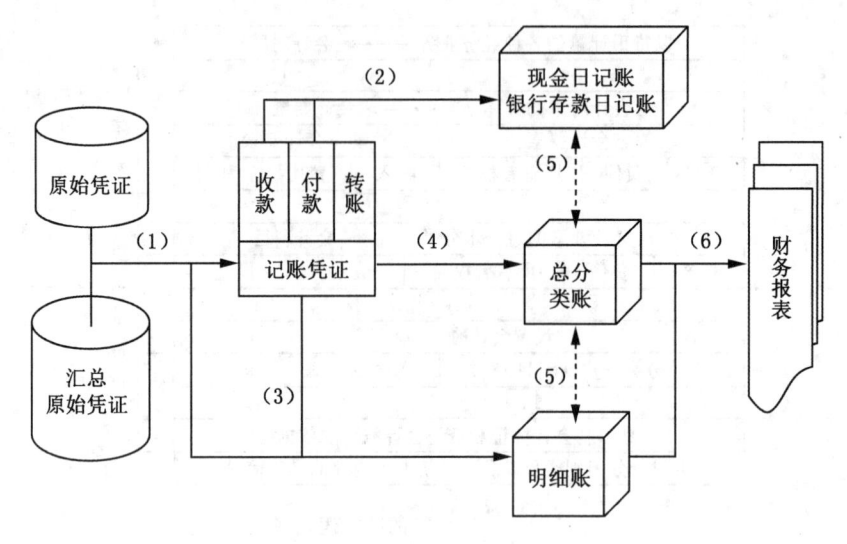

图 8—2　记账凭证账务处理程序

记账凭证账务处理程序是最基本的账务处理程序,其特点是直接根据记账凭证逐笔登记总分类账。在记账凭证账务处理程序下,应设置收款凭证、付款凭证和转账凭证作为登记总分类账的依据,应设置现金日记账、银行存款日记账、总分类账和明细分类账。现金日记账和银行存款日记账一般采用三栏式或多栏式;总分类账采用三栏式;明细分类账可以根据经济业务的不同,采用三栏式、数量金额式、多栏式或平行式。

记账凭证账务处理程序简单明了、易于理解,总分类账详细地记录和反映了经济业务的来龙去脉。其不足之处是,总分类账直接根据记账凭证逐笔登记,如果小企业规模较大、记账凭证较多,登记总分类账的工作量就会很大。所以,记账凭证账务处理程序一般适用于规模小且经济业务较少的小企业。

三、科目汇总表账务处理程序

对于经济业务较多的小企业,可以采用科目汇总表账务处理程序,其主要特点是定期将所有记账凭证汇总编制成科目汇总表,然后根据科目汇总表登记总分类账。其中,收款凭证、付款凭证、转账凭证和各种账簿的设置基本等同于记账凭证账务处理程序。

科目汇总表是根据一定时期内的全部记账凭证按科目进行归类编制,并分别计算出每一总账科目的借方发生额合计数和贷方发生额合计数。由于借贷记账法的记账规则是"有借必有贷,借贷必相等",因此在科目汇总表中,全部总账科目的借方发生额合计数与贷方发生额合计数应该相等。科目汇总表的汇总时间可以根据需要定期间隔一段时间汇总一次,但至少每月汇总一次,以便试算平衡。

第二节　根据凭证登记账簿

根据会计凭证登记会计账簿是会计日常记账最基础的核算业务之一,会计人员应当按照记账规则规范操作,其具体内容包括以下几个方面:

一、登记日记账

以第四章、第五章、第六章和第七章讯达公司发生的经济业务为例,根据收款凭证和付款凭证逐笔登记现金日记账和银行存款日记账(如表8-1和表8-2所示)。

表8-1　　　　　　　　　　　　　现金日记账　　　　　　　　　　　　　　单位:元

年		凭证		对方科目	摘要	收入	支出	结余
月	日	种类	号码					
					期初余额			200.00
			6-3	银行存款	提现	11 900.00		12 100.00
			6-4	应付职工薪酬	发工资		11 900.00	200.00
					本期发生额及期末余额	11 900.00	11 900.00	200.00

表8-2　　　　　　　　　　　　　银行存款日记账　　　　　　　　　　　　单位:元

年		凭证		对方科目	摘要	收入	支出	结余
月	日	种类	号码					
					期初余额			945.00
			4-1	实收资本	软件科技公司	250 000.00		250 945.00
			4-4	短期借款	工商银行	20 000.00		270 945.00
			4-5	长期借款	上海银行	30 000.00		300 945.00
			5-2	在途物资	运输、装卸费		650.00	300 295.00
			5-3	在途物资	甲、乙材料		10 820.00	289 475.00
			5-4	在途物资	装卸、搬运费		180.00	289 295.00

续表

年		凭证		对方科目	摘要	收入	支出	结余
月	日	种类	号码					
			5—6	应付账款	明辉、申达公司		9 300.00	279 995.00
			6—3	库存现金	提现		11 900.00	268 095.00
			6—9	预付账款	预付房租		6 600.00	261 495.00
			6—9	预付账款	软件开发预付		100 000.00	161 495.00
			6—12	应付利息	利息		900.00	160 595.00
			6—14	应付账款	电费		2 650.00	157 945.00
			7—1	主营业务收入	A、B产品	51 500.00		209 445.00
			7—3	应收账款	中原公司	36 050.00		245 495.00
			7—5	销售费用	产品运费		1 121.64	244 373.36
			7—6	应交税费	增值税		2 550.00	241 823.36
			7—7	应交税费	城建税、教育费		306.00	241 517.36
			7—9	营业外支出	捐赠学校		2 000.00	239 517.36
			7—10	营业外支出	合同违约罚款		667.36	238 850.00
			7—11	管理费用	审计费		5 000.00	233 850.00
			7—11	管理费用	董事会费		1 300.00	232 550.00
					本期发生额及期末余额	387 550.00	155 945.00	232 550.00

二、登记明细账

在记账凭证账务处理程序下,可以根据原始凭证或汇总原始凭证和记账凭证登记各种明细账,如表5—1、表5—2登记的材料采购明细账,表6—2、表6—3、表6—4和表6—5登记的原材料明细账,表6—7、表6—8和表6—9登记的生产成本明细账等。

三、登记总分类账

在记账凭证账务处理程序下,可以根据记账凭证逐笔登记有关总分类账(如图8—3所示)。

库存现金

期初余额	200.00		
6—3	11 900.00	6—4	11 900.00
本期发生额	11 900.00	本期发生额	11 900.00
期末余额	200.00		

应收账款

期初余额	20 000.00		
7—2	36 050.00	7—3	36 050.00
本期发生额	36 050.00	本期发生额	36 050.00
期末余额	20 000.00		

在途物资

期初余额	0.00		
5—1	9 300.00		
5—2	650.00		
5—3	10 820.00		
5—4	180.00	5—5	20 950.00
本期发生额	20 950.00	本期发生额	20 950.00
期末余额	0.00		

银行存款

期初余额	945.00		
4—1	250 000.00		
4—4	20 000.00		
4—5	30 000.00	5—2	650.00
7—1	51 500.00	5—3	10 820.00
7—3	36 050.00	5—4	180.00
		5—6	9 300.00
		6—3	11 900.00
		6—9	106 600.00
		6—12	900.00
		6—14	2 650.00
		7—5	1 121.64
		7—6	2 250.00
		7—7	306.00
		7—9	2 000.00
		7—10	667.36
		7—11	6 300.00
本期发生额	387 550.00	本期发生额	155 945.00
期末余额	232 550.00		

原材料

期初余额	131 650.00		
5—5	20 950.00	6—1	26 400.00
		6—2	3 500.00
本期发生额	20 950.00	本期发生额	29 900.00
期末余额	12 2700.00		

库存商品

期初余额	21 000.00		
6—16	35 450.00	7—4	43 905.00
本期发生额	35 450.00	本期发生额	43 905.00
期末余额	12 545.00		

预付账款

期初余额	0.00		
6—9	106 600.00	6—10	2 200.00
本期发生额	106 600.00	本期发生额	2 200.00
期末余额	104 400.00		

生产成本

期初余额	12 900.00		
6—1	22 800.00		
6—2	3 500.00		
6—5	10 000.00		
6—6	1 400.00		
6—13	2 000.00		
6—15	5 475.00	6—16	35 450.00
本期发生额	45 175.00	本期发生额	35 450.00
期末余额	22 625.00		

固定资产

期初余额	321 870.00		
4—2	120 000.00		
本期发生额	120 000.00	本期发生额	0.00
期末余额	441 870.00		

累计折旧					无形资产				
		期初余额	48 135.00		期初余额	0.00			
		6—7	1 759.00		4—3	10 000.00			
本期发生额	0.00	本期发生额	1 759.00	本期发生额	10 000.00	本期发生额	0.00		
		期末余额	49 894.00		期末余额	10 000.00			

制造费用					应付职工薪酬				
6—1	2 700.00						期初余额	9 100.00	
6—5	900.00			6—4	11 900.00	6—5	11 900.00		
6—6	126.00					6—6	1 666.00		
6—7	1 249.00			本期发生额	11 900.00	本期发生额	13 566.00		
6—13	500.00	6—15	5 475.00			期末余额	10 766.00		
本期发生额	5 475.00	本期发生额	5 475.00						

应付账款					短期借款				
		期初余额	60 000.00				期初余额	0.00	
5—6	9 300.00	5—1	9 300.00				4—4	20 000.00	
6—14	2 650.00	6—13	2 650.00	本期发生额	0.00	本期发生额	20 000.00		
本期发生额	11 950.00	本期发生额	11 950.00			期末余额	20 000.00		
		期末余额	60 000.00						

其他应付款					财务费用				
		期初余额	40 100.00	6—11	300.00	7—12	300.00		
7—8	100.00			本期发生额	300.00	本期发生额	300.00		
本期发生额	100.00	本期发生额	0.00						
		期末余额	40 000.00						

管理费用					税金及附加				
6—1	900.00			7—7	306.00	7—12	306.00		
6—5	1 000.00			本期发生额	306.00	本期发生额	306.00		
6—6	140.00								
6—7	510.00				应付利润				
6—8	1 000.00					期初余额	1 870.00		
6—10	2 200.00					7—15	10 000.00		
6—13	150.00			本期发生额	0.00	本期发生额	10 000.00		
7—11	6 300.00	7—12	12 200.00			期末余额	11 870.00		
本期发生额	12 200.00	本期发生额	12 200.00						

第八章 业财融合与会计循环

		应交税费					累计摊销		
		期初余额	0.00				期初余额	0.00	
		7－1	1 500.00				6－8	1 000.00	
		7－2	1 050.00		本期发生额	0.00	本期发生额	1 000.00	
7－6	2 550.00	7－7	306.00				期末余额	1 000.00	
7－7	306.00	7－13	1 330.00						
本期发生额	2 856.00	本期发生额	4 186.00						
		期末余额	1 330.00						

		应付利息					长期借款		
		期初余额	600.00				期初余额	0.00	
6－12	900.00	6－11	300.00				4－5	30 000.00	
本期发生额	900.00	本期发生额	300.00		本期发生额	0.00	本期发生额	30 000.00	
		期末余额	0.00				期末余额	30 000.00	

		盈余公积					实收资本		
		期初余额	18 760.00				期初余额	300 000.00	
		7－14	2 327.00				4－1	250 000.00	
本期发生额	0.00	本期发生额	2 327.00				4－2	120 000.00	
		期末余额	21 087.00				4－3	10 000.00	
					本期发生额	0.00	本期发生额	380 000.00	
							期末余额	680 000.00	

		本年利润					主营业务收入		
		期初余额	280 000.00		7－12	85 000.00	7－1	50 000.00	
7－12	60 500.00	7－12	85 100.00				7－2	35 000.00	
7－13	1 330.00				本期发生额	85 000.00	本期发生额	85 000.00	
本期发生额	61 830.00	本期发生额	85 100.00						
		期末余额	303 270.00						

		主营业务成本					所得税费用		
7－4	43 905.00	7－12	43 905.00		7－13	1 330.00	7－13	1 330.00	
本期发生额	43 905.00	本期发生额	43 905.00		本期发生额	1 330.00	本期发生额	1 330.00	

		销售费用					营业外收入		
7－5	1 121.64	7－12	1 121.64		7－12	100.00	7－8	100.00	
本期发生额	1 121.64	本期发生额	1 121.64		本期发生额	100.00	本期发生额	100.00	

		利润分配					营业外支出		
期初余额	250 000.00						7－9	2 000.00	
7－14	2 327.00				7－12	2 667.36	7－10	667.36	
7－15	10 000.00				本期发生额	2 667.36	本期发生额	2 667.36	
本期发生额	12 327.00	本期发生额	0.00						
期末余额	262 327.00								

图 8－3 总分类账户登记

第三节 对账、试算平衡与结账

一、对账

(一)对账的主要内容

对账就是核对账目,是指在会计核算中,为保证账簿记录正确、可靠,对账簿中的有关数据进行检查和核对的工作,包括对银行账、对业务账和系统内对账等,以保证账证相符、账账相符、账实相符等(如图8—4所示)。

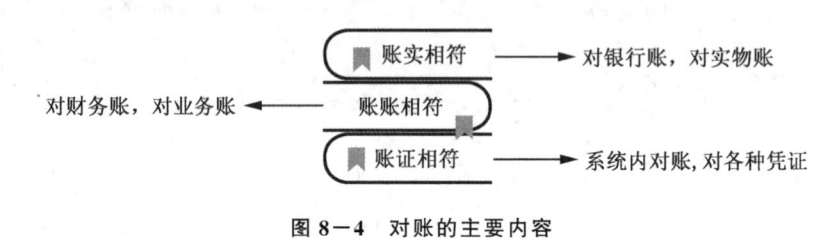

图8—4 对账的主要内容

1. 账证核对

账证核对是根据账簿记录,在会计核算系统内与记账凭证及其所附的原始凭证进行核对,核对会计账簿记录与原始凭证、记账凭证的时间、编号、内容、金额是否一致,记账方向是否相符等。

2. 账账核对

账账核对是指将各种账簿之间的有关数据相互核对,核对不同会计账簿的记录是否相符,包括总账有关账户的余额核对、总账与明细账核对、总账与日记账核对、会计部门的财产物资明细账与财产物资保管和使用部门的有关明细账核对等。

3. 账实核对

账实核对是指各种财产物资的账面余额与实存数额相互核对,核对会计账簿的记录与财产等的实有数额是否相符,包括现金日记账账面余额与现金实际库存数核对,银行存款日记账账面余额与银行对账单核对,各种财产物资明细账账面余额与实存数额核对,各种应收、应付款明细账账面余额与有关债务、债权单位或者个人账务进行核对等。

(二)对账的主要结果

坚持对账制度,通过对账工作来检查账簿记录的内容是否完整,有无错记或漏记,总分类账与明细分类账的数据是否相等,以做到账证相符、账账相符、账实相符。

1. 账证相符

小企业月终要对账簿记录和会计凭证进行核对,以发现错误之处,并进行更正,这也是保证账账、账实相符的基础。核对账证的主要方法是:一看总账与记账凭证汇总表是否相符,二看记账凭证汇总表与记账凭证是否相符,三看明细账与记账凭证、所涉及的支票号码及其他结算票据的种类等是否相符。

2. 账账相符

账账相符是指各种账簿之间的核对相符,主要包括各种账簿之间的有关指标核对相符,与其他单位的往来账项核对相符,具体方法如下:

(1)看总账资产类科目各账户与负债、所有者权益类科目各账户的余额合计数是否相符,即:

$$总账资产类账户余额 = \sum 总账负债、所有者权益类账户余额$$

$$总账各账户借方发生额(或贷方发生额) = \sum 总账各账户贷方发生额(或借方发生额)$$

(2)看总账各账户与所辖明细账户的各项目之和是否相符。总分类账户与其所属各明细分类账户之间本期发生额的合计数应相等,总分类账户与其所属各明细分类账户之间的期初或期末余额应相等。

(3)看会计部门的总账、明细账与有关职能部门的账、卡是否相符,包括会计部门有关财产物资明细分类账的余额应与财产物资保管部门和使用部门经管的明细记录的余额定期核对相符,各种债权、债务明细账的余额应经常或定期与有关债务人、债权人核对相符,现金和银行存款日记账余额应与总分类账有关账户的余额定期核对相符等。

3. 账实相符

账实相符是指各种财产物资的账面余额与实际数额核对一致,主要方法如下:

(1)现金日记账的账面余额与现金实际库存数额应每日核对并填写库存现金核对情况报告单作为记录。发生长、短款时,应即列作"待处理财产损溢",待查明原因经批准后再进行处理。小企业会计主管应经常检查此项工作。

(2)对库存现金进行清查核对时,出纳人员必须在场,不允许以借条、收据充抵现金。要查明库存现金是否超过限额,是否存在"坐支"问题。

(3)银行存款日记账的账面余额应与开户银行对账单核对。每收到一张银行对账单,经管人员都应及时核对完毕,每月编制一次"银行存款余款调节表",会计主管人员应每月至少检查一次。

(4)"短期投资"账户中的有价证券应与实存有价证券(如国库券、重点企业债券、股票或收款票据等)核对相符,每半年至少核对一次。

(5)商品、产品和原材料等明细账的账面余额应定期与库存数相核对,对其他财产物资账户也要定期核对,年终要进行一次全面清查。

(6)各种债权、债务类明细账的账面余额要与债权人、债务人的账面记录进行核对、清理。对于核对、清理结果,要及时以书面形式向会计主管人员汇报,并报小企业领导人。对于存在的问题,应采取措施,积极解决。

(7)出租、租入、出借、借入财产等账簿,除合同期满应进行清结外,应定期核对,以确保账实相符。

通过上述对账工作,做到账证相符、账账相符和账实相符,使会计核算资料真实、正确、可靠。

温馨提示 小企业应当设置"待处理财产损溢"账户,用以核算小企业在清查财产过程中查明的各种财产盘盈、盘亏和毁损的价值。该账户应按照"待处理流动资产损溢"和"待处理非流动资产损溢"进行明细分类核算,并在年末结账前处理完毕,处理后,"待处理财产损溢"账户应无余额。小企业发生的各种损失应按照规定的程序向主管税务机关申报后方能在税前扣除,未经申报的损失不得在税前扣除。

二、试算平衡

(一)试算平衡的基本原理

应用平衡原理,对一切经济业务都要从借、贷两方采用相等的金额来记录资金变化情况并遵循"有借必有贷,借贷必相等"的记账规律,所以,全部账户借方和贷方的发生额合计数及期末借方和贷方的余额合计数存在必然相等的关系,这是试算平衡的理论基础(如图8-5所示)。

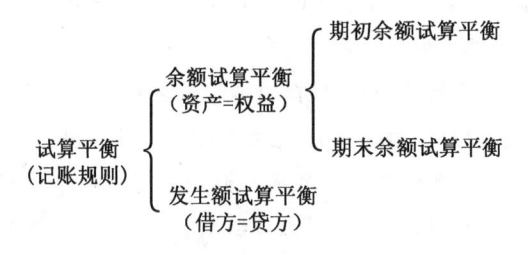

图8-5 试算平衡原理与基本方法

在借贷记账法下,试算平衡的具体内容包括检查每笔会计分录的借、贷金额是否平衡,检查总分类账户的借、贷发生额是否平衡,检查总分类账户的借、贷余额是否平衡等。若发现不平衡,一定要查出原因并予以纠正。

在实际工作中,这种试算平衡通常是通过编制试算平衡表来进行的。试算平衡表分为两种：一种是将本期发生额和期末余额分别编制,另一种是将本期发生额和期末余额合并在一张表上进行试算平衡。

(二)试算平衡的基本方法

试算平衡的基本方法是根据"有借必有贷,借贷必相等"的平衡原理检查和验证账户记录的正确性。在实务工作中,编制试算平衡表的目的之一是在结计利润之前及时发现错误并予以更正。试算平衡表可以定期或不定期地编制。

借贷记账法下的试算平衡有账户发生额试算平衡法和账户余额试算平衡法两种。

1. 账户发生额试算平衡法

账户发生额试算平衡法是以本期全部账户的借方发生额合计数和贷方发生额合计数是否相等来检验账户记录正确性的一种试算平衡方法。其平衡公式如下：

全部账户本期借方发生额合计＝全部账户本期贷方发生额合计

2. 账户余额试算平衡法

账户余额试算平衡法是以全部账户期初或期末借方余额合计数和贷方余额合计数是否相等来检验账户记录正确性的一种试算平衡方法。其平衡公式如下：

全部账户借方余额合计＝全部账户贷方余额合计

在结账前,会计人员一般先把总分类账各账户按顺序排列,分别将账户的期初余额、本期发生额和期末余额的借、贷方金额列成一张表,以测试记账有无错误。这种测试方法被称为典型的试算平衡方法。试算结果,如果各个会计科目期末借、贷双方的余额总和相符(平衡),一般只是说明记账规律的运用基本无误；如果不平衡,则必须及时查明差错原因并予以更正。

讯达公司根据第四章、第五章、第六章和第七章发生的各项经济业务涉及的总分类账户的期初余额、本期发生额和期末余额汇总列出"总分类账户本期发生额对照表"(如表8-3所示),并进行试算平衡。

表 8—3　　　　　　　　讯达公司总分类账户本期发生额对照表
×× 年 × 月

会计账户	期初余额 借方	期初余额 贷方	本期发生额 借方	本期发生额 贷方	期末余额 借方	期末余额 贷方
库存现金	200.00		11 900.00	11 900.00	200.00	
银行存款	945.00		387 550.00	155 945.00	232 550.00	
应收账款	20 000.00		36 050.00	36 050.00	20 000.00	
预付账款			106 600.00	2 200.00	104 400.00	
在途物资			20 950.00	20 950.00	0.00	
原材料	131 650.00		20 950.00	29 900.00	122 700.00	
库存商品	21 000.00		35 450.00	43 905.00	12 545.00	
生产成本	12 900.00		45 175.00	35 450.00	22 625.00	
制造费用			5 475.00	5 475.00	0.00	
固定资产	321 870.00		120 000.00		441 870.00	
累计折旧		48 135.00		1 759.00		49 894.00
无形资产			10 000.00		10 000.00	
累计摊销				1 000.00		1 000.00
管理费用			12 200.00	12 200.00	0.00	
财务费用			300.00	300.00	0.00	
应付职工薪酬		9 100.00	11 900.00	13 566.00		10 766.00
短期借款				20 000.00		20 000.00
应付账款		60 000.00	11 950.00	11 950.00		60 000.00
应付利息		600.00	900.00	300.00		0.00
应交税费		0.00	2 856.00	4 186.00		1 330.00
其他应付款		40 100.00	100.00			40 000.00
应付利润		1 870.00		10 000.00		11 870.00
长期借款				30 000.00		30 000.00
实收资本		300 000.00		380 000.00		680 000.00
盈余公积		18 760.00		2 327.00		21 087.00

续表

会计账户	期初余额 借方	期初余额 贷方	本期发生额 借方	本期发生额 贷方	期末余额 借方	期末余额 贷方
本年利润		280 000.00	61 830.00	85 100.00		303 270.00①
利润分配	250 000.00		12 327.00		262 327.00	
主营业务收入			85 000.00	85 000.00		
主营业务成本			43 905.00	43 905.00		
税金及附加			306.00	306.00		
销售费用			1 121.64	1 121.64		
营业外收入			100.00	100.00		
营业外支出			2 667.36	2 667.36		
所得税费用			1 330.00	1 330.00		
合　计	758 565.00	758 565.00	1 048 893.00	1 048 893.00	1 229 217.00	1 229 217.00

试算的目的是检查过账有无错误。试算平衡表的作用不仅仅为了试算、查错,而且可以用来作为账目整理、结账和编制财务报表的底稿之一。

温馨提示　通过试算平衡表来检查账簿记录是否正确是一种可行的试算方法,但这并不意味着试算平衡后的数据绝对正确无误。如果借贷不平衡,账户记录或者计算肯定有错误;如果借贷平衡,因为有些错误并不影响借、贷双方的平衡关系,如借、贷双方发生同等金额的记录错误、全部漏记或重复记录同一项经济业务,账户记录发生借、贷方向错误或用错有关账户名称等,就需要采用其他方法来查找。

三、结账

(一)结账的基本程序

为了了解某一会计期间(如月份、季度、年度)的经济活动情况,考核经营成果,必须在每一会计期间终结时进行结账。结账工作也是编制财务报表的先决条件。

结账是将本期所发生的经济业务在全部登记入账的基础上,结算出各种账簿的

---

①　本年利润的贷方余额减去利润分配的借方余额就是未分配利润,如表期末余额中的本年利润(303 270)－利润分配(262 327)＝40 943(元),就是资产负债表期末未分配利润数据的来源。

本期发生额和期末余额的记账行为。会计期间一般按日历时间划分为年、季和月,结账于各会计期末进行,可分为月结、季结和年结。

结账前,必须将属于本会计期间内发生的各项经济业务和应由本会计期间受益的收入、负担的费用全部登记入账,在此基础上才能保证结账的有用性,确保财务报表的正确性。不得把将要发生的经济业务提前入账,也不得把已经在本会计期间发生的经济业务延至下期(甚至后期)入账。

结账的基本程序如下:(1)将本会计期间发生的经济业务事项全部登记入账,并保证其正确性;(2)根据权责发生制的要求,调整有关账项,合理确定本会计期间应计的收入和费用,包括应计收入和费用的调整、收入分摊和成本分摊的调整等;(3)将损益类账户转入"本年利润"账户,结平所有损益类账户;(4)结算出资产、负债和所有者权益账户的本期发生额和余额,并结转下期。

(二)结账的基本方法

结账时,应当结出每个账户的期末余额。需要结出当月(季、年)发生额的账户,如各项收入、费用账户等,应单列一行登记发生额,在"摘要"栏内注明"本月(季)合计"或"本年累计"。结出余额后,应在余额前的"借或贷"栏内注明"借"或"贷";没有余额的账户,应在"余额"栏前的"借或贷"栏内注明"平",并在"余额"栏内用"0"表示。为了突出本期发生额及期末余额,表示本会计期间的会计记录已经截止或者结束,应将本期与下期的会计记录明显分开,结账一般要画"结账线"。画线时,月结和季结用单线,年结用双线。画线应采用红线并应画通栏线,不能只在账页中的金额部分画线。

年度终了结账时,有余额的账户要将其余额结转至下一个会计年度,并在"摘要"栏内注明"结转下年";在下一个会计年度新建有关会计账簿的第一行"余额"栏内填写上年结转的余额,并在"摘要"栏内注明"上年结转"。

第四节 根据账簿编制报表

会计期末,小企业在将现金日记账和银行存款日记账的余额以及各种明细账的余额合计数分别与总分类账中有关账户的余额核对相符的基础上,经过试算平衡,根据总分类账和明细分类账编制财务报表。

财务报表是小企业对外提供会计信息的重要载体。讯达公司参照《小企业会计准则》编制了简化的资产负债表和利润表如表8-4和表8-5所示。

表 8—4　　　　　　　　　　　　　资产负债表(简式)

编制单位:讯达公司　　　　　20××年12月31日　　　　　　　　　　单位:元

资　产	期末余额	年初余额	负债和所有者权益	期末余额	年初余额
流动资产:			流动负债:		
货币资金	232 750.00	1 145.00	短期借款	20 000.00	0.00
应收账款	20 000.00	20 000.00	应付账款	60 000.00	60 000.00
预付账款	104 400.00	0.00	应付职工薪酬	10 766.00	9 100.00
存货	157 870.00	165 550.00	应交税费	1 330.00	0.00
其中:原材料	122 700.00	131 650.00	应付利息	0.00	600.00
在产品	22 625.00	12 900.00	应付利润	11 870.00	1 870.00
库存商品	12 545.00	21 000.00	其他应付款	40 000.00	40 100.00
			流动负债合计	143 966.00	111 670.00
流动资产合计	515 020.00	186 695.00	非流动负债:		
			长期借款	30 000.00	0.00
非流动资产:			非流动负债合计	30 000.00	0.00
固定资产原价	441 870.00	321 870.00	负债合计	173 966.00	111 670.00
减:累计折旧	49 894.00	48 135.00	所有者权益:		
固定资产账面价值	391 976.00	273 735.00	实收资本	680 000.00	300 000.00
无形资产	9 000.00	0.00	盈余公积	21 087.00	18 760.00
			未分配利润	40 943.00	30 000.00
非流动资产合计	400 976.00	273 735.00	所有者权益合计	742 030.00	348 760.00
资产总计	915 996.00	460 430.00	负债和所有者权益总计	915 996.00	460 430.00

表 8—5　　　　　　　　　　　　　利润表(简式)

编制单位:讯达公司　　　　　　20××年　　　　　　　　　　　　单位:元

项　　目	本年累计金额	上期金额
一、营业收入	85 000.00	50 000.00
减:营业成本	43 905.00	26 300.00
税金及附加	306.00	180.00
销售费用	1 121.64	1 300.00
管理费用	12 200.00	12 000.00

续表

项 目	本年累计金额	上期金额
财务费用	300.00	220.00
加:投资收益(损失以"-"号填列)		
二、营业利润(亏损以"-"号填列)	27 167.36	10 000.00
加:营业外收入	100.00	
减:营业外支出	2 667.36	
三、利润总额(亏损总额以"-"号填列)	24 600.00	10 000.00
减:所得税费用	1 330.00	500.00
四、净利润(净亏损以"-"号填列)	23 270.00	9 500.00

第五节 会计信息化与会计档案[*]

一、会计信息化工作规范

(一)会计信息化的优势

会计信息化是指利用计算机、网络通信等现代信息技术开展会计核算,以及利用上述技术手段将会计核算与经营管理活动有机结合的过程。

信息化与手工记账有着不同的环境。在手工记账环境下,对会计处理过程的追溯依靠纸面凭证、账簿、报表形成的完整证据链。而在信息化环境下,会计处理过程除了凭证等证据外,还可以有用户操作日志,详细记录每项操作。会计信息化的优势:一是提高效率,二是增进会计核算的及时性,三是避免人工差错,四是防止舞弊,五是提高系统间数据的一致性。随着经营管理的不断发展,必然要求信息更高层次的共享和更大范围的集中,会计信息化势在必行。

(二)会计资料无纸化管理的基本条件

小企业内部生成的会计凭证、账簿和辅助性会计资料,同时满足下列条件的,可以不输出纸面资料:(1)所记载的事项属于小企业重复发生的日常业务;(2)由小企业信息系统自动生成;(3)可及时在小企业信息系统中以人类可读形式查询和输出;(4)小企业信息系统具有防止相关数据被篡改的有效机制;(5)小企业对相关数据建立了电子备份制度,能有效防范自然灾害、意外事故和人为破坏的影响;(6)小企业对电子和纸面会计资料建立了完善的索引体系。

小企业获得的需要外部单位或者个人证明的原始凭证和其他会计资料,同时满足下列条件的,可以不输出纸面资料:(1)会计资料附外部单位或者个人符合《中华人民共和国电子签名法》(以下简称《电子签名法》)规定的可靠电子签名;(2)电子签名经符合《电子签名法》的第三方认证;(3)满足小企业内部生成的会计资料无纸化管理基本条件中第(1)项、第(3)项、第(5)项和第(6)项的规定。

尽管无纸化是方向,但从会计资料作为会计核算结果的证据和线索及具有保存价值来讲,会计资料无纸化不是无条件的,只有在保证会计事项可追溯的情况下才能实施无纸化管理。

(三)会计信息化控制要点

小企业应当遵循企业内部控制规范的要求,加强对会计信息系统的规划、设计、开发、运行和维护全过程的控制,将控制过程和控制规则融入会计信息系统,实现对违反控制规则情况的自动防范和监控,提高内部控制水平。

第一,会计软件应当提供不可逆的记账功能,确保对同类已记账凭证的连续编号,不得提供对已记账凭证的删除和插入功能,不得提供对已记账凭证日期、金额、科目和操作人的修改功能。

不可逆的记账功能强调的是记账后果,而不是记账过程,与会计软件对记账操作如何进行后台处理无关。也就是说,凭证记账后,该凭证对相关科目发生额和余额的影响就发生效力,此后不管以任何条件输出账簿和报表,该凭证的影响都应当予以反映。已记账凭证产生的后果不可撤销。用红字凭证更正记账错误,对冲的两张凭证都产生了记账后果,不属于这里所说的逆向操作。

第二,重视对记账顺序的保护:一是对已记账凭证的连续编号,二是对已记账凭证删除和插入的禁止。两者相结合才能保证记账的原始顺序不被篡改。

在信息化条件下,对数据的增、删、改变得十分便利。但便利性是一把"双刃剑",它能提高会计工作的效率,也会对会计核算过程的可信赖和可追溯造成威胁。例如,会计软件提供反审核、反记账或反结账等各种逆向操作功能,导致会计核算过程失去严肃性,核算结果随意可变。这正是当前会计软件乱象中比较突出的一个问题,也是工作规范重点治理的领域之一。

第三,重视对记账内容的保护,禁止对已记账凭证关键信息的修改。关键信息是指日期、金额、科目和操作人。这里的日期包括记账凭证上记载的任何日期,如制单日、审核日和记账日等。操作人包括经手记账凭证的所有人员,如出纳、会计和审核人等。

在核算流程中，记账是改变账户发生额和余额，最终决定报表数据的重要步骤。因此，对记账功能和已记账凭证进行控制，防止对相关数据的随意篡改，是会计软件必须满足的要求。其他情况下的数据修改，如对尚未记账凭证的删除或重新打开已结账会计期间补充记账，在操作日志功能完备的情况下，不仅不会对会计核算的严肃性造成损害，而且能方便小企业更正错误，因而工作规范对此未做限制。

第四，严格遵循电子签名的法律规定。电子签名是指数据电文中以电子形式所含、所附用于识别签名人身份并表明签名人认可其中内容的数据，即通过密码技术对电子文件所进行的电子形式的签名应当符合《电子签名法》的规范要求，这也是外部获取无纸化会计资料的法律依据。电子签名不仅可以达到纸面签章的效果，而且其可靠性是纸面签章以及任何纸面防伪技术所不可比的。

电子签名技术应当确保经签名的电子数据一旦被篡改即能被发现，从而保证电子数据的真实性和完整性，至少应当满足以下条件：一是电子签名应当是对会计资料进行认可的外部个人或者机构的，而不是小企业自身的；二是电子签名应当是"可靠的"。

可靠的电子签名必须同时符合以下条件：(1)电子签名制作数据用于电子签名时，属于电子签名人专有；(2)签署时，电子签名制作数据仅由电子签名人控制；(3)签署后，对电子签名的任何改动都能够被发现；(4)签署后，对数据电文内容和形式的任何改动都能够被发现。

(四)会计监督与会计无纸化

符合条件的小企业对会计资料进行无纸化管理意味着对小企业开展会计监督，包括注册会计师审计和政府监管机构的检查，都不能要求小企业提供全套纸面会计资料。但是，小企业应当对会计监督工作提供必要的帮助和支持，对于监督人员需要查阅和输出的电子资料，包括需要作为证据带走的电子会计资料，小企业仍应当根据要求查询、打印，必要时进行签章确认。

二、会计资料与会计档案管理

(一)会计档案及其归档对象

会计资料的范围比会计档案广。会计档案是会计资料，但不是所有会计资料都是会计档案，只有具有长期保存价值并归档保存的会计资料才属于会计档案。

会计档案是指在进行会计核算等过程中接收或形成的，记录和反映经济业务事项的，具有保存价值的文字、图表等各种形式的会计资料，包括通过计算机等电子设备形成、传输和储存的电子会计档案。小企业必须执行中华人民共和国财政部、国家档案局令第 79 号《会计档案管理办法》的规定。

下列会计资料应当归档：(1)会计凭证，包括原始凭证和记账凭证；(2)会计账簿，包括总账、明细账、日记账、固定资产卡片及其他辅助性账簿；(3)财务会计报告，包括月度、季度、半年度和年度财务会计报告；(4)其他会计资料，包括银行存款余额调节表、银行对账单、纳税申报表、会计档案移交清册、会计档案保管清册、会计档案销毁清册、会计档案鉴定意见书及其他具有保存价值的会计资料。

(二)电子会计档案

小企业内部形成的、同时满足下列条件的、属于归档范围的电子会计资料可仅以电子形式保存，形成电子会计档案：(1)形成的电子会计资料来源真实、有效，由计算机等电子设备形成和传输；(2)使用的会计核算系统能够准确、完整、有效地接收和读取电子会计资料，输出符合国家标准归档格式的会计凭证、会计账簿和财务会计报告等会计资料，设定了经办、审核、审批等必要的审签程序；(3)使用的电子档案管理系统能够有效接收、管理和利用电子会计档案，符合电子档案的长期保管要求，并建立了电子会计档案与相关联的其他纸质会计档案的检索关系；(4)采取有效措施，防止电子会计档案被篡改；(5)建立电子会计档案备份制度，能够有效防范自然灾害、意外事故和人为破坏的影响；(6)形成的电子会计资料不属于具有永久保存价值或者其他重要保存价值的会计档案。

(三)归档责任

会计机构或会计人员按照归档范围和归档要求，负责定期将应当归档的会计资料整理立卷，编制会计档案保管清册，按照国家档案管理的有关规定办理移交手续。纸质会计档案移交时应当保持原卷的封装。电子会计档案移交时应当将电子会计档案及其元数据一并移交，且文件格式应当符合国家档案管理的有关规定。特殊格式的电子会计档案应当与其读取平台一并移交。

当年形成的会计档案，在会计年度终了后，可由小企业会计管理机构临时保管 1 年(最长不超过 3 年)再移交小企业档案管理机构保管。临时保管期间，会计档案的保管应当符合国家档案管理的有关规定，出纳人员不得兼管会计档案。

会计档案的保管期限分为永久和定期两类。其中，年度财务会计报告，会计档案保管清册、销毁清册和鉴定意见书永久保存；会计凭证、会计账簿和会计档案移交清册的最短保管期限为 30 年，其他会计资料的最短保管期限为 10 年。

第九章

财税融合与纳税申报*

第一节 税法导向会计概述

一、税法导向会计的理性选择

在财务会计与税务会计的问题上,由于各国法律环境等诸多因素的差异,逐步形成了三种会计模式:一是财务会计与税务会计分离模式(社会公认型),如英美法系国家注重投资人利益导向,两者之间的差异调整较大;二是财务会计与税务会计合一模式(法治型),如大陆法系国家注重政府财税导向,两者之间的差异调整较小,主要体现在所得税永久性差异的调整方面;三是财务会计与税务会计混合模式(准法治型或称协调型),如日本、荷兰等,差异调整情况介于上述两种模式之间。

在我国,认为会计与税法应当适度分离的理由:一是税收与会计的目标不同,分离是必要的,虽然小企业会计信息的主要使用者是税务部门,但会计以提供真实、完整的会计信息为前提,税法以确保税金的强制征收为前提,两者的目的、意义、原则均不相同;二是新的所得税法实施以后,税法与会计的差异大为减少,会计上的很多理念已被税法所采纳,而且小企业本身业务单一,需要纳税调整的事项不多;三是若会计与税法完全一致,可能造成一些会计处理偏离会计基本准则的原则要求。

以税法为导向就是要求会计与现行税收法规政策尽可能协调一致,最大限度地消除会计与税收之间的差异,减少小企业在计税过程中涉及的纳税调整事项,同时减少税务部门对小企业的计征成本、提高征管效率,并有助于促进小企业实行查账征收。

我国财政部在制定《小企业会计准则》时采纳了以税法为导向的观点,以满足小企业会计信息使用者(主要为税务部门)的需求为根本出发点,最大限度地消除小企业会计与税法的差异。这样做既有利于提高会计信息的有用性,也有利于在保证会计信息真实、可比的前提下减少会计核算和纳税申报的工作量,符合成本效益原则。

著名会计学家盖地教授认为:"首先,小企业没有向社会公开披露会计信息的法定义务;其次,小企业无法而且也没有必要采用那么复杂的《企业会计准则》。"他所倡导的会计记录体现税收法规与会计准则的"混合",在不少院校的教学过程中得以实践。他主编的教材的一大特点是将会计核算与税法规定紧密结合,融为一体,以利于会计人员日常操作,这称为"财税结合"。

会计与税制都需要精简。小企业会计精简的主攻方向就是以税法为导向,而"简税制,宽税基,低税率,严征管"也正是我国税制改革的发展方向。例如,对于小规模经营的纳税人,由于其会计核算不健全,难以准确申报增值税销项税和进项税,税务机关也难以核实,可以对其实行简易计税办法计算缴纳增值税的,其购入货物或接受应税劳务所支付的增值税税额可以直接计入有关货物及劳务的成本,而不采用价税分离那样复杂的征收体系与计税方法。

概念辨析 简易计税办法与一般计税方法的区别:

一是适用范围不同。一般纳税人提供应税服务适用一般计税方法计税,小规模纳税人提供应税服务适用简易计税方法计税。

二是计算方法不同。一般计税方法的应纳税额是指当期销项税额抵扣当期进项税额后的余额。当期销项税额小于当期进项税额不足抵扣时,其不足部分可以结转下期继续抵扣。简易计税方法的应纳税额是指按照销售额和增值税征收率计算的增值税税额,不得抵扣进项税额。

简并增值税税率也是为了简化税制,减税降负。2014年6月18日,财政部、国家税务总局发布《关于简并增值税征收率政策的通知》(财税〔2014〕57号)决定简并和统一增值税征收率,将6%和4%的增值税征收率统一调整为3%。2017年4月,财政部、国家税务总局发布《关于简并增值税税率有关政策的通知》(财税〔2017〕37号)取消了13%的税率。2018年4月,财政部、国家税务总局出台《关于调整增值税税率的通知》,规定原适用17%和11%税率的,分别调整为16%和10%。

我国税收征管区别不同企业、不同情况允许采用不同的税款征收方式:

(1)查账征收。这是税务机关按照纳税人提供的账表所反映的经营情况,依照适用税率计算缴纳税款的方式,适用于账簿、凭证、会计等核算制度比较健全,能够据以如实核算生产经营情况,正确计算应纳税款的纳税人。

(2)核定征收。这是税务机关对不能完整、准确提供纳税资料的纳税人,采用特定方法确定其应纳税收入或应纳税额,纳税人据以缴纳税款的一种征收方式,包括:

①查定征收,是指由税务机关根据纳税人的从业人员、生产设备、原材料消耗等因素,在正常生产经营条件下,对其生产的应税产品,查实核定产量、销售额并据以征收税款的一种方式,适用于生产规模较小、账册不健全、产品零星、税源分散的小型厂矿和作坊。

②查验征收,是指税务机关对纳税人的应税商品通过查验数量,按市场一般销售单价计算其销售收入并据以征税的方式,适用于对城乡集贸市场中的临时经营者和机场、码头等场所的经销商的课税。

③定期定额征收,是指对一些营业额、所得额不能准确计算的小型工商户,经过自报评议,由税务机关核定一定时期的营业额和所得税附征率,实行多税种合并征收的方式。

二、税法导向会计的主要特点

(一)税法导向会计有助于驱动业财税融合

税收具有强制性、无偿性和固定性。每一家小企业都是一个纳税主体,其发生的涉税业务都应当按照税法的规定及时、足额地向税务机关上缴税费,这是小企业应尽的义务,也是涉税核算的主要对象,两者汇集并综合反映在利润表等会计信息与纳税申报表等税务信息中,并应当注意两者之间的协调关系与勾稽关系。

税务部门是小企业会计信息的主要需求者,《小企业会计准则》在制定的过程中采取"税法导向"为主的原则,在业务活动、会计处理与相关税收规定方面尽可能协调一致,从而有助于减少小企业的调整事项、税务差错与纳税风险。

(二)税法导向会计要求更加关注现行税收政策的应用

小企业申报的税种主要包括增值税、企业所得税、城市维护建设税、教育费附加、地方教育附加、个人所得税和印花税等。

我国采用差别税制,分别对小微企业、小型微利企业或小规模纳税人给予优惠政策。小企业尤其应当及时关注增值税及附加、企业所得税等优惠政策的调整变化,税收优惠的纳税期限和申报期限,行业特殊优惠政策的适用条件等。例如,2020年3月1日至5月31日,为做好"新冠"肺炎疫情防控,同时加快复工复业,对小规模纳税人适用3%征收率的应税销售收入减按1%征收率征收增值税(财政部税务总局公告

2020年第13号）。

（三）税法导向会计简化了涉税业务核算

小企业设置"应交税费"和"税金及附加"账户用以集中反映涉税信息，一方面简化了税务业务核算，另一方面方便了对账、查账。

"应交税费"账户用以全面核算按照现行税法和权责发生制要求计算应缴纳的各种税费。该账户是全面反映小企业与税务机关或财政部门之间发生的税务关系的负债类账户，贷方反映应缴纳的各种税金的数额；借方反映实际缴纳的各种税金的数额；期末贷方余额反映小企业尚未缴纳的税费；期末如为借方余额，则反映小企业多缴或尚未抵扣的税费。

"税金及附加"是指除企业所得税、允许抵扣的增值税、与最终确认营业外收支相关的税费（在"营业外收入""营业外支出"和"固定资产清理"等账户核算）以外的各种税费，反映小企业开展日常生产经营活动应当承担的税费的全貌。

"税金及附加"账户的核算内容包括小企业经营活动应负担的消费税、城市维护建设税、资源税、土地增值税、城镇土地使用税、房产税、车船税、印花税、教育费附加、矿产资源补偿费和排污费等相关税费。该账户应按照税费种类进行明细分类核算。小企业按照规定计算确定的与其日常生产经营活动相关的税费，借记"税金及附加"账户，贷记"应交税费"等账户。月末，应将"税金及附加"账户的余额转入"本年利润"账户，结转后"税金及附加"账户应无余额。

三、涉税业务核算与纳税申报要求

会计核算与税务活动存在普遍联系。税务活动导致会计核算，会计核算反映税务活动。在财税融合的情况下，涉税业务核算与纳税申报对象基本一致，两者之间的少量差异可以协调，其协调的内容与方式往往就体现在涉税核算的结果——纳税申报表上。

纳税申报是指纳税人按照税法规定的期限和内容向税务机关提交有关纳税事项的书面报告的法律行为，是纳税人履行纳税义务、承担法律责任的主要依据，是税务机关税收管理信息的主要来源和税务管理的一项重要制度，也是小企业税务核算应当承担的责任。

纳税申报的对象是指负有纳税义务的纳税人或者负有代扣代缴税款义务的扣缴义务人。纳税申报包括正常申报、减免申报、零申报、定期定额申报和延期申报等。

对纳税人而言，按时、如实申报是纳税人应尽的义务；对税务部门而言，纳税申报是征收管理过程中的核心环节，也是税务机关信息数据的基础来源。把好申报关，提高纳税申报质量,是加强征管、保证税收收入的关键性措施。纳税申报与税款征收流程如图9-1所示。

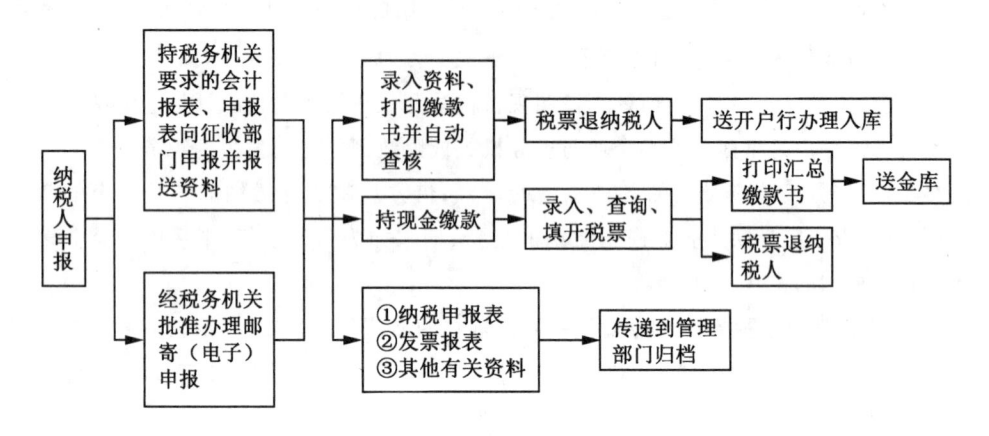

图 9-1 纳税申报与税款征收流程

从事生产经营的纳税人应当自领取营业执照之日起 30 日内向生产经营地或者纳税义务发生地的主管税务机关申报办理税务登记,如实填写税务登记表,并按照税务机关的要求提供有关证件、资料。

从事生产经营的纳税人应当自开立基本存款账户或者其他存款账户之日起 15 日内向主管税务机关书面报告其全部账号;发生变化的,应当自变化之日起 15 日内向主管税务机关书面报告。

纳税人因住所、经营地点变动,涉及改变税务登记机关的,应当在向工商行政管理机关或者其他机关申请办理变更或者注销登记前或者住所、经营地点变动前,向原税务登记机关申报办理注销税务登记,并在 30 日内向迁达地税务机关申报办理税务登记。

纳税申报及其核算的基本要求如下:

第一,及时申报。纳税人、扣缴义务人必须按照税收法律法规的要求或者税务机关依照税收法律法规确定的申报期限,及时向税务机关报送有关报表,办理纳税申报事宜,即纳税人、扣缴义务人要在申报期限内向税务机关办理纳税申报事宜。

第二,全面申报。纳税人、扣缴义务人要按照要求报送纳税申报表、扣缴税款报告表和其他有关报表。要求纳税人、扣缴义务人报送的报表和有关资料齐全、完整,报表内的申报项目填报齐全、完整。

第三,如实申报。纳税人、扣缴义务人要按照实际发生的业务,如实、全面地向税务机关申报,数据要真实、准确、完整,不得编造、隐瞒有关数据和经营情况。

所有纳税申报都是有申报期限等具体规定的,小企业应当指定办税人员如实、按期办理纳税申报。小企业应当按月将纳税申报资料装订成册并按规定保管好。

四、纳税申报方式及其申报流程

纳税申报方式有自行申报、邮寄申报、数据电文申报等,其征收流程如图9-2所示。

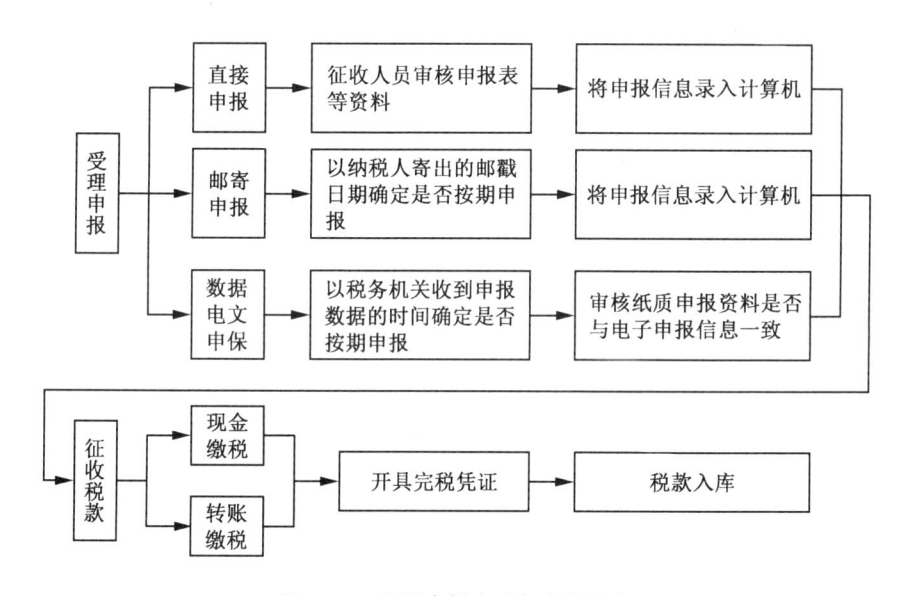

图9-2 纳税申报方式与申报流程

实行定期定额缴纳税款的纳税人可以实行简易申报、简并征期等申报纳税方式。

简易申报是通过以缴代报,当期可不办理纳税申报手续的一种便利征税方式。纳税人在税务机关规定的期限内按照法律、行政法规的规定缴清应纳税款,当期(纳税期)可以不办理申报手续,在定额执行期结束后再将每月实际发生的经营额和所得额一并向税务机关申报。这种方法既节省了时间、降低了纳税成本,也符合及时、足额征收税款的原则。也就是说,按期纳税即视同申报,未按期纳税即构成未进行纳税申报。

简并征期是指纳税人经税务机关批准,可以采取将纳税期限合并为按季、半年或年的方式缴纳税款,具体期限由省级税务机关根据具体情况确定。简并征期简化了税款征收程序,适用于实行定期定额征收方式的个体工商户(或个人独资企业)经营地点偏远、缴纳税款数额较小或者税务机关征收税款有困难的情况。

小微企业也可以委托税务师事务所办理纳税代理申报业务。[①]

第二节 增值税核算实务

一、增值税概述

(一)增值税的含义

增值税是以商品价值中的增值额为课税依据所征收的一种流转税,即对商品生产和流通过程中各个环节的新增价值征税,故称"增值税"。

增值额是商品在生产和流通过程中各个环节的新增价值,即销售额减去外购货物及劳务支出金额的部分,也就是纳税人在一定时期内所取得的商品销售(或劳务)收入大于购进商品(或取得劳务)所支付金额的差额。例如,某公司本期销售产品取得销售额100万元,本期外购材料与劳务的支出为60万元,那么,其增值额为40万元(100－60)。增值税就是对本环节增值的40万元课税。若该公司适用的增值税税率为13%,则其应纳增值税税额为5.2万元(40×13%)。

在纳税实务中,采用"税款抵扣制"的间接计算办法,即从事货物销售以及提供应税劳务的纳税人,要根据货物或应税劳务的销售额,按照规定的税率计算税款,扣除上一道环节已纳增值税税款,其余额即纳税人应缴纳的增值税税款。承前例,该公司购进材料与劳务应承担的税额为7.8万元(60×13%),其销售产品应收取的销项税额为13万元(100×13%),则本期应纳增值税税额为5.2万元(13－7.8)。

(二)增值税的特征

1. 不重复征税

增值税是以增值额作为计税依据,只对销售额中本企业新创造的、未征过税的价值征税,纳税企业实际缴纳的增值税是销项税额减去进项税额后的差额,也就是只对货物或劳务销售额中没有征过税的那部分增值额征税,对销售额中属于转移过来的、以前环节已征过税的那部分销售额则不再征税。

2. 税负转嫁

由于采用税款抵扣制,商品流通过程中各个环节的纳税人购进货物时随同购进货物的价款向销售方支付进项税额,销售时随同销售产品的价款向购买方收取销项

[①] 详见《小微企业纳税代理业务指引(试行)》(中税协〔2019〕040号)。

税额,再将销项税额扣除进项税额的差额作为应纳税额上缴政府,这样,在流转过程中纳税人本身并不承担增值税税款。税款抵扣环环相连,随着各个环节交易活动的进行,增值税税负具有逐环节向前推移的特点,作为纳税人的生产经营者并不是增值税的真正负担者,只有最终消费者才是全部税款的真正负担者。

3. 凭票管理,凭票抵扣

为了保证税款抵扣制度的实施,税务部门必须通过增值税发票对纳税人的交易进行管理。根据税法的规定,发生交易行为时,销售方应该开具增值税发票给购买方,发票上注明货物的价款、税款及价税合计数,销售方凭发票上价税合计的金额收取货款,而购买方凭发票上注明的税款在计算当期应纳税额时进行抵扣。在实际操作中,税务部门对发票的开具和使用有严格的规定,购买方取得发票抵扣联应当经过税务部门的认证后才能够进行抵扣。

在企业开办的涉税事项中,有关发票申领办理的基本流程如图9-3所示。

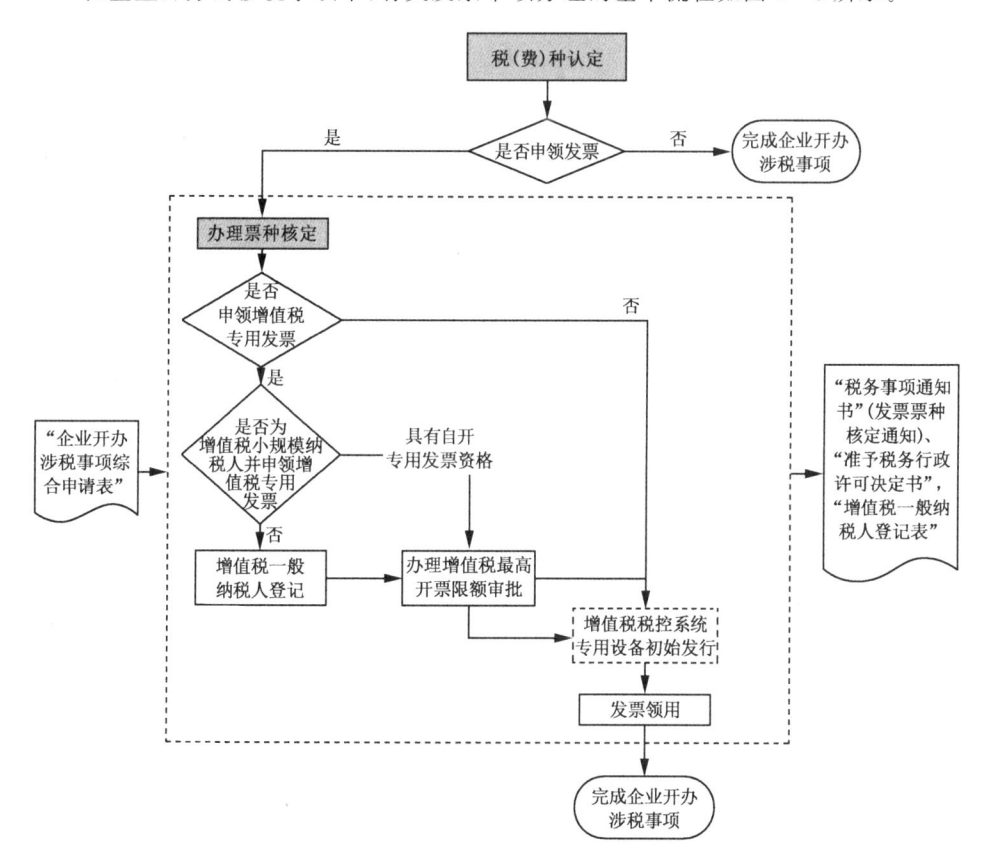

图9-3 企业开办涉税事项中的发票办理流程

小企业应设置发票登记簿,详细登记增值税专用发票、普通发票领购、缴销、结存等情况,以便查核。

4. 价外计税,价税分离

在商品交易过程中,销售方向购买方收取的款项应该包括两个部分:货物本身的价款和转移出去的税额(即销项税额),因而有"含税销售额"和"不含税销售额"之分,主要是指含不含向购买方收取的增值税税额。增值税以不含税销售额为计税依据,即计税价格不包含其本身的税额,税收负担明确。在开具的增值税专用发票上会分别标明货物的价款和增值税税款,但在商品零售环节,价款和税款未分开标明,这主要是考虑消费者的心理习惯,但并未改变增值税为价外税的性质。

5. 税基广阔,具有征收的普遍性和连续性

从生产经营的横向关系看,无论是工业、商业还是规定的劳务服务活动,只要有增值收入,就要纳税;从生产经营的纵向关系看,每一件货物,无论经过多少生产经营环节,都要按各道环节上发生的增值额逐次征税。对征税入库来说,增值税可以为国家取得稳定的、及时的财政收入。

6. 对不同经营规模的纳税人采取不同的计税方法

相对于其他税种而言,增值税的一个明显的特点是将纳税人分类管理,现行增值税按照销售额的大小和会计核算健全与否将纳税人划分为两类:一类为一般纳税人,采用购进扣税法计税;另一类为小规模纳税人,采用征收率的特殊办法征收。自2019年4月起增值税纳税人及其适用税率的具体规定摘要如表9—1所示。

表9—1　　　　　　　　　　增值税税率税目一览表

纳税人	税率名称	税率	具体税目(征税范围)
一般纳税人	基本税率	13%	销售或者进口货物,销售劳务,有形动产租赁服务
	低税率	9%	粮食等农产品、食用植物油、食用盐
			自来水、暖气、冷气、热气、煤气、石油液化气、天然气、二甲醚、沼气、居民用煤炭制品
			图书、报纸、杂志、音像制品、电子出版物
			饲料、化肥、农药、农机、农膜,国务院规定的其他货物
			交通运输服务、邮政服务、建筑服务、销售不动产
			基础电信服务,不动产租赁服务,转让土地使用权
		6%	销售无形资产、增值电信服务、金融服务、生活服务、现代服务
	零税率	0%	出口货物
小规模纳税人	征收率	3%	从事货物销售,提供增值税加工、修理修配劳务,以及"营改增"各项应税服务

概念辨析 按照财政部、国家税务总局《关于统一增值税小规模纳税人标准的通知》（财税〔2018〕33号）的规定，增值税小规模纳税人的标准为年应征增值税销售额500万元及以下。一般纳税人分多档税率分别征税；小规模纳税人企业只有一档征收率，每月销售额低于免税额的不需要缴税。一般纳税人价税分别核算，并按照销项税额与进项税额的差额纳税；小规模纳税人购进货物等按价税合计全额计入成本，不能进项抵扣。小企业在增值税的核算方面一般应当遵从现行增值税法的相关规定，基本上是"财税合一"的。

（三）增值税的分类

1. 生产型增值税

生产型增值税一般是指以销售收入总额减去所耗用的外购货物与劳务但不包括购进的固定资产后的余额为计税依据计算的增值税，主要特征在于不允许扣除购进固定资产所负担的增值税。生产型增值税的征收额度比较大，收入可控性较强，在推行增值税时被采用，属于过渡性的增值税类型。

2. 收入型增值税

收入型增值税一般是指以销售额减去外购货物、劳务和固定资产折旧额后的余额为计税依据计算的增值税，主要特征在于对投入的固定资产所含的增值税税额按照固定资产折旧进行逐步扣除。

3. 消费型增值税

消费型增值税一般是指以销售收入总额减去所耗用的外购货物与劳务及购进固定资产后的余额为计税依据计算的增值税，主要特征在于允许将购置的所有投入物，包括固定资产在内的已纳增值税税额一次性全部予以扣除。由于消费型增值税在采用发票扣税法上无困难，且发票扣税法能对每笔交易的税额进行计算并很方便地予以扣除，因此是一种先进、规范及轻税负的增值税类型。

二、一般纳税人应缴增值税的核算

（一）销项税额

销项税额是指纳税人发生应税行为按照销售额和增值税税率计算并收取的增值税税额。销项税额的计算公式如下：

$$销项税额 = 销售额 \times 适用税率$$

计算销项税额的销售额是指纳税人销售货物或者应税劳务向购买方收取的全部价款和价外费用，但不包括收取的销项税额。

纳税人采取折扣方式销售货物,销售额和折扣额在同一张发票的"金额"栏分别注明的,可以按折扣后的销售额征收增值税;未在同一张发票的"金额"栏注明折扣额而仅在发票的"备注"栏注明折扣额的,折扣额不得从销售额中减除。

一般纳税人销售货物或者应税劳务,采用销售额和销项税额合并定价方法的,可以按下列公式分解其销售额:

$$销售额 = \frac{含税销售额}{1+适用税率}$$

开具的增值税专用发票上应当分别注明销售额和销项税额。发票是指在购销商品、提供或者接受服务以及从事其他经营活动时开具或收取的收、付款项凭证。发票既是会计核算的主要依据,也是纳税申报的法定凭证。小企业使用发票应当符合《中华人民共和国发票管理办法》和《中华人民共和国发票管理办法实施细则》的有关规定。

一般纳税人销售商品(提供劳务)时,按营业收入和应收取的增值税税额,借记"应收账款"或"银行存款"等账户;按专用发票中注明的增值税税额,贷记"应交税费——应交增值税(销项税额)"账户;按确认的营业收入,贷记"主营业务收入"或"其他业务收入"等账户。发生销售退回时,做相反的会计分录。

(二)进项税额

进项税额是指纳税人购进货物、加工修理修配劳务、服务、无形资产或者不动产,支付或者负担的增值税税额。进项税额的计算公式如下:

$$进项税额 = 买价 \times 扣除率$$

凡是准予抵扣的进项税额,纳税人均应凭完税凭证向税务部门办理抵扣手续;资料不全的,其进项税额不得从销项税额中抵扣。

小企业采购物资等,按照应计入采购成本的金额,借记"在途物资""原材料"或"库存商品"等账户;按可抵扣的增值税税额,借记"应交税费——应交增值税(进项税额)"账户;按照应付或实际支付的金额,贷记"应付账款"和"银行存款"等账户。购入物资发生退货,做相反的会计分录。

购进免税农产品,按照购入农产品的买价和规定的税率计算的进项税额,借记"应交税费——应交增值税(进项税额)"账户;按照买价减去按规定计算的进项税额后的差额,借记"在途物资"等账户;按照应付或实际支付的价款,贷记"应付账款""库存现金"或"银行存款"等账户。

增值税进项税额是否可以抵扣需视情况按照现行税法的规定办理。下列项目的进项税额不得抵扣:(1)用于非增值税应税项目、免征增值税项目、集体福利或者个人消费的购进货物或者应税劳务;(2)非正常损失的购进货物及相关的应税劳务;(3)非正常损失的在产品、产成品所耗用的购进货物或者应税劳务;(4)国务院财政、税务主管部门规定的纳税人自用消费品;(5)本条第(1)项至第(4)项规定的货物的运输费用和销售免税货物的运输费用。

小企业购入材料等不能抵扣增值税的,发生的增值税计入材料等的成本,借记"在途物资""材料采购""固定资产"或"在建工程"等账户,贷记"银行存款"等账户,不通过"应交税费——应交增值税(进项税额)"账户核算。

购进的物资、在产品和产成品发生非正常损失以及购进物资改变用途等,其进项税额应相应转入有关账户,借记"待处理财产损溢"账户,贷记"应交税费——应交增值税(进项税额转出)"账户。

(三)应纳税额

增值税一般纳税人的应纳税额为当期销项税额抵扣当期进项税额后的余额,即:

应纳增值税税额＝当期销项税额－当期进项税额

因当期销项税额小于当期进项税额而不足以抵扣时,其不足部分可以结转下期继续抵扣。

缴纳增值税时,借记"应交税费——应交增值税(已交税金)"账户,贷记"银行存款"账户。

三、小规模纳税人的优惠政策

小规模纳税人因其会计核算不健全,不能准确核算进项税额、销项税额,故对其实行简易征收制度:小规模纳税人不能使用增值税专用发票,销售货物或提供应税劳务一般只可开具普通发票,并按销售额及规定的征收率缴纳增值税。

年应税销售额超过小规模纳税人标准的其他个人,按小规模纳税人纳税;非企业性单位、不经常发生应税行为的企业,可选择按小规模纳税人纳税。

小规模纳税人会计核算健全、能够提供准确的税务资料的,可以向主管税务机关申请资格认定,不作为小规模纳税人,而按照一般纳税人的有关规定计算应纳税额。会计核算健全是指能够按照规定设置账簿,根据合法、有效的凭证进行核算。

实行简易办法计算缴纳增值税的小规模纳税企业,不管是取得增值税专用发票还是普通发票,其购入货物或接受应税劳务所支付的增值税税额均应直接计入有关货物及劳务的成本。

小规模纳税人销售货物或提供应税劳务,如果能认真履行纳税义务的,经县(市)税务机关批准,可以由税务所代开专用发票;如果不能认真履行纳税义务的,不得代开专用发票,只能开具普通发票。但不管小规模纳税人开具何种发票,其应纳税额一律按照计税销售额(包括向购买者收取的全部价款和价外费用,不包括其应纳税额)和3%的征收率计算,不得抵扣进项税额。其计算公式如下:

$$应纳税额 = 销售额 \times 征收率$$

小规模纳税人的销售额不包括其应纳税额。小规模纳税人销售货物或应税劳务采用销售额和应纳税额合并定价方式的,按下列公式计算销售额:

$$销售额 = \frac{含税销售额}{1 + 征收率}$$

对于小规模纳税人来说,在上缴增值税时,应按实际缴纳的税款,借记"应交税费——应交增值税"账户,贷记"银行存款"账户。收到退回多缴的增值税时,做相反的会计分录。

温馨提示 2019年1月1日至2021年12月31日,小规模纳税人发生增值税应税销售行为,合计月销售额未超过10万元(以1个季度为1个纳税期的,季度销售额未超过30万元)的,免征增值税。[①] 例如,某小规模纳税人2020年1月销售货物4万元,提供服务3万元,销售不动产2万元,合计销售额为9万元,未超过10万元的免税标准,可享受小规模纳税人免税政策。

各省、自治区、直辖市人民政府可以根据本地区实际情况,以及宏观调控的需要,对增值税小规模纳税人在50%的税额幅度内减征资源税、城市维护建设税、房产税、城镇土地使用税、印花税(不含证券交易印花税)、耕地占用税、教育费附加和地方教育附加。[②]

城市维护建设税以纳税人实际缴纳的流转税(即增值税及消费税)税额为计税依据,按照一定的税率进行计缴。凡缴纳流转税的单位和个人,都是城市维护建设税的纳税义务人。城市维护建设税的税率根据地区的不同分为三档:纳税人所在地为市区的,税率为7%;所在地为县城、镇的,税率为5%;其他地区的税率为1%。

教育费附加以纳税人实际缴纳的流转税(即增值税及消费税)税额为计征依据,按3%的附加率征收;地方教育费附加的附加率为2%。

所有书立、领受"应税凭证"的单位和个人都应缴纳印花税。权利、许可证照等实

[①] 《国家税务总局关于小规模纳税人免征增值税政策有关征管问题的公告》(国家税务总局公告2019年第4号)。

[②] 《关于实施小微企业普惠性税收减免政策的通知》(财税〔2019〕13号)。

行定额税率,以凭证数为计税依据,应纳印花税税额=应税凭证件数×5元;其他实行比例税率的凭证以凭证所载金额为计税依据,应纳印花税税额=凭证所载应税金额×适用税率。

印花税的比例税率分为四档:0.05‰(借款合同)、0.3‰(购销合同、建筑安装工程承包合同、技术合同)、0.5‰(加工承揽合同、建设工程勘察设计合同、货物运输合同、产权转移书据)、1‰(财产租赁合同、仓储保管合同、财产保险合同)。

温馨提示 记载资金的账簿,按实收资本和资本公积合计金额的0.5‰贴花,其他账簿按件贴花5元。自2018年5月1日起,印花税减半征收,按件贴花5元的其他账簿免征印花税。

四、税收优惠的账务处理

小企业按照规定实行企业所得税、增值税、消费税等先征后返的税款,应当在实际收到返还的税款时,借记"银行存款"账户,贷记"营业外收入"账户。

出口产品按规定退税的,借记"其他应收款"账户,贷记"应交税费——应交增值税(出口退税)"账户。

小规模纳税人发生增值税应税销售行为,符合国家税务总局免征条款规定的,可以免征增值税,增值税免征额计入"营业外收入"账户。

〖例9—1〗 某公司为小规模纳税人,按季度申报缴纳增值税,2020年1月提供服务取得收入(含税)10 300元,2月提供会议服务取得收入(含税)20 600元,3月提供会议服务取得收入(含税)30 900元。该公司适用城市维护建设税税率7%,教育费附加征收率3%,地方教育附加征收率2%。

(1)2020年1月的账务处理如下:

借:银行存款		10 300.00
贷:主营业务收入		10 000.00
应交税费——应交增值税		300.00

同时:

借:税金及附加		36.00
贷:应交税费——应交城市维护建设税		21.00
应交税费——应交教育费附加		9.00
应交税费——应交地方教育附加		6.00

(2)2020年2月的账务处理如下：

借：银行存款　　　　　　　　　　　　　　　　20 600.00
　　贷：主营业务收入　　　　　　　　　　　　　　20 000.00
　　　　应交税费——应交增值税　　　　　　　　　　600.00

同时：

借：税金及附加　　　　　　　　　　　　　　　　　72.00
　　贷：应交税费——应交城市维护建设税　　　　　　42.00
　　　　应交税费——应交教育费附加　　　　　　　　18.00
　　　　应交税费——应交地方教育附加　　　　　　　12.00

(3)2020年3月的账务处理如下：

借：银行存款　　　　　　　　　　　　　　　　30 900.00
　　贷：主营业务收入　　　　　　　　　　　　　　30 000.00
　　　　应交税费——应交增值税　　　　　　　　　　900.00

同时：

借：税金及附加　　　　　　　　　　　　　　　　108.00
　　贷：应交税费——应交城市维护建设税　　　　　　63.00
　　　　应交税费——应交教育费附加　　　　　　　　27.00
　　　　应交税费——应交地方教育附加　　　　　　　18.00

(4)该公司2020年第一季度应税销售额总计为60 000元(10 000＋20 000＋30 000)，符合国家税务总局公告2019年第4号规定的免征增值税条件，期末将增值税转入"营业外收入"账户。

借：应交税费——应交增值税　　　　　　　　　1 800.00
　　贷：营业外收入　　　　　　　　　　　　　　1 800.00

同时：

借：税金及附加　　　　　　　　　　　　　　　　216.00
　　贷：应交税费——应交城市维护建设税　　　　　126.00
　　　　应交税费——应交教育费附加　　　　　　　54.00
　　　　应交税费——应交地方教育附加　　　　　　36.00

第三节 个人所得税核算实务

一、个人所得税概述

个人所得税是以个人(自然人)取得的所得为征税对象的一种所得税。

在中国境内有住所,或者无住所而一个纳税年度内在中国境内居住累计满183天的个人为居民个人。居民个人从中国境内和境外取得的所得应依法缴纳个人所得税。

在中国境内无住所又不居住,或者无住所而一个纳税年度内在中国境内居住累计不满183天的个人为非居民个人。非居民个人从中国境内取得的所得也应依法缴纳个人所得税。

纳税年度自公历1月1日至12月31日。

下列各项个人所得应当缴纳个人所得税:(1)工资、薪金所得;(2)劳务报酬所得;(3)稿酬所得;(4)特许权使用费所得;(5)经营所得;(6)利息、股息、红利所得;(7)财产租赁所得;(8)财产转让所得;(9)偶然所得。

居民个人取得上述第(1)项至第(4)项所得(综合所得),按纳税年度合并计算个人所得税;非居民个人取得上述第(1)项至第(4)项所得,按月或者按次分项计算个人所得税。纳税人取得第(5)项至第(9)项所得,依法分别计算个人所得税。

二、个人所得税的税率

(一)综合所得收入额的适用税率

综合所得收入额适用3%至45%的超额累进税率(如表9—2所示)。

表9—2　　　　　　　　综合所得超额累进税率表

级数	全年应纳税所得额	税率	速算扣除数
1	不超过36 000元	3%	0
2	超过36 000元至144 000元的部分	10%	2 520
3	超过144 000元至300 000元的部分	20%	16 920
4	超过300 000元至420 000元的部分	25%	31 920
5	超过420 000元至660 000元的部分	30%	52 920
6	超过660 000元至960 000元的部分	35%	85 920
7	超过960 000元的部分	45%	181 920

表9—2中的"全年应纳税所得额"在用于本期预扣预缴税额计算时为"累计预扣预缴应纳税所得额";"税率"为"预扣率";"速算扣除数"是指采用超额累进税率计税时为简化计算而设计的常数,即在级距和税率不变的条件下,全额累进税率的应纳税额比超额累进税率的应纳税额多纳的数额,故在超额累进税率条件下,用全额累进的计税方法,只要减掉这个数额,就等于用超额累进方法计算的应纳税额。

(二)经营所得收入额的适用税率

经营所得收入额适用5%至35%的超额累进税率(如表9—3所示)。

表9—3　　　　　　　　经营所得超额累进税率表

级数	全年应纳税所得额	税率	速算扣除数
1	不超过30 000元	5%	0
2	超过30 000元至90 000元的部分	10%	1 500
3	超过90 000元至300 000元的部分	20%	10 500
4	超过300 000元至500 000元的部分	30%	40 500
5	超过500 000元的部分	35%	65 500

(三)分类所得收入额的适用税率

分类所得收入额,如利息、股息、红利所得,财产租赁所得,财产转让所得和偶然所得,适用的比例税率为20%。

三、应纳税所得额的计算

居民个人的综合所得,以每一纳税年度的收入额减除费用60 000元(5 000元/月)以及专项扣除、专项附加扣除和依法确定的其他扣除后的余额为应纳税所得额。

专项扣除项目包括按照国家规定,个人缴付的基本养老保险费、基本医疗保险费、失业保险费等基本社会保险费和住房公积金(参见表9—4中个人承担的部分)。

专项附加扣除是指个人所得税法规定的子女教育、继续教育、大病医疗、住房贷款利息或者住房租金、赡养老人6项专项附加扣除。

专项扣除、专项附加扣除和依法确定的其他扣除以居民个人一个纳税年度的应纳税所得额为限额;一个纳税年度扣除不完的,不结转以后年度扣除。

非居民个人的工资、薪金所得,以每月收入额减除费用5 000元后的余额为应纳税所得额;劳务报酬所得、稿酬所得、特许权使用费所得,以每次收入额为应纳税所得额。

经营所得,以每一纳税年度的收入总额减除成本、费用以及损失后的余额为应纳税所得额。

财产租赁所得,每次收入不超过4 000元的,减除费用800元;每次收入为4 000元以上的,减除20%的费用,其余额为应纳税所得额。

财产转让所得,以转让财产的收入额减除财产原值和合理费用后的余额为应纳税所得额。

利息、股息、红利所得和偶然所得,以每次收入额为应纳税所得额。

劳务报酬所得、稿酬所得、特许权使用费所得以收入减除20%的费用后的余额为收入额。稿酬所得的收入额减按70%计算。

个人所得税以所得人为纳税义务人,以支付所得的单位或个人为扣税义务人。小企业按规定计算应代扣代缴的职工个人所得税、经营应纳所得税时,借记"应付职工薪酬/所得税费用"账户,贷记"应交税费——应交个人所得税"账户;缴纳个人所得税时,借记"应交税费——应交个人所得税"账户,贷记"银行存款"账户。

〖例9—2〗 刘进2019年每月取得工资薪金18 000元,每月"三险一金"专项扣除4 500元,子女教育和赡养老人专项附加扣除合计3 000元,无免税收入,无其他扣除。2019年12月其取得劳务报酬10 000元,稿酬2 000元,特许权使用费2 000元。

(一)按月计算工资薪金预扣预缴个人所得税

1. 发放工资薪金所得预扣预缴税款的计算

(1)2019年1月:

$$\text{1月累计预扣预缴应纳税所得额} = \text{累计收入} - \text{累计免税收入} - \text{累计减除费用} - \text{累计专项扣除} - \text{累计专项附加扣除} - \text{累计依法确定的其他扣除}$$

$$= 18\,000 - 5\,000 - 4\,500 - 3\,000 = 5\,500(元)$$

对应的预扣率为3%。

其中:累计减除费用按照5 000元/月乘以纳税人当年截至本月在本单位的任职受雇月份数计算。

$$\text{1月应预扣预缴税额} = \text{累计预扣预缴应纳税所得额} \times \text{预扣率} - \text{速算扣除数} - \text{累计减免税额} - \text{累计已预缴税额}$$

$$= 5\,500 \times 3\% = 165(元)$$

(2)2019年2月:

$$\text{2月累计预扣预缴应纳税所得额} = 18\,000 \times 2 - 5\,000 \times 2 - 4\,500 \times 2 - 3\,000 \times 2$$

$$= 11\,000(元)$$

对应的预扣率为3%。

2月应预扣预缴税额＝11 000×3％－165＝165(元)

(3)2019年3月：

3月累计预扣预缴应纳税所得额＝18 000×3－5 000×3－4 500×3－3 000×3
　　　　　　　　　　　　　　＝16 500(元)

对应的预扣率为3％。

3月应预扣预缴税额＝16 500×3％－165－165＝165(元)

以此类推,可以计算得出各月个人所得税预扣预缴情况明细表(如表9－4所示)。

表9－4　　　　2019年1～12月工资薪金个人所得税预扣预缴计算表　　　　单位：元

月份	累计工资薪金收入	累计减除费用	累计专项扣除	累计专项附加扣除	累计预扣预缴应纳税所得额	预扣率	速算扣除数	累计已预扣预缴税额	本月应预扣预缴税额
1	18 000.00	5 000.00	4 500.00	3 000.00	5 500.00	3％	0	165.00	
2	36 000.00	10 000.00	9 000.00	6 000.00	11 000.00	3％	0	165.00	165.00
3	54 000.00	15 000.00	13 500.00	9 000.00	16 500.00	3％	0	330.00	165.00
4	72 000.00	20 000.00	18 000.00	12 000.00	22 000.00	3％	0	495.00	165.00
5	90 000.00	25 000.00	22 500.00	15 000.00	27 500.00	3％	0	660.00	165.00
6	108 000.00	30 000.00	27 000.00	18 000.00	33 000.00	3％	0	825.00	165.00
7	126 000.00	35 000.00	31 500.00	21 000.00	38 500.00	10％	2 520	990.00	340.00
8	144 000.00	40 000.00	36 000.00	24 000.00	44 000.00	10％	2 520	1 330.00	550.00
9	162 000.00	45 000.00	40 500.00	27 000.00	49 500.00	10％	2 520	1 880.00	550.00
10	180 000.00	50 000.00	45 000.00	30 000.00	55 000.00	10％	2 520	2 430.00	550.00
11	198 000.00	55 000.00	49 500.00	33 000.00	60 500.00	10％	2 520	2 980.00	550.00
12	216 000.00	60 000.00	54 000.00	36 000.00	66 000.00	10％	2 520	3 530.00	550.00
全年发放工资薪金所得预扣预缴税款合计									4 080.00

2. 计算劳务报酬、稿酬、特许权使用费所得预扣预缴个人所得税

(1)劳务报酬所得

劳务报酬所得预扣预缴应纳税所得额＝每次收入×(1－20％)
　　　　　　　　　　　　　　　　＝10 000×80％＝8 000(元)

劳务报酬所得预扣预缴税额＝预扣预缴应纳税所得额×预扣率
　　　　　　　　　　　　＝8 000×20％＝1 600(元)

(2)稿酬所得

稿酬所得预扣预缴应纳税所得额＝每次收入×(1－20％)×70％
　　　　　　　　　　　　　　＝2 000×80％×70％＝1 120(元)

稿酬所得预扣预缴税额＝预扣预缴应纳税所得额×预扣率
$$=1\,120\times20\%=224(元)$$

(3)特许权使用费所得

特许权使用费所得预扣预缴应纳税所得额＝每次收入×(1－20％)
$$=2\,000\times80\%=1\,600(元)$$

特许权使用费所得预扣预缴税额＝预扣预缴应纳税所得额×预扣率
$$=1\,600\times20\%=320(元)$$

(二)汇算清缴

年所得额＝工资薪金＋劳务报酬＋稿酬＋特许权使用费所得
$$=18\,000\times12+8\,000+1\,120+1\,600=226\,720(元)$$

综合所得年应纳税所得额＝年收入额－减除费用－专项扣除－专项附加扣除－
　　　　　　　　　　　依法确定的其他扣除
$$=226\,720-5\,000\times12-4\,500\times12-3\,000\times12=76\,720(元)$$

应纳税额＝年应纳税所得额×适用税率－速算扣除数
$$=76\,720\times10\%-2\,520=5\,152(元)$$

预扣预缴税额＝工资、薪金所得预扣预缴税额＋劳务报酬所得预扣预缴税额
　　　　　　＋稿酬所得预扣预缴税额＋特许权使用费所得预扣预缴税额
$$=4\,080+1\,600+224+320=6\,224(元)$$

年度汇算应补税额＝应纳税额－预扣预缴税额
$$=5\,152-6\,224=-1\,072(元)$$

即应退1 072元。

验算：应退的1 072元为上述劳务报酬、稿酬、特许权使用费的应纳税所得额在平时按照20％税率预扣预缴的税额与年汇算清缴按照10％税率计算的差量。

第四节　企业所得税核算实务

一、企业所得税概述

企业所得税是指对一国境内的企业和其他经济组织在一定期间内的生产经营所得和其他所得等进行法定生产成本、费用和损失等的扣除后的余额(即应纳税所得额)所征收的一种税。

企业所得税应纳税额＝应纳税所得额×适用税率

我国企业所得税实行差别税率，目前的税率主要分为如表9－5所示的几个档次。

表9－5　　　　　　　　　　　企业所得税税率表

税　目	税率
企业所得税基本税率	25%
符合条件的小型微利企业（自2019年1月1日至2021年12月31日，年应纳税所得额不超过100万元的部分，减按25%计入应纳税所得额；年应纳税所得额超过100万元但不超过300万元的部分，减按50%计入应纳税所得额）	20%
国家需要重点扶持的高新技术企业 技术先进型服务企业（中国服务外包示范城市） 线宽小于0.25微米的集成电路生产企业 投资额超过80亿元的集成电路生产企业 设在西部地区的鼓励类产业企业 广东横琴、福建平潭、深圳前海等地区的鼓励类产业企业 从事污染防治的第三方企业（自2019年1月1日至2021年年底）	15%
国家规划布局内的重点软件企业和集成电路设计企业 非居民企业在中国境内未设立机构、场所的，或者虽设立机构、场所但取得的所得与其所设机构、场所没有实际联系的，应当就其来源于中国境内的所得缴纳企业所得税	10%

小型微型企业应当比照工信部联企业〔2011〕300号文件的划型标准和《小企业会计准则》的具体适用规定选择执行《小企业会计准则》或者《企业会计准则》。但在进行企业所得税纳税申报时，需以《企业所得税法》及其实施条例为准绳，严格判定自身是否符合小型微利企业的认定标准，从而依法享受相应的税收优惠政策。

小型微利企业是指从事国家非限制和禁止行业[①]，且同时符合年度应纳税所得额不超过300万元、从业人数不超过300人、资产总额不超过5 000万元三个条件的企业。从业人数包括与企业建立劳动关系的职工人数和企业接受的劳务派遣用工人数。从业人数和资产总额指标应按企业全年的季度平均值确定。

$$季度平均值=\frac{季初值+季末值}{2}$$
$$全年季度平均值=全年各季度平均值之和\div 4$$

【例9－3】　A小型微利企业2019年度应纳税所得额为95万元，则其应纳企业所得税为4.75万元（95×25%×20%）。

B小型微利企业2019年度应纳税所得额为280万元。其中，应纳税所得额100万元的部分应纳的企业所得税为5万元（100×25%×20%），其余应纳税所得额应纳

---

① 国家限制和禁止行业可参照《产业结构调整指导目录（2013年修订）》规定的限制类、淘汰类和《外商投资产业指导目录（2017年修订）》中规定的限制外商投资产业目录、禁止外商投资产业目录列举的产业进行判断。

的企业所得税为 18 万元(180×50%×20%),最终 B 小型微利企业应纳的企业所得税为 23 万元(5+18)。

> **概念辨析** "小型微型企业"与"小型微利企业"既有联系又有区别:
>
> 一是适用对象不同。小型微利企业的适用范围只包括企业;而小型微型企业的适用范围除一般企业外,还包括个人独资企业、合伙企业、个体工商户等。
>
> 二是划分标准不同。小型微利企业来自《企业所得税法》及其实施条例的规定,是指符合税法规定条件(应纳税所得额、从业人数、资产总额)的特定企业,其特点不仅体现在"小型"上,而且要求"微利";而小型微型企业的划分指标包括从业人员、营业收入、资产总额,其概念来自工信部联企业〔2011〕300 号《中小企业划型标准规定》。
>
> 三是税收优惠对象不同。小型微利企业是企业所得税的特定优惠对象;而小型微型企业可享受印花税等的特定免税。个体工商户、个人独资企业以及合伙企业不是企业所得税的纳税义务人,也就不能享受小型微利企业普惠性的所得税减免政策。

二、所得与收入的差异分析

"所得"是税法上的专有名词,与会计上的"收入"(主要包括营业收入、营业外收入和投资收益)既有联系又有区别。

"所得"的内涵为应税收入,包括以货币形式和非货币形式取得的收入,其外延包括销售货物所得、提供劳务所得、转让财产所得、股息红利等权益性投资所得、利息所得、租金所得、特许权使用费所得、接受捐赠所得和其他所得。其中,其他所得又包括企业资产溢余所得、逾期未退包装物押金所得、确实无法偿付的应付款项、已做坏账损失处理后又收回的应收款项、债务重组所得、补贴所得、违约金所得和汇兑收益等。

"所得"不是小企业的全部收入,因为小企业还存在不征税收入(如财政拨款而不是政府补助)和免税收入(如国债利息收入、直接投资 12 个月以上取得的投资收益等)。此外,小企业发生非货币性资产交换以及将货物、财产、劳务用于捐赠、赞助、集资、广告、样品、职工福利和利润分配,税法上规定应当视同销售货物、转让财产和提供劳务,而在会计核算上可能没有确认为"会计收入",故需要进行纳税调整。

三、税前扣除费用与成本费用的差异分析

对小企业的应税收入进行法定扣除后的余额才依法予以征税。但并不是会计凭证与会计账簿中记录的已经发生的所有成本费用都可以税前扣除。确定应纳税所得

额时准予扣除项目的具体内容如下：

(1)成本，是指小企业在生产经营活动中发生的销售成本、销货成本、业务支出及其他耗费。

(2)费用，是指小企业在生产经营活动中发生的销售费用、管理费用和财务费用，已经计入成本的有关费用除外。

(3)税金，是指小企业发生的除企业所得税和允许抵扣的增值税以外的各项税金及其附加。

(4)损失，是指小企业在生产经营活动中发生的固定资产和存货的盘亏、毁损、报废损失，转让财产损失，呆账损失，坏账损失，自然灾害等不可抗力因素造成的损失以及其他损失。小企业发生的损失应按照减除责任人赔偿和保险赔款后的余额扣除。

(5)其他支出，是指除成本、费用、税金和损失外，小企业在生产经营活动中发生的与生产经营活动有关的合理支出。

目前，企业所得税税前扣除费用的有关标准摘要如表9—6所示。

表9—6　　　　　　　　企业所得税税前扣除费用的有关标准

扣除项目	企业所得税税前扣除相关标准	备注与说明
企业缴纳社会保险	职工基本养老保险24%（单位16%，个人8%），职工基本医疗保险11.5%（单位9.5%，个人2%），失业保险1%（单位0.5%，个人0.5%），生育保险1%，工伤保险1.6% 单位及个人的公积金缴存比例下限为5%，上限为12% 补充养老保险费、补充医疗保险费分别在不超过职工工资总额5%的标准内的部分	参照某市标准，超过部分当年及以后期间不得扣除 职工个人向商业保险机构投保的补充医疗保险，不得税前扣除
职工福利费	不超过工资、薪金总额14%的部分	
工会经费	不超过工资、薪金总额2%的部分	
职工教育经费	不超过工资、薪金总额8%的部分	超过部分准予在以后纳税年度结转扣除
利息费用	不超过金融企业同期同类贷款利率计算的部分	超过部分当年及以后期间不得扣除
业务招待费	按照发生额的60%扣除，但最高不得超过当年销售（营业）收入的5‰ 企业筹建期间发生的业务招待费按发生额的60%扣除	
广告费和业务宣传费	不超过当年销售（营业）收入15%的部分 化妆品制造、医药制造和饮料制造（不含酒类制造）不超过当年销售（营业）收入30%的部分	超过部分当年不得扣除，准予结转以后纳税年度扣除

续表

扣除项目	企业所得税税前扣除相关标准	备注与说明
手续费及佣金	财产保险企业按当年全部保费收入扣除退保金等后余额的15%计算限额 人身保险企业按当年全部保费收入扣除退保金等后余额的10%计算限额 其他企业按与具有合法经营资格的中介服务机构或个人所签订服务协议或合同确认的收入金额的5%计算限额	超过部分当年及以后期间不得扣除 纳税人应当向付款方开具合法有效的票据（发票），可到主管税务机关申请代开发票
公益性捐赠	当期实际发生的不超过年度利润总额12%的部分	通过公益性社会团体或者县级以上人民政府及其部门用于《中华人民共和国公益事业捐赠法》规定的公益事业的捐赠

小企业从境外购进货物或者劳务发生的支出，以对方开具的发票或者具有发票性质的收款凭证、相关税费缴纳凭证作为税前扣除凭证。

小企业在境内发生的支出项目属于增值税应税项目，对方为已办理税务登记的增值税纳税人的，其支出以发票（包括按照规定由税务机关代开的发票）作为税前扣除凭证；对方为依法无须办理税务登记的单位或者从事小额零星经营业务[①]的个人的，其支出以税务机关代开的发票或者收款凭证及内部凭证作为税前扣除凭证，收款凭证应载明收款单位名称、个人姓名及身份证号、支出项目、收款金额等相关信息。

税前扣除凭证是指企业在计算企业所得税应纳税所得额时，证明与取得收入有关的、合理的支出实际发生，并据以税前扣除的各类凭证。[②] 税前扣除凭证在管理中遵循真实性、合法性、关联性原则。真实性是指税前扣除凭证反映的经济业务真实，且支出已经实际发生；合法性是指税前扣除凭证的形式、来源符合国家法律、法规等相关规定；关联性是指税前扣除凭证与其反映的支出相关联且有证明力。

小企业应当提供用于扣除事项的有效凭证。小企业当年度实际发生的相关成本费用，由于各种原因未能及时取得有效凭证的，在预缴季度所得税时，可暂按账面发

[①] 根据《中华人民共和国增值税暂行条例》及其实施细则、《财政部 税务总局关于实施小微企业普惠性税收减免政策的通知》（财税〔2019〕13号）的规定，小额零星经营业务可按以下标准判断：按月纳税的，月销售额不超过10万元；按次纳税的，每次（日）销售额不超过300～500元。

[②] 详见国家税务总局关于发布《企业所得税税前扣除凭证管理办法》的公告（国家税务总局公告2018年第28号）。

生金额进行核算;但在汇算清缴时,应补充提供该成本费用的有效凭证。

温馨提示 在计算应纳税所得额时,小企业会计的处理办法与税收法律、行政法规的规定不一致的,应当依照税收法律、行政法规的规定处理。但按照会计要求确认的支出没有超过《企业所得税法》规定的标准和范围(如折旧年限的选择)的,为减少会计与税法差异的调整,便于税收征管,小企业按照会计上确认的支出在税务处理时不再进行调整。

四、应纳税所得额与利润总额的差异分析

"应纳税所得额"是税收上的概念,是指小企业每一纳税年度的收入总额减除不征税收入、免税收入、各项扣除以及允许弥补的以前年度亏损后的余额,主要在企业纳税申报时使用。

"实际利润额"是会计上的概念,主要是按照实际利润额(利润总额)预缴的企业在预缴申报时使用。

应纳税所得额可以采用直接计算法和间接计算法求得。

(一)直接计算法

直接计算法下应纳税所得额的计算公式如下:

应纳税所得额＝收入总额－不征税收入－免税收入－各项扣除－允许弥补的以前年度亏损

〖例9—4〗 乙公司上年年底经税务审查后认定的未弥补亏损挂账金额为50 000元,本年营业收入为1 600 000元,年度报表决算时,公司财务账面上已经列支的成本费用合计数为1 450 000元,当年实现利润总额150 000元,已累计缴纳企业所得税5 000元,按照税收优惠政策可减按25%计入应纳税所得额,适用企业所得税税率为20%。

经核对发现,乙公司本年度有关支出分别有以下调整事项:营业外支出中列支税收滞纳金5 000元,管理费用中列支赞助费支出40 000元,业务招待费经计算超过税法规定标准的应调整数为10 000元。

根据上述资料,分别计算乙公司本年度应纳税所得额和应上(或补)缴的企业所得税。

应纳税所得额＝1 600 000－(1 450 000－5 000－40 000－10 000)－50 000
　　　　　　＝155 000(元)

应纳所得税税额＝155 000×20%×25%＝7 750(元)

应补缴企业所得税＝7 750－5 000＝2 750(元)

(二)间接计算法

采用间接计算法计算应纳税所得额是在利润总额的基础上加(减)按照税法规定应当调整的金额,如调整税前不予扣除项目、超标项目、不能计入收入的项目、未计入收入的项目等,从而计算出应纳税所得额。其计算公式如下:

应纳税所得额＝会计利润总额＋纳税调增金额－纳税调减金额－允许弥补的以前年度亏损

〖例9—5〗 沿用例9—4,采用间接计算法的计算结果如下:

应纳税所得额＝150 000＋(5 000＋40 000＋10 000)－50 000＝155 000(元)

上述纳税调整金额可以归纳为两个方面的内容:一是企业财务会计处理与税收政策不一致时应予以调整的金额,二是企业按税法规定准予扣除的金额。由此可见,"应纳税所得额"与"利润总额"既有联系又有区别。

在盈利的小企业中,应纳税所得额可能大部分来源于小企业的利润,在税收政策与会计规定差异不大的情况下,应纳税所得额与利润总额之间的差异也不会很大;但是,在税收政策与会计规定差异很大的情况下,应纳税所得额与利润总额可能差异很大,甚至可能出现利润总额为负数的小企业的应纳税所得额为正数的情况。从目前税收政策与会计规定差异不断出现的情况来看,应纳税所得额与利润总额肯定不是同一个概念。

温馨提示 企业所得税清算工作都是集中在会计期末完成的,核算工作量很大,一般需要梳理各项实现的收入、发生的费用等并进行分析后的调整,而不少纳税调整信息在序时账簿和分类账簿中无法反映,为此,小企业应当通过设置"纳税调整备查账簿"来记录相关信息,包括视同销售收入的业务、业务招待费的发生情况、各项报损情况、应由以后年度弥补的亏损情况等。通过备查簿的记录,将期末一次性的工作量分散在平时,有助于财务人员轻松完成所得税清算工作,且有案可循,便于日后查考。按照《小企业会计准则》对报表附注的规范要求,对已在资产负债表和利润表中列示项目与《企业所得税法》的规定存在差异的纳税调整过程应当予以披露(详见第十章第六节的介绍)。

五、应缴企业所得税账务处理

《企业会计准则》要求企业采用资产负债表债务法核算所得税,在计算应缴所得税和递延所得税的基础上,确认所得税费用。而《小企业会计准则》要求企业采用应付税款法核算所得税,将计算的应缴所得税确认为所得税费用,大大简化了所得税的会计处理。

小企业按照税法规定计算应缴纳的企业所得税,借记"所得税费用"账户,贷记"应交税费——应交所得税"账户。

缴纳所得税时,借记"应交税费——应交所得税"账户,贷记"银行存款"等账户。

月度(季度)终了,小企业计算出当月(季)应缴纳的企业所得税,作为预缴数进行预缴,年终办理所得税清算。

第五节 应付税款法与纳税申报表

一、应付税款法核算的主要特点

小企业可以在利润总额的基础上,按照《企业所得税法》的规定进行纳税调整,计算出当期应纳税所得额,按照《企业所得税法》规定的应纳税所得额与适用的所得税税率计算确定当期的应纳税额。《小企业会计准则》要求小企业采用应付税款法核算,可以将本期税前会计利润与纳税所得额的差异所造成的影响纳税的金额直接计入当期损益而不递延至以后各期。

应付税款法核算的特点是:当期计入损益的所得税数额等于当期的应纳所得税,即当期"所得税费用"账户列支的数额等于当期"应交税费——应交所得税"账户列支的数额,两者之间无差额。

在采用应付税款法核算的情况下,小企业要以按税法规定计算的纳税所得额为依据计算应缴纳的所得税,并列作所得税费用进行处理。对于税前会计利润与纳税所得的差异的处理,是通过按税法的规定对税前会计利润进行调整来解决的。

小企业应按纳税所得计算应缴纳的所得税,填制"企业所得税缴款书"或"电子报税付款通知",在账务处理上借记"所得税费用"账户,贷记"应交税费——应交所得税"账户;在实际上缴所得税时,借记"应交税费——应交所得税"账户,贷记"银行存款"账户;期末,应将"所得税费用"账户的借方余额转入"本年利润"账户,结转后"所得税费用"账户应无余额。

〖例9—6〗 丙公司是小型微利企业,某年全年的利润总额(税前会计利润)为22万元,当年的投资收益中列有国债利息收入2万元(免税收入),无其他纳税调整事项。小型微利企业可减按25%计算应纳税所得额,适用20%的企业所得税税率。

该公司在进行会计核算时已将利息收入作为投资收益计入利润总额,但在计算纳税所得额时应进行调整,有关会计处理如下:

调减应纳税所得额=220 000-20 000=200 000(元)

调整后的应纳税额＝200 000×20％×25％＝10 000(元)

核算应缴纳的企业所得税,应编制会计分录如下:

 借:所得税费用   10 000.00
  贷:应交税费——应交所得税   10 000.00

实际上缴所得税,应编制会计分录如下:

 借:应交税费——应交所得税   10 000.00
  贷:银行存款   10 000.00

期末,将"所得税费用"账户的余额转入"本年利润"账户,应编制会计分录如下:

 借:本年利润   10 000.00
  贷:所得税费用   10 000.00

二、汇算清缴与纳税申报表

汇算清缴是指实行预缴税款办法的税种在年度终了后的税款汇总结算清缴工作。所得税等税种通常以纳税人的全年应税收入额为计征依据,在年度终了后,按全年的应税收入额,依据税法规定的税率计算征税。为了保证税款及时、均衡入库,在实际工作中,一般采取分月、分季预缴税款,年终汇算清缴,多退少补的征收办法。分月、分季预缴,一般按纳税人本季度(月)的课税依据计算应纳税款,与全年决算的课税依据往往很难完全一致,所以在年度终了,必须依据纳税人的财务决算进行汇总计算,清缴税款,对已预缴的税款实行多退少补。

〖**例9—7**〗 丁公司上年全年的应纳税所得额为72万元,本年年初经税务机关审核同意,每季度按上年应纳税所得额的1/4预缴企业所得税,适用的所得税税率为20％。本年全年实现利润经调整后的应纳税所得额为80万元,可减按25％计入应纳税所得额。要求计算丁公司在本年年终汇算清缴时应补(退)缴的企业所得税税额。

计算本年1～12月每季度应预缴的企业所得税税额:

应纳税额＝720 000÷4×25％×20％＝9 000(元)

计算本年四个季度共预缴的企业所得税额:

实际预缴额＝9 000×4＝36 000(元)

计算本年全年实际应纳企业所得税额:

应纳税额＝800 000×25％×20％＝40 000(元)

计算本年年终汇算清缴时应补(退)缴的企业所得税税额:

应补缴税额＝40 000－36 000＝4 000(元)

纳税申报一般包括报送纳税申报表、企业财务报表和有关纳税资料。纳税申报无小事,税务管理对小企业来说足够重要,因而每年的企业所得税清算应当引为关注。

纳税申报表是由税务机关统一印制,纳税人进行纳税申报的书面报告。纳税申报表通常按税种划分,如增值税纳税申报表和企业所得税纳税申报表等。编制纳税申报表是纳税人履行纳税义务时就缴纳税款的有关事项向税务机关提出书面报告的法律行为,是税务机关办理征收业务、核定应纳税款、开具完税证明的主要依据,也是构成税收征管制度的法定程序。

纳税申报时应当报送的证件和资料主要包括:(1)财务报表及其说明材料;(2)与纳税有关的合同、协议书及凭证;(3)税控装置的电子报税资料;(4)外出经营活动的税收管理证明和异地完税凭证;(5)境内或者境外公证机构出具的有关证明文件;(6)税务机关规定应当报送的其他证件和资料。

企业所得税纳税申报表是企业所得税纳税义务人履行纳税义务,以规范格式向税务机关申报纳税的书面报告,是税务机关审核纳税人所得税税款缴纳情况的重要依据。企业所得税纳税申报表是一个系统,需要填制的表单较多(如表9—7所示)。小企业选择"填报"的,在"□"内打"√",并完成该表单内容的填报。未选择"填报"的表单无须向税务机关报送。

表9—7　　　　　　企业所得税年度纳税申报表填报表单(摘要)

表单编号	表单名称	是否填报
A000000	企业所得税年度纳税申报基础信息表	☑
A100000	中华人民共和国企业所得税年度纳税申报表(A类)	☑
A101010	一般企业收入明细表	□
A101020	金融企业收入明细表	□
A102010	一般企业成本支出明细表	□
A102020	金融企业支出明细表	□
A103000	事业单位、民间非营利组织收入、支出明细表	□
A104000	期间费用明细表	□
A105000	纳税调整项目明细表	□
A106000	企业所得税弥补亏损明细表	□
A107010	免税、减计收入及加计扣除优惠明细表	□
A107020	所得减免优惠明细表	□

续表

表单编号	表单名称	是否填报
A107030	抵扣应纳税所得额明细表	☐
A107040	减免所得税优惠明细表	☐
A107050	税额抵免优惠明细表	☐
A108000	境外所得税收抵免明细表	☐
A109000	跨地区经营汇总纳税企业年度分摊企业所得税明细表	☐
说明：企业应当根据实际情况选择需要填报的表单。			

"企业所得税年度纳税申报基础信息表"（如表9－8所示）为必填表，填报内容包括基本经营情况、有关涉税事项情况、主要股东及分红情况三个部分。纳税人填报申报表时，首先填报此表，为后续申报提供指引。其中，"基本经营情况"为小型微利企业必填项目；"有关涉税事项情况"为选填项目，小型微利企业存在或者发生相关事项时，必须填报。

表9－8　　　　　　　　企业所得税年度纳税申报基础信息表

基本经营情况(必填项目)			
101 纳税申报企业类型(填写代码)		102 分支机构就地纳税比例(%)	
103 资产总额(填写平均值,单位:万元)		104 从业人数(填写平均值,单位:人)	
105 所属国民经济行业(填写代码)		106 从事国家限制或禁止行业	☐是☐否
107 适用会计准则或会计制度(填写代码)		108 采用一般企业财务报表格式(2018年版)	☐是☐否
109 小型微利企业	☐是☐否	110 上市公司	是:(☐境内☐境外)☐否
有关涉税事项情况(存在或者发生下列事项时必填)			
201 从事股权投资业务	☐是	202 存在境外关联交易	☐是
203 选择采用的境外所得抵免方式	☐分国(地区)不分项☐不分国(地区)不分项		
204 有限合伙制创业投资企业的法人合伙人	☐是	205 创业投资企业	☐是
206 技术先进型服务企业类型(填写代码)		207 非营利组织	☐是
208 软件、集成电路企业类型(填写代码)		209 集成电路生产项目类型	☐130纳米 ☐65纳米
210 科技型中小企业	210-1 __年(申报所属期年度)入库编号1		210-2 入库时间1
	210-3 __年(所属期下一年度)入库编号2		210-4 入库时间2

续表

211 高新技术企业申报所属期年度有效的高新技术企业证书	211－1 证书编号 1		211－2 发证时间 1	
	211－3 证书编号 2		211－4 发证时间 2	
212 重组事项税务处理方式	□一般性□特殊性		213 重组交易类型(填写代码)	
214 重组当事方类型(填写代码)			215 政策性搬迁开始时间	__年__月
216 发生政策性搬迁且停止生产经营无所得年度	□是		217 政策性搬迁损失分期扣除年度	□是
218 发生非货币性资产对外投资递延纳税事项	□是		219 非货币性资产对外投资转让所得递延纳税年度	□是
220 发生技术成果投资入股递延纳税事项	□是		221 技术成果投资入股递延纳税年度	□是
222 发生资产(股权)划转特殊性税务处理事项	□是		223 债务重组所得递延纳税年度	□是
主要股东及分红情况(必填项目)				
股东名称	证件种类	证件号码	投资比例(%)	当年(决议日)分配的股息、红利等权益性投资收益金额	国籍(注册地址)
其余股东合计					

居民企业所得税年报有三种类型：查账征收企业、核定征收企业、汇总纳税分支机构。"中华人民共和国企业所得税年度纳税申报表(A类)"为必填表,是纳税人计算、申报、缴纳企业所得税的主表,适用于实行查账征收企业所得税的居民企业纳税人填报。填报该表时,一方面应当关注与利润表相关项目之间的勾稽关系,另一方面应当注意按照现行税法的规定进行纳税所得的调整。现以讯达公司的业务数据为例,填报如表9－9所示。

在表9－9中,"利润总额"项目可直接取自利润表。利润表中的项目与本表不一致的部分,应当按照本表的要求对利润表中的项目进行调整后填报。"应纳税所得额"和"应纳税额"中的项目,应根据表内的逻辑关系计算填报。

纳税人在计算企业所得税应纳税所得额及应纳税额时,会计处理与税收规定不一致的,应当按照税收规定计算。税收规定不明确的,在没有明确规定之前,暂按国家统一会计制度的要求计算。会计与税法的差异(包括收入类、扣除类、资产类等差异)通过"纳税调整项目明细表"(A105000)集中填报。

表 9－9　　　　　　　　　中华人民共和国企业所得税年度纳税申报表(A 类)

行次	类别	项　目	金　额
1	利润总额计算	一、营业收入(填写 A101010\101020\103000)	85 000.00
2		减:营业成本(填写 A102010\102020\103000)	43 905.00
3		减:税金及附加	306.00
4		减:销售费用(填写 A104000)	1 121.64
5		减:管理费用(填写 A104000)	12 200.00
6		减:财务费用(填写 A104000)	300.00
7		减:资产减值损失	0.00
8		加:公允价值变动收益	0.00
9		加:投资收益	0.00
10		二、营业利润(1－2－3－4－5－6－7＋8＋9)	27 167.36
11		加:营业外收入(填写 A101010\101020\103000)	100.00
12		减:营业外支出(填写 A102010\102020\103000)	2 667.36
13		三、利润总额(10＋11－12)	24 600.00
14	应纳税所得额计算	减:境外所得(填写 A108010)	0.00
15		加:纳税调整增加额(填写 A105000)	2 000.00
16		减:纳税调整减少额(填写 A105000)	0.00
17		减:免税、减计收入及加计扣除(填写 A107010)	0.00
18		加:境外应税所得抵减境内亏损(填写 A108000)	0.00
19		四、纳税调整后所得(13－14＋15－16－17＋18)	26 600.00
20		减:所得减免(填写 A107020)	0.00
21		减:弥补以前年度亏损(填写 A106000)	0.00
22		减:抵扣应纳税所得额(填写 A107030)	0.00
23		五、应纳税所得额(19－20－21－22)	26 600.00
24	应纳税额计算	税率(25%)	
25		六、应纳所得税额(23×24)	5 320.00
26		减:减免所得税额(填写 A107040)	3 990.00
27		减:抵免所得税额(填写 A107050)	0.00
28		七、应纳税额(25－26－27)	1 130.00
29		加:境外所得应纳所得税额(填写 A108000)	0.00
30		减:境外所得抵免所得税额(填写 A108000)	0.00
31		八、实际应纳所得税额(28＋29－30)	1 130.00
32		减:本年累计实际已缴纳的所得税额	0.00
33		九、本年应补(退)所得税额(31－32)	1 130.00
34		其中:总机构分摊本年应补(退)所得税额(填写 A109000)	0.00
35		财政集中分配本年应补(退)所得税额(填写 A109000)	0.00
36		总机构主体生产经营部门分摊本年应补(退)所得税税额(填写 A109000)	0.00

第十章

算管融合与财务报表*

第一节 小企业财务报表概述

一、算为管用的编制目的

远古时代,人们靠"结绳""堆石""刻契"等简单符号来记录收支、得失。如今,小企业通过编制财务报表,为报表使用者提供有用的会计信息,力求算为管用,包括为税务部门提供税费支出信息,为银行信贷部门提供偿债能力信息,为内部经营管理提供各种相关的决策信息等。

正常的经营活动总是连续不断地进行的,如果等到经营活动全部结束后才编制财务报表,就不能满足算为管用的现实需求。会计上需要将连续不断的经营过程划分为若干相等的时段,分段进行结算,分段编制财务报表,分段反映小企业的财务状况、经营成果和现金流量。这种分段进行会计核算的时间区间,在会计上被称为会计期间。

每月零算为"计",一年总算为"会",合二为一成"会计"。三千多年前,西周就出现了"会计"一词。《周礼天官》记载:"会计,以参互考日成,以月要考月成,以岁会考岁成。"当时的"日成""月要""岁会"就相当于现在的旬报、月报、年报。西周王朝设有"司会"一职,专管钱粮赋税,定期对周王朝的收支实行"月计""岁会",并考核王朝大小官吏管理地方的情况和他们经手的财务收支。"岁会"是进行会计核算的时间区间,是反映年度财务状况和经营成果的时间界限。

财务报表是按照规定的格式、内容和方法定期编制的,综合反映企业某一特定日期财务状况和某一特定时期经营成果、现金流量状况的书面文件,包括会计报表与报表附注等。

小企业应当按期、按规定编制财务报表,并注意与税款预缴、汇算清缴等事项的衔接。财务报表的名称与编报期详见表10-1。

表 10-1　　　　　　　　　　　小企业财务报表的种类

编　号	报表名称	编报期
会小企 01 表	资产负债表	月报或季报、年报
会小企 02 表	利润表	月报或季报、年报
会小企 03 表	现金流量表	月报或季报、年报

小企业的财务报表从列示内容到报表项目,与《企业会计准则》的要求相比都进行了相应的简化。例如,不要求小企业编制所有者权益(或股东权益)变动表,对现金流量表只要求采用直接法编制,无须披露将净利润调节为经营活动现金流量等信息。小企业对于会计政策变更、会计估计变更和会计差错更正,均采用未来适用法处理,不涉及追溯调整等。简化是为了便于应用与管理。

二、算管融合的编制要求

财务报表的编制过程也是复核、审核与利用财务信息的过程。为了充分发挥财务报表的作用,保证财务报表所提供的信息能够满足有关各方的需要,在编制财务报表时,必须做到数据真实、内容完整、计算准确、编报及时、复核齐全等。

(一)数据要真实

财务报表中各项指标的数据必须真实、正确,能够如实反映小企业的财务状况和经济活动情况,严禁弄虚作假、估计数据、提前结账,这是财务报表编制的基本要求之一,也是充分发挥财务报表作用的前提条件。只有保证财务报表指标的真实、可靠,才能为报表使用者提供正确的信息,帮助其做出正确的决策。

(二)内容要完整

财务报表必须按统一规定的报表种类、格式和内容填报齐全,报表中所列项目和补充资料必须全部填列。对于没有发生交易的报表项目,不得在该项目中按"0"填列,而应空置,因为"0"表明该项目所反映的交易或事项当期已经发生且余额为0。

(三)计算要准确

财务报表中的各项数据与各项指标必须按照《会计法》和《小企业会计准则》中规

定的口径计算填列。在财务报表编制前，必须做到按期结账，不得为赶制财务报表而提前结账，也不得先编制财务报表后结账。在本期所有已发生的经济业务和转账业务全部登记入账的基础上，结清各个账户的本期发生额和期末余额，认真对账和清查财产，做到账证、账账、账实、账表、表表相符，以确保财务报表数据准确。

(四)编报要及时

小企业的各种财务报表必须按照规定的时间及时编制，不得拖延。为此，财会部门应当科学组织好日常会计核算工作，认真做好记账、算账和对账工作。在编制财务报表时，会计人员之间应当密切配合、加强协作。

(五)复核要齐全

小企业对外提供的财务会计报告应当依次编定页数，加具封面，装订成册，加盖公章。封面上应当注明：企业名称、企业统一代码、企业组织形式、企业地址、报表所属年度或者月份、报出日期，并由企业负责人和主管会计工作的负责人、会计机构负责人(会计主管人员)签名并盖章。

会计报表之间、会计报表各项目之间，凡有对应关系的数据应当一致。本期会计报表与上期会计报表之间的有关数据应当相互衔接。如果不同会计年度会计报表中各项目的内容和核算方法有变更的，应当在年度会计报表中说明。

勾稽关系是指某一张财务报表和另一张财务报表之间以及本财务报表中项目之间的内在逻辑对应关系，包括平衡勾稽关系、对应勾稽关系、和差勾稽关系、积商勾稽关系、动静勾稽关系和补充勾稽关系等。

资产负债表、利润表、现金流量表的内容构成了小企业财务报表体系中的核心部分，这三张会计报表之间存在着一定的内在关联。例如，资产负债表作为财务状况表，反映的是小企业在特定时点资产、负债和所有者权益的情况；利润表作为反映经营成果的报表，是动态报表，反映的是小企业一定时期的经营成果。资产负债表中各项目金额的变化有许多是与利润表相联系的，利润表中有关项目的变化也会引起资产负债表中资产的增加或者负债的减少。例如，小企业销售商品，引起主营业务收入的增加，同时也会增加一笔货币资金或者应收账款。利润表中费用或损失的发生，一般会同时引起资产负债表中资产的减少或者负债的增加。例如，小企业发生一笔办公费支出，在利润表中表现为管理费用的增加；如果支付了这笔办公费，则引起资产负债表中货币资金的减少，即资产的减少；如果暂时没有支付这笔办公费，则在资产负债表中负债类别下增加了一笔应付款项。所以，利润表与资产负债表有着密切的联系，应联系起来观察和分析。

在第一章中，成洁不仅编制了简易报表，而且利用报表的勾稽关系来检验报表是否符合逻辑、编制是否正确(如图 10-1 所示)。例如,资产负债表的货币资金数额应当等于现金流量表的期末现金余额;资产负债表的未分配利润来源于利润表的净利润等。如果营业收入都已经收回,经营活动现金流入量就可能等于营业收入,如果存在应收账款,两者之间就有差距;同样,净利润并不一定等于经营活动(或全部)现金净流量,因为利润是按照权责发生制规则计算出来的数据,而现金净流量是按照收付实现制规则计算出来的数据;如此等等。

现金流量表(简式)

项目	上期数	本期数
1. 经营活动现金流入量		50 000
经营活动现金流出量	60 000	19 000
经营活动现金净流量	-60 000	31 000
2. 投资活动现金流入量		
投资活动现金流出量		120 000
投资活动现金净流量		-120 000
3. 筹资活动现金流入量		200 000
筹资活动现金流出量		
筹资活动现金净流量		200 000
4. 全部现金净流量	200 00	31 000
加:期初现金余额	0	20 000
5. 期末现金余额	20 000	51 000

利润表(简式)

项目	本期数
营业收入(售价)	500 000
减:营业成本——进价	300 000
营业费用——工资	70 000
营业费用——房租	60 000
营业费用——装修费	50 000
营业费用——水电费	400
营业费用——其他	600
利润总额	1 000

资产负债表(简式)

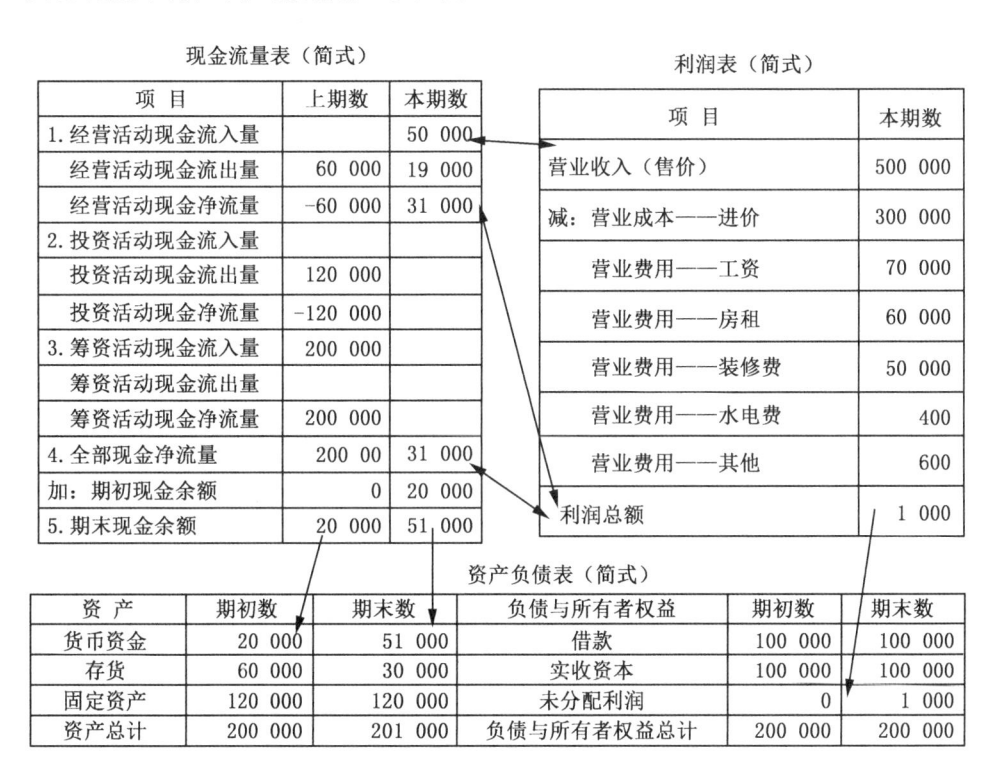

资产	期初数	期末数	负债与所有者权益	期初数	期末数
货币资金	20 000	51 000	借款	100 000	100 000
存货	60 000	30 000	实收资本	100 000	100 000
固定资产	120 000	120 000	未分配利润	0	1 000
资产总计	200 000	201 000	负债与所有者权益总计	200 000	200 000

图 10-1 三张主要会计报表的部分勾稽关系

第二节 小企业会计综合演练

一、明辉公司基本情况介绍

明辉精密仪表制造有限公司(以下简称明辉公司)是由 5 个自然人共同出资 500 万元设立的有限责任公司。

明辉公司为小型企业（非小型微利企业），有固定的生产经营场所，处于稳定经营状态，能够按照会计法规的规定设置账簿，根据合法、有效的凭证核算，提供准确的税务资料，按税务机关的要求准确核算销项税额、进项税额和应纳税额，已取得主管税务机关认定的一般纳税人资格，适用的增值税税率为13%，适用的企业所得税税率为20%。

明辉公司执行《小企业会计准则》，主要会计政策和相应核算方法的规定摘要如下：

(1)短期投资采用历史成本计量，交易费用计入投资成本。出售短期投资的价款扣除其账面余额和相关税费后的净额应当计入投资收益。

(2)原材料和周转材料(低值易耗品)采用计划成本核算，会计期末分配材料成本差异。

(3)周转材料(低值易耗品)采用一次摊销法进行会计处理。

(4)目前只生产一种产品——甲产品，按实际成本计价，采用品种法核算产品成本，采用加权平均法确定发出产品的实际成本。

(5)长期股权投资采用成本进行初始计量，按照成本法进行核算。处置长期股权投资时，处置价款扣除其成本和相关税费后的净额计入投资收益。

(6)固定资产折旧采用年限平均法，按月计提折旧。当月增加的固定资产，当月不计提折旧，从下月起计提折旧；当月减少的固定资产，当月仍计提折旧，从下月起不计提折旧。

(7)无形资产按照成本进行计量，在其使用寿命内采用年限平均法进行摊销，根据受益对象计入当期损益。

(8)不计提资产减值准备，实际发生资产损失时计入营业外支出并报税务部门审批。

(9)发出商品且收到货款或取得收款权利时确认收入。按照从购买方已收或应收的合同或协议价款确定销售商品收入的金额。

(10)根据董事会决议进行利润分配核算。公司取得净利润后，应当按照净利润的10%提取法定盈余公积，按照净利润的10%提取任意盈余公积。

二、某年年初总分类账户余额资料

明辉公司某年年初总分类账户的余额如表10-2所示。

表 10－2　　　　　　　明辉公司某年年初总分类账户余额一览表　　　　　　　单位:元

资　产	借方余额	负债和所有者权益	贷方余额
库存现金	6 200.00	短期借款	700 000.00
银行存款	1 573 200.00	应付票据	200 000.00
其他货币资金	113 000.00	应付账款	954 161.00
短期投资	15 000.00	应交税费	－17 026.00
应收票据	246 000.00	应付利息	1 000.00
应收账款	300 000.00	其他应付款	20 000.00
预付账款	100 000.00	长期借款	1 760 000.00
其他应收款	5 000.00		
材料采购	100 000.00		
原材料	1 660 000.00		
周转材料	86 000.00		
材料成本差异	92 300.00	累计折旧	400 000.00
库存商品	641 700.00		
长期股权投资	400 000.00		
固定资产	1 700 000.00		
在建工程	1 500 000.00	实收资本	5 000 000.00
无形资产	600 000.00	资本公积	100 000.00
		盈余公积	4 053.00
		利润分配	16 212.00
借方总计	9 138 400.00	贷方总计	9 138 400.00

该年年初有关账户的明细内容摘要如下:

其他货币资金——银行汇票 113 000 元,是公司在银行开设于外地的账户,用于支付材料采购款。

短期投资——股票投资(申花公司)15 000 元,为购入时的成本价。

应收票据——银行承兑汇票 200 000 元,即将到期,内容为销货款。

应收账款——东方公司 270 000 元,川北公司 30 000 元。

材料成本差异——原材料 88 000 元,周转材料 4 300 元。

长期股权投资——永发公司 250 000 元,占 10%的股权比例。

固定资产——机器 600 000 元,运输工具 300 000 元,设备 800 000 元。

在建工程——特种设备 922 000 元,专项处理工程 578 000 元。

无形资产——一项新型实用技术 600 000 元,按收益期 10 年摊销。

应付票据——商业承兑汇票 100 000 元,即将到期,内容为购料款。

应付账款——张达公司 37 434 元,即将付款,为购料款。

应交税费——应交增值税(进项税额)17 026 元。

资本公积——资本溢价 100 000 元。

盈余公积——法定盈余公积 2 026.50 元,任意盈余公积 2 026.50 元。

三、明辉公司经济业务核算内容与相关会计处理

某年 1 月,明辉公司会计人员根据下述经济业务编制有关会计凭证(以会计分录列示)。

(1)收到原材料一批,实际成本为 100 000 元,计划成本为 95 000 元,材料已验收入库,货款已于上月支付。

借:原材料　　　　　　　　　　　　　　　　　　95 000.00
　　材料成本差异　　　　　　　　　　　　　　　 5 000.00
　贷:材料采购　　　　　　　　　　　　　　　　 100 000.00

(2)购入原材料一批,用银行存款支付材料款 150 000 元以及购入原材料支付的增值税税额 19 500 元,款项已付,材料未到。

借:材料采购　　　　　　　　　　　　　　　　　150 000.00
　　应交税费——应交增值税(进项税额)　　　　　19 500.00
　贷:银行存款　　　　　　　　　　　　　　　　 169 500.00

(3)收到银行通知,用银行存款支付到期商业承兑汇票 100 000 元。

借:应付票据——商业承兑汇票　　　　　　　　　100 000.00
　贷:银行存款　　　　　　　　　　　　　　　　 100 000.00

(4)收到开户银行转来的银行汇票余款收账通知(上月用银行汇票支付采购材料价款 113 000 元),通知中填写的多余款项为 226 元。购入原材料 99 800 元,支付的增值税税额为 12 974 元,原材料已验收入库,该批原材料的计划价格为 100 000 元。

借:材料采购　　　　　　　　　　　　　　　　　 99 800.00
　　银行存款　　　　　　　　　　　　　　　　　　 226.00
　　应交税费——应交增值税(进项税额)　　　　　12 974.00

  贷：其他货币资金——银行汇票　　　　　　　　　113 000.00
  借：原材料　　　　　　　　　　　　　　　　　　100 000.00
    贷：材料采购　　　　　　　　　　　　　　　　　99 800.00
      材料成本差异　　　　　　　　　　　　　　　200.00

(5)销售甲产品一批给东方公司,销售价款为 300 000 元,应收取的增值税为 39 000 元,产品已发出(该批产品的实际成本为 180 000 元,期末一次结转本期产品销售成本),款项未收到。

  借：应收账款——东方公司　　　　　　　　　　　339 000.00
    贷：主营业务收入　　　　　　　　　　　　　　 300 000.00
      应交税费——应交增值税(销项税额)　　　　39 000.00

(6)公司将短期投资(申花公司股票)15 000 元兑现,收到本金 15 000 元、投资收益 1 500 元,均存入银行。

  借：银行存款　　　　　　　　　　　　　　　　　 16 500.00
    贷：短期投资——股票投资　　　　　　　　　　 15 000.00
      投资收益　　　　　　　　　　　　　　　　 1 500.00

(7)购入不需要安装的精密测试专用设备一台,取得的增值税专用发票上写明的价款为 100 000 元,增值税税额为 13 000 元;另发生包装费、运费 1 000 元。价税款项及包装、运杂费均以银行存款支付。设备已交付使用。

  借：固定资产——设备　　　　　　　　　　　　　101 000.00
    应交税费——应交增值税(进项税额)　　　　　 13 000.00
    贷：银行存款　　　　　　　　　　　　　　　　 114 000.00

(8)购入特种设备工程专用物资一批,价款为 150 000 元,已用银行存款支付。

  借：工程物资　　　　　　　　　　　　　　　　　150 000.00
    贷：银行存款　　　　　　　　　　　　　　　　 150 000.00

(9)支付特种设备出包费用 328 000 元。

  借：在建工程——特种设备　　　　　　　　　　　328 000.00
    贷：银行存款　　　　　　　　　　　　　　　　 328 000.00

(10)结转特种设备工程领用工程物资 150 000 元。

  借：在建工程——特种设备　　　　　　　　　　　150 000.00
    贷：工程物资　　　　　　　　　　　　　　　　 150 000.00

(11)特种设备工程竣工验收合格,交付使用,已办理竣工手续,其价值为 1 400 000 元。

借:固定资产　　　　　　　　　　　　　　　　　　　　1 400 000.00
　　　　贷:在建工程——特种设备　　　　　　　　　　　　　　　1 400 000.00
　(12)生产车间一台机床报废,原价为 200 000 元,已提折旧 180 000 元,清理费用为 500 元,残值收入为 800 元,均通过银行存款收支。该项固定资产已清理完毕。
　　借:固定资产清理　　　　　　　　　　　　　　　　　　　　20 000.00
　　　　累计折旧　　　　　　　　　　　　　　　　　　　　180 000.00
　　　　贷:固定资产——机床　　　　　　　　　　　　　　　　　200 000.00
　　借:固定资产清理　　　　　　　　　　　　　　　　　　　　　　500.00
　　　　贷:银行存款　　　　　　　　　　　　　　　　　　　　　　500.00
　　借:银行存款　　　　　　　　　　　　　　　　　　　　　　　　800.00
　　　　贷:固定资产清理　　　　　　　　　　　　　　　　　　　　800.00
　　借:营业外支出——处理固定资产净损失　　　　　　　　　　　19 700.00
　　　　贷:固定资产清理　　　　　　　　　　　　　　　　　　 19 700.00
　(13)从工商银行借入 3 年期借款 400 000 元,借款已存入银行账户,该项借款用于购建固定资产。
　　借:银行存款　　　　　　　　　　　　　　　　　　　　　 400 000.00
　　　　贷:长期借款　　　　　　　　　　　　　　　　　　　 400 000.00
　(14)销售甲产品一批,销售价款为 700 000 元,应收的增值税税额为 91 000 元,货款银行已收妥(该批产品的实际成本为 420 000 元)。
　　借:银行存款　　　　　　　　　　　　　　　　　　　　　 791 000.00
　　　　贷:主营业务收入　　　　　　　　　　　　　　　　　 700 000.00
　　　　　　应交税费——应交增值税(销项税额)　　　　　　　 91 000.00
　(15)将到期的一张面值为 200 000 元的无息银行承兑汇票连同解讫通知和进账单交银行办理转账。收到银行盖章退回的进账单一联,款项银行已收妥。
　　借:银行存款　　　　　　　　　　　　　　　　　　　　　 200 000.00
　　　　贷:应收票据——银行承兑汇票　　　　　　　　　　　 200 000.00
　(16)收到永发公司分来的税后股利 30 000 元,已存入银行。
　　借:银行存款　　　　　　　　　　　　　　　　　　　　　　30 000.00
　　　　贷:投资收益　　　　　　　　　　　　　　　　　　　　30 000.00
　(17)出售一台不需要的设备,收到价款 300 000 元(普通发票),该设备原价为 400 000 元,已提折旧 150 000 元。该项设备已由购入单位运走。
　　借:固定资产清理　　　　　　　　　　　　　　　　　　　 250 000.00

累计折旧	150 000.00
贷:固定资产——设备	400 000.00
借:银行存款	300 000.00
贷:固定资产清理	300 000.00
借:固定资产清理	50 000.00
贷:营业外收入——处理固定资产净收益	50 000.00

(18)归还短期借款本金250 000元及利息12 500元(公司已在"应付利息"账户中预计该笔利息)。

借:短期借款	250 000.00
应付利息	12 500.00
贷:银行存款	262 500.00

(19)提取现金342 000元,准备发放工资与奖金。

借:库存现金	342 000.00
贷:银行存款	342 000.00

(20)支付职工工资与奖金342 000元。

借:应付职工薪酬	342 000.00
贷:库存现金	342 000.00

(21)分配应支付的职工工资300 000元,其中,甲产品生产人员工资275 000元、车间管理人员工资10 000元、行政管理人员工资15 000元。

借:生产成本——甲产品	275 000.00
制造费用	10 000.00
管理费用	15 000.00
贷:应付职工薪酬	300 000.00

(22)分配职工奖金42 000元,其中,甲产品生产工人奖金38 500元、车间管理人员奖金1 400元、行政管理部门奖金2 100元。

借:生产成本——甲产品	38 500.00
制造费用	1 400.00
管理费用	2 100.00
贷:应付职工薪酬	42 000.00

(23)在应付利息日结转短期借款利息21 500元。

借:财务费用	21 500.00
贷:应付利息	21 500.00

(24)生产车间(甲产品)领用原材料的计划成本为 700 000 元,领用低值易耗品的计划成本为 50 000 元。结转原材料和低值易耗品应分摊的材料成本差异,材料成本差异率为5%。

原材料应负担的材料成本差异=700 000×5%=35 000(元)

低值易耗品应负担的材料成本差异=50 000×5%=2 500(元)

借:生产成本——甲产品	700 000.00
贷:原材料	700 000.00
借:制造费用	50 000.00
贷:周转材料——低值易耗品	50 000.00
借:生产成本——甲产品	35 000.00
制造费用	2 500.00
贷:材料成本差异	37 500.00

(25)以银行存款支付公司办公经费 10 000 元,支付基本生产车间装潢与修缮费用 90 000 元。

借:管理费用——办公费	10 000.00
制造费用——修理费	90 000.00
贷:银行存款	100 000.00

(26)摊销无形资产价值 60 000 元。

借:管理费用——无形资产摊销	60 000.00
贷:累计摊销	60 000.00

(27)计提固定资产折旧 100 000 元,其中,计入制造费用 80 000 元、计入管理费用 20 000 元。

借:制造费用——折旧费	80 000.00
管理费用——折旧费	20 000.00
贷:累计折旧	100 000.00

(28)收到东方公司的应收账款 51 000 元,存入银行。

借:银行存款	51 000.00
贷:应收账款	51 000.00

(29)用银行存款支付产品展览费 12 000 元。

借:销售费用	12 000.00
贷:银行存款	12 000.00

(30)计算并结转制造费用和本期完工甲产品成本(没有期初在产品,本期生产的

产品全部完工入库)。

  借:生产成本——甲产品   233 900.00
   贷:制造费用   233 900.00
  借:库存商品——甲产品   1 282 400.00
   贷:生产成本——甲产品   1 282 400.00

(31)发生广告费用 10 000 元,以银行存款支付,发票不符合有关规定。

  借:销售费用——广告费   10 000.00
   贷:银行存款   10 000.00

(32)公司采用商业承兑汇票结算方式销售甲产品一批,价款为 250 000 元,增值税为 32 500 元,收到 292 500 元商业承兑汇票一张(该批产品的实际成本为 150 000 元)。

  借:应收票据——商业承兑汇票   282 500.00
   贷:主营业务收入   250 000.00
    应交税费——应交增值税(销项税额)   32 500.00

(33)公司持上述商业承兑汇票到银行办理贴现,贴现息为 20 000 元。

  借:财务费用   20 000.00
    银行存款   262 500.00
   贷:应收票据——商业承兑汇票   282 500.00

(34)提取现金 50 000 元备用。

  借:库存现金   50 000.00
   贷:银行存款   50 000.00

(35)以现金支付董事会会费 7 000 元,办公用品费用 3 000 元,报销管理人员差旅费 4 000 元,支付房屋租金 36 000 元,捐赠某学校支出 400 元。

  借:管理费用   50 000.00
    营业外支出   400.00
   贷:库存现金   50 400.00

(36)以现金支付业务招待费 900 元。

  借:管理费用   900.00
   贷:库存现金   900.00

(37)结转本期产品销售成本 750 000 元。

  借:主营业务成本   750 000.00
   贷:库存商品——甲产品   750 000.00

(38)川北公司已破产倒闭,报经税务部门备案后核销该笔应收账款坏账损失 18 000 元。

  借:营业外支出   18 000.00

   贷:应收账款   18 000.00

(39)偿还长期借款 1 000 000 元。

  借:长期借款   1 000 000.00

   贷:银行存款   1 000 000.00

(40)计算应缴纳的增值税,计算并结转本期应缴纳的城市维护建设税(税率为7%)、教育费附加(征收率为3%)、地方教育费附加(征收率为2%)

应纳增值税 = 162 500 − (17 026 + 45 474) = 100 000(元)

应纳城市维护建设税 = 100 000 × 7% = 7 000(元)

应纳教育费附加 = 100 000 × 3% = 3 000(元)

应纳地方教育附加 = 100 000 × 2% = 2 000(元)

  借:税金及附加   12 000.00

   贷:应交税费——应交城市维护建设税   7 000.00

    应交税费——应交教育费附加   3 000.00

    应交税费——应交地方教育附加   2 000.00

(41)用银行存款预缴所得税 55 000 元,归还张达公司的应付账款 37 434 元。

  借:应交税费——应交企业所得税   55 000.00

   应付账款——张达公司   37 434.00

   贷:银行存款   92 434.00

(42)用银行存款缴纳增值税 100 000 元、城市维护建设税 7 000 元、教育费附加 3 000 元和地方教育附加 2 000 元。

  借:应交税费——应交增值税   100 000.00

   应交税费——应交城市维护建设税   7 000.00

   应交税费——应交教育费附加   3 000.00

   应交税费——应交地方教育附加   2 000.00

   贷:银行存款   112 000.00

(43)结转相关损益类账户并计算利润总额。

  借:主营业务收入   1 250 000.00

   营业外收入   50 000.00

   投资收益   31 500.00

　　　　贷：本年利润　　　　　　　　　　　　　　　1 331 500.00
　　　借：本年利润　　　　　　　　　　　　　　　　1 021 600.00
　　　　贷：主营业务成本　　　　　　　　　　　　　　750 000.00
　　　　　　税金及附加　　　　　　　　　　　　　　　12 000.00
　　　　　　销售费用　　　　　　　　　　　　　　　　22 000.00
　　　　　　管理费用　　　　　　　　　　　　　　　 158 000.00
　　　　　　财务费用　　　　　　　　　　　　　　　　41 500.00
　　　　　　营业外支出　　　　　　　　　　　　　　　38 100.00
利润总额＝1 331 500－1 021 600＝309 900(元)

(44)计算应纳税所得额并说明调整应纳税所得额的理由。

①应当调增的应纳税所得额：

发票不符合规定的广告费10 000元不得税前扣除。

未通过捐赠机构的捐赠款400元不得税前扣除。

业务招待费中的360元(900×40％)不得税前扣除。

②应当调减符合条件的居民企业之间的股息、红利等权益性投资收益30 000元。

③应纳税所得额＝309 900＋10 000＋400＋360－30 000＝290 660(元)

④应缴纳所得税＝290 660×20％＝58 132(元)

　　　借：所得税费用　　　　　　　　　　　　　　　　58 132.00
　　　　贷：应交税费——应交企业所得税　　　　　　　58 132.00
　　　借：本年利润　　　　　　　　　　　　　　　　　58 132.00
　　　　贷：所得税费用　　　　　　　　　　　　　　　58 132.00

(45)计算并结转本年净利润。

净利润＝309 900－58 132＝251 768(元)

　　　借：本年利润　　　　　　　　　　　　　　　　　251 768.00
　　　　贷：利润分配——未分配利润　　　　　　　　　251 768.00

(46)经董事会决议,按照净利润的10％提取法定盈余公积和任意盈余公积(实务中此笔业务通常在年终利润决算时进行核算)。

计提的法定盈余公积＝251 768×10％＝25 176.80(元)

计提的任意盈余公积＝251 768×10％＝25 176.80(元)

　　　借：利润分配——提取法定盈余公积　　　　　　　25 176.80
　　　　　利润分配——提取任意盈余公积　　　　　　　25 176.80
　　　　贷：盈余公积——法定盈余公积　　　　　　　　25 176.80

　　　　盈余公积——任意盈余公积　　　　　　　　　25 176.80
　　借：利润分配——未分配利润　　　　　　　　　50 353.60
　　　　贷：利润分配——提取法定盈余公积　　　　　25 176.80
　　　　　　利润分配——提取任意盈余公积　　　　　25 176.80

四、明辉公司有关总分类账户的登记情况

会计人员根据上述会计分录登记有关总分类账户(以 T 形账户列示)如下：

库存现金				银行存款			
期初余额	6 200.00			期初余额	1 573 200.00		
(19)	342 000.00	(20)	342 000.00	(4)	226.00	(2)	169 500.00
(34)	50 000.00	(35)	50 400.00	(6)	16 500.00	(3)	100 000.00
		(36)	900.00	(12)	800.00	(7)	114 000.00
本期发生额	392 000.00	本期发生额	393 300.00	(13)	400 000.00	(8)	150 000.00
期末余额	4 900.00			(14)	791 000.00	(9)	328 000.00
				(15)	200 000.00	(12)	500.00
				(16)	30 000.00	(18)	262 500.00
其他货币资金				(17)	300 000.00	(19)	342 000.00
期初余额	113 000.00			(28)	51 000.00	(25)	100 000.00
		(4)	113 000.00	(33)	262 500.00	(29)	12 000.00
本期发生额	0.00	本期发生额	113 000.00			(31)	10 000.00
期末余额	0.00					(34)	50 000.00
						(39)	1 000 000.00
短期投资						(41)	92 434.00
期初余额	15 000.00					(42)	112 000.00
		(6)	15 000.00	本期发生额	2 052 026.00	本期发生额	2 842 934.00
本期发生额	0.00	本期发生额	15 000.00	期末余额	782 292.00		
期末余额	0.00						

应收票据				应收账款			
期初余额	246 000.00			期初余额	300 000.00		
		(15)	200 000.00	(5)	339 000.00	(28)	51 000.00
(32)	282 500.00	(33)	282 500.00			(38)	18 000.00
本期发生额	282 500.00	本期发生额	482 500.00	本期发生额	339 000.00	本期发生额	69 000.00
期末余额	46 000.00			期末余额	570 000.00		

预付账款

期初余额	100 000.00		
本期发生额	0.00	本期发生额	0.00
期末余额	100 000.00		

其他应收款

期初余额	5 000.00		
本期发生额	0.00	本期发生额	0.00
期末余额	5 000.00		

材料采购

期初余额	100 000.00		
(2)	150 000.00	(1)	100 000.00
(4)	99 800.00	(4)	99 800.00
本期发生额	249 800.00	本期发生额	199 800.00
期末余额	150 000.00		

原材料

期初余额	1 660 000.00		
(1)	95 000.00	(24)	700 000.00
(4)	100 000.00		
本期发生额	195 000.00	本期发生额	700 000.00
期末余额	1 155 000.00		

周转材料

期初余额	86 000.00		
		(24)	50 000.00
本期发生额	0.00	本期发生额	50 000.00
期末余额	36 000.00		

材料成本差异

期初余额	92 300.00		
(1)	5 000.00	(4)	200.00
		(24)	37 500.00
本期发生额	5 000.00	本期发生额	37 700.00
期末余额	59 600.00		

库存商品

期初余额	641 700.00		
(30)	1 282 400.00	(37)	750 000.00
本期发生额	1 282 400.00	本期发生额	750 000.00
期末余额	1 174 100.00		

长期股权投资

期初余额	400 000.00		
本期发生额	0.00	本期发生额	0.00
期末余额	400 000.00		

固定资产

期初余额	1 700 000.00		
(7)	101 000.00	(12)	200 000.00
(11)	1 400 000.00	(17)	400 000.00
本期发生额	1 501 000.00	本期发生额	600 000.00
期末余额	2 601 000.00		

累计折旧

		期初余额	400 000.00
(12)	180 000.00	(27)	100 000.00
(17)	150 000.00		
本期发生额	330 000.00	本期发生额	100 000.00
		期末余额	170 000.00

工程物资

期初余额	0.00		
(8)	150 000.00	(10)	150 000.00
本期发生额	150 000.00	本期发生额	150 000.00
期末余额	0.00		

在建工程

期初余额	1 500 000.00		
(9)	328 000.00	(11)	1 400 000.00
(10)	150 000.00		
本期发生额	478 000.00	本期发生额	1 400 000.00
期末余额	578 000.00		

无形资产

期初余额	600 000.00		
本期发生额	0.00	本期发生额	0.00
期末余额	600 000.00		

累计摊销

期初余额	0.00		
		(26)	60 000.00
本期发生额	0.00	本期发生额	60 000.00
		期末余额	60 000.00

固定资产清理

期初余额	0.00		
(12)	20 000.00	(12)	800.00
(12)	500.00	(12)	19 700.00
(17)	250 000.00	(17)	300 000.00
(17)	50 000.00		
本期发生额	320 500.00	本期发生额	320 500.00
期末余额	0.00		

生产成本

期初余额	0.00		
(21)	275 000.00		
(22)	38 500.00		
(24)	700 000.00		
(24)	35 000.00		
(30)	233 900.00	(30)	1 282 400.00
本期发生额	1 282 400.00	本期发生额	1 282 400.00
期末余额	0.00		

制造费用

(21)	10 000.00		
(22)	1 400.00		
(24)	50 000.00		
(24)	2 500.00		
(25)	90 000.00		
(27)	80 000.00	(30)	233 900.00
本期发生额	233 900.00	本期发生额	233 900.00

主营业务收入

		(5)	300 000.00
		(14)	700 000.00
(43)	1 250 000.00	(32)	250 000.00
本期发生额	1 250 000.00	本期发生额	1 250 000.00

主营业务成本

(37)	750 000.00	(43)	750 000.00
本期发生额	750 000.00	本期发生额	750 000.00

税金及附加

(40)	12 000.00	(43)	12 000.00
本期发生额	12 000.00	本期发生额	12 000.00

管理费用

(21)	15 000.00		
(22)	2 100.00		
(25)	10 000.00		
(26)	60 000.00		
(27)	20 000.00		
(35)	50 000.00		
(36)	900.00	(43)	158 000.00
本期发生额	158 000.00	本期发生额	158 000.00

销售费用

(29)	12 000.00		
(31)	10 000.00	(43)	22 000.00
本期发生额	22 000.00	本期发生额	22 000.00

财务费用

(23)	21 500.00		
(33)	20 000.00	(43)	41 500.00
本期发生额	41 500.00	本期发生额	41 500.00

投资收益

		(6)	1 500.00
(43)	31 500.00	(16)	30 000.00
本期发生额	31 500.00	本期发生额	31 500.00

营业外收入

(43)	50 000.00	(17)	50 000.00
本期发生额	50 000.00	本期发生额	50 000.00

所得税费用

(44)	58 132.00	(44)	58 132.00
本期发生额	58 132.00	本期发生额	58 132.00

短期借款

		期初余额	700 000.00
(18)	250 000.00		
本期发生额	250 000.00	本期发生额	0.00
		期末余额	450 000.00

营业外支出

(12)	19 700.00		
(35)	400.00		
(38)	18 000.00	(43)	38 100.00
本期发生额	38 100.00	本期发生额	38 100.00

第十章 算管融合与财务报表 197

本年利润

		期初余额	0.00
(43)	1 021 600.00	(43)	1 331 500.00
(44)	58 132.00		
(45)	251 768.00		
本期发生额	1 331 500.00	本期发生额	1 331 500.00
		期末余额	0.00

应付票据

		期初余额	200 000.00
(3)	100 000.00		
本期发生额	100 000.00	本期发生额	0.00
		期末余额	100 000.00

应付账款

		期初余额	954 161.00
(41)	37 434.00		
本期发生额	37 434.00	本期发生额	0.00
		期末余额	916 727.00

其他应付款

		期初余额	20 000.00
本期发生额	0.00	本期发生额	0.00
		期末余额	20 000.00

应付职工薪酬

		期初余额	0.00
(20)	342 000.00	(21)	300 000.00
		(22)	42 000.00
本期发生额	342 000.00	本期发生额	342 000.00
		期末余额	0.00

应交税费

期初余额	17 026.00		
(2)	19 500.00	(5)	39 000.00
(4)	12 974.00	(14)	91 000.00
(7)	13 000.00	(32)	32 500.00
(41)	55 000.00	(40)	7 000.00
(42)	100 000.00	(40)	3 000.00
(42)	7 000.00	(40)	2 000.00
(42)	3 000.00	(44)	58 132.00
(42)	2 000.00		
本期发生额	212 474.00	本期发生额	232 632.00
		期末余额	3 132.00

应付利息

		期初余额	1 000.00
(18)	12 500.00	(23)	21 500.00
本期发生额	12 500.00	本期发生额	21 500.00
		期末余额	10 000.00

长期借款

		期初余额	1 760 000.00
(39)	1 000 000.00	(13)	400 000.00
本期发生额	1 000 000.00	本期发生额	400 000.00
		期末余额	1 160 000.00

实收资本

		期初余额	5 000 000.00
本期发生额	0.00	本期发生额	0.00
		期末余额	5 000 000.00

资本公积

		期初余额	100 000.00
本期发生额	0.00	本期发生额	0.00
		期末余额	100 000.00

盈余公积

		期初余额	4 053.00
		(46)	25 176.80
		(46)	25 176.80
本期发生额	0.00	本期发生额	50 353.60
		期末余额	54 406.60

利润分配

		期初余额	16 212.00
(46)	50 353.60	(45)	251 768.00
本期发生额	50 353.60	本期发生额	251 768.00
		期末余额	217 626.40

五、明辉公司账簿登记情况

会计人员根据上述经济业务中有关现金与银行存款增减变动的业务登记现金日记账和银行存款日记账如表10－3和表10－4所示。

表10－3　　　　　　　　　　现金日记账　　　　　　　　　　单位:元

年		凭证		对方科目	摘要	收入	支出	结余
月	日	种类	号码					
略	略	略			期初余额			6 200.00
			19	银行存款	提现	342 000.00		348 200.00
			20	应付职工薪酬	发工资		342 000.00	6 200.00
			34	银行存款	提现	50 000.00		56 200.00
			35	管理费用	董事会费		7 000.00	49 200.00
			35	管理费用	办公用品		3 000.00	46 200.00
			35	管理费用	差旅费		4 000.00	42 200.00
			35	管理费用	房屋租金		36 000.00	6 200.00
			35	营业外支出	捐赠某学校		400.00	5 800.00
			36	管理费用	业务招待费		900.00	4 900.00
					本期发生额及期末余额	392 000.00	393 300.00	4 900.00

表10－4　　　　　　　　　　银行存款日记账　　　　　　　　　　单位:元

年		凭证		对方科目	摘要	收入	支出	结余
月	日	种类	号码					
略	略	略			期初余额			1 573 200.00
			2	材料采购	原材料		150 000.00	1 423 200.00
			2	应交税费	进项税额		19 500.00	1 403 700.00
			3	应付票据	商业承兑汇票		100 000.00	1 303 700.00
			4	其他货币资金	购料多余款	226.00		1 303 926.00
			6	短期投资	股票	15 000.00		1 318 926.00
			6	投资收益	股票	1 500.00		1 320 426.00
			7	固定资产	设备		101 000.00	1 219 426.00

续表

年		凭证		对方科目	摘要	收入	支出	结余
月	日	种类	号码					
			7	应交税费	进项税额		13 000.00	1 206 426.00
			8	工程物资	专用物资		150 000.00	1 056 426.00
			9	在建工程	出包费		328 000.00	728 426.00
			12	固定资产清理	清理费		500.00	727 926.00
			12	固定资产清理	变价收入	800.00		728 726.00
			13	长期借款	借款	400 000.00		1 128 726.00
			14	主营业务收入	甲产品	700 000.00		1 828 726.00
			14	应交税费	销项税额	91 000.00		1 919 726.00
			15	应收票据	银行承兑汇票	200 000.00		2 119 726.00
			16	投资收益	永发公司股利	30 000.00		2 149 726.00
			17	固定资产清理	出售设备	300 000.00		2 449 726.00
			18	短期借款	归还本金		250 000.00	2 199 726.00
			18	应付利息	归还利息		12 500.00	2 187 226.00
			19	库存现金	提现		342 000.00	1 845 226.00
			25	管理费用	办公费		10 000.00	1 835 226.00
			25	制造费用	修理费		90 000.00	1 745 226.00
			28	应收账款	东方公司	51 000.00		1 796 226.00
			29	销售费用	展览费		12 000.00	1 784 226.00
			31	销售费用	广告费		10 000.00	1 774 226.00
			33	应收票据	商业承兑汇票	262 500.00		2 036 726.00
			34	库存现金	提现		50 000.00	1 986 726.00
			39	长期借款	还款		1 000 000.00	986 726.00
			41	应交税费	所得税		55 000.00	931 726.00
			41	应付账款	张达公司		37 434.00	894 292.00
			42	应交税费	增值税		100 000.00	794 292.00
			42	应交税费	城市维护建设税		7 000.00	787 292.00
			42	应交税费	教育费附加		3 000.00	784 292.00

续表

年		凭证		对方科目	摘要	收入	支出	结余
月	日	种类	号码					
			42	应交税费	地方教育附加		2 000.00	782 292.00
					本期发生额及期末余额	2 052 026.00	2 842 934.00	782 292.00

会计人员根据上述经济业务中有关生产成本与应纳税费增减变动的业务登记生产成本明细账和应交税费明细账如表10-5、表10-6、表10-7、表10-8和表10-9所示(其他明细账略)。

表10-5　　　　　　　　　　　生产成本明细账

产品名称:甲产品　　　　　　　　　××年×月　　　　　　　完工数量:×件　单位:元

×年		凭证编号	摘要	成本项目			
月	日			直接材料	直接人工	制造费用	合计
略	略	21	生产工人工资		275 000.00		275 000.00
		22	生产工人奖金		38 500.00		38 500.00
		24	原材料	700 000.00			700 000.00
		24	材料成本差异	35 000.00			35 000.00
		30	分配制造费用			233 900.00	233 900.00
			成本费用合计	735 000.00	313 500.00	233 900.00	1 282 400.00
			结转完工产品成本	735 000.00	313 500.00	233 900.00	1 282 400.00

表10-6　　　　　　　　应交税费——应交城市维护建设税　　　　　　　　单位:元

年		凭证号数	摘要	√	借方	贷方	借或贷	余额
月	日							
略	略	40	计提			7 000.00	贷	7 000.00
		42	缴纳		7 000.00		平	0.00
			本期发生额		7 000.00	7 000.00	平	0.00

表10-7　　　　　　　　应交税费——应交教育费附加、地方教育附加　　　　　单位：元

年		凭证号数	摘要	√	借方	贷方	借或贷	余额
月	日							
略	略	40	计提			5 000.00	贷	5 000.00
		42	缴纳		5 000.00		平	0.00
			本期发生额		5 000.00	5 000.00	平	0.00

表10-8　　　　　　　　　　　应交税费——应交增值税　　　　　　　　　单位：元

年		凭证号数	摘要	√	借方	贷方	借或贷	余额
月	日							
略	略		期初余额				借	17 026.00
		2	购料		19 500.00		借	36 526.00
		4	购料		12 974.00		借	49 500.00
		5	销售			39 000.00	借	10 500.00
		7	购固定资产		13 000.00		借	23 500.00
		14	销售			91 000.00	贷	67 500.00
		32	销售			32 500.00	贷	100 000.00
		42	缴纳		100 000.00		贷	0.00
			本期发生额		145 474.00	162 500.00	借	0.00

表10-9　　　　　　　　　　　应交税费——应交企业所得税　　　　　　　　单位：元

年		凭证号数	摘要	√	借方	贷方	借或贷	余额
月	日							
略	略	41	预交		55 000.00		借	55 000.00
		44	结转			58 132.00	贷	3 132.00
			本期发生额		55 000.00	58 132.00	贷	3 132.00

六、明辉公司编制试算平衡表

现将上述经济业务涉及的总分类账户的期初余额、借方本期发生额、贷方本期发生额和期末余额汇总列出"总分类账户本期发生额及余额表"(如表10-10所示)。

表 10-10　　　　　　　　　总分类账户本期发生额及余额表

单位：明辉公司　　　　　　　　　××年×月　　　　　　　　　　　单位：元

账户名称	期初余额 借方	期初余额 贷方	本期发生额 借方	本期发生额 贷方	期末余额 借方	期末余额 贷方
库存现金	6 200.00		392 000.00	393 300.00	4 900.00	
银行存款	1 573 200.00		2 052 026.00	2 842 934.00	782 292.00	
其他货币资金	113 000.00		0.00	113 000.00	0.00	
短期投资	15 000.00		0.00	15 000.00	0.00	
应收票据	246 000.00		282 500.00	482 500.00	46 000.00	
应收账款	300 000.00		339 000.00	69 000.00	570 000.00	
预付账款	100 000.00		0.00	0.00	100 000.00	
其他应收款	5 000.00		0.00	0.00	5 000.00	
材料采购	100 000.00		249 800.00	199 800.00	150 000.00	
原材料	1 660 000.00		195 000.00	700 000.00	1 155 000.00	
周转材料	86 000.00		0.00	50 000.00	36 000.00	
材料成本差异	92 300.00		5 000.00	37 700.00	59 600.00	
库存商品	641 700.00		1 282 400.00	750 000.00	1 174 100.00	
长期股权投资	400 000.00		0.00	0.00	400 000.00	
固定资产	1 700 000.00		1 501 000.00	600 000.00	2 601 000.00	
累计折旧		400 000.00	330 000.00	100 000.00		170 000.00
工程物资	0.00		150 000.00	150 000.00	0.00	
在建工程	1 500 000.00		478 000.00	1 400 000.00	578 000.00	
无形资产	600 000.00		0.00	0.00	600 000.00	
累计摊销	0.00		0.00	60 000.00		60 000.00
固定资产清理	0.00		320 500.00	320 500.00	0.00	
短期借款		700 000.00	250 000.00	0.00		450 000.00
应付票据		200 000.00	100 000.00	0.00		100 000.00
应付账款		954 161.00	37 434.00	0.00		916 727.00
其他应付款		20 000.00	0.00	0.00		20 000.00
应付职工薪酬		0.00	342 000.00	342 000.00		0.00
应交税费	17 026.00		212 474.00	232 632.00		3 132.00

续表

账户名称	期初余额 借方	期初余额 贷方	本期发生额 借方	本期发生额 贷方	期末余额 借方	期末余额 贷方
应付利息		1 000.00	12 500.00	21 500.00		10 000.00
长期借款		1 760 000.00	1 000 000.00	400 000.00		1 160 000.00
生产成本			1 282 400.00	1 282 400.00		
制造费用			233 900.00	233 900.00		
主营业务收入			1 250 000.00	1 250 000.00		
主营业务成本			750 000.00	750 000.00		
税金及附加			12 000.00	12 000.00		
销售费用			22 000.00	22 000.00		
管理费用			158 000.00	158 000.00		
财务费用			41 500.00	41 500.00		
投资收益			31 500.00	31 500.00		
营业外收入			50 000.00	50 000.00		
营业外支出			38 100.00	38 100.00		
所得税费用			58 132.00	58 132.00		
本年利润			1 331 500.00	1 331 500.00		
实收资本		5 000 000.00	0.00	0.00		5 000 000.00
资本公积		100 000.00	0.00	0.00		100 000.00
盈余公积		4 053.00	0.00	50 353.60		54 406.60
利润分配		16 212.00	50 353.60	251 768.00		217 626.40
合　计	9 155 426.00	9 155 426.00	14 841 019.60	14 841 019.60	8 261 892.00	8 261 892.00

第三节　资产负债表的编制与应用

一、小企业资产负债表的编制要领

资产负债表是总括反映小企业在某一特定日期全部资产、负债和所有者权益数额及其结构情况的报表,是小企业财务活动结果的集中体现。

明辉公司根据资产、负债和所有者权益有关账户记录及"总分类账户本期发生额及余额表"填列的资产负债表如表10—11所示。

表 10-11　　　　　　　　　　　　资产负债表　　　　　　　　　　　　会小企 01 表

编制单位：明辉公司　　　　　　　××年1月31日　　　　　　　　　　　单位：元

资　产	行次	期末余额	年初余额	负债和所有者权益	行次	期末余额	年初余额
流动资产：				流动负债：			
货币资金	1	787 192.00	1 692 400.00	短期借款	31	450 000.00	700 000.00
短期投资	2	0.00	15 000.00	应付票据	32	100 000.00	200 000.00
应收票据	3	46 000.00	246 000.00	应付账款	33	916 727.00	954 161.00
应收账款	4	570 000.00	300 000.00	预收账款	34		
预付账款	5	100 000.00	100 000.00	应付职工薪酬	35	0.00	0.00
应收股利	6			应交税费	36	3 132.00	−17 026.00
应收利息	7			应付利息	37	10 000.00	1 000.00
其他应收款	8	5 000.00	5 000.00	应付利润	38		
存货	9	2 574 700.00	2 580 000.00	其他应付款	39	20 000.00	20 000.00
其中：原材料	10	1 362 800.00	1 848 000.00	其他流动负债	40		
在产品	11			流动负债合计	41	1 499 859.00	1 858 135.00
库存商品	12	1 174 100.00	641 700.00	非流动负债：			
周转材料	13	37 800.00	90 300.00	长期借款	42	1 160 000.00	1 760 000.00
其他流动资产	14			长期应付款	43		
流动资产合计	15	4 082 892.00	4 938 400.00	递延收益	44		
非流动资产：				其他非流动负债	45		
长期债券投资	16			非流动负债合计	46	1 160 000.00	1 760 000.00
长期股权投资	17	400 000.00	400 000.00	负债合计	47	2 659 859.00	3 618 135.00
固定资产原价	18	2 601 000.00	1 700 000.00				
减：累计折旧	19	170 000.00	400 000.00				
固定资产账面价值	20	2 431 000.00	1 300 000.00				
在建工程	21	578 000.00	1 500 000.00				
工程物资	22						
固定资产清理	23						
生产性生物资产	24			所有者权益：			
无形资产	25	540 000.00	600 000.00	实收资本（或股本）	48	5 000 000.00	5 000 000.00
研发支出	26			资本公积	49	100 000.00	100 000.00
长期待摊费用	27			盈余公积	50	54 406.90	4 053.00
其他非流动资产	28			未分配利润	51	217 626.40	16 212.00
非流动资产合计	29	3 949 000.00	3 800 000.00	所有者权益合计	52	5 372 033.00	5 120 265.00
资产总计	30	8 031 892.00	8 738 400.00	负债和所有者权益总计	53	8 031 892.00	8 738 400.00

一张完整的资产负债表应当包括表头和表身两个部分。其中,表头包括报表名称、编制单位、编制日期、报表编号和货币单位等几个要素。表身一般分为左右两方,左方列示资产项目,右方列示负债和所有者权益项目。

上述资产负债表"年初余额"栏内的各项目数据应根据上年末资产负债表"期末余额"栏内所列数据填列。如果本年度资产负债表规定的各项目的名称和内容与上年度不一致,应对上年年末资产负债表各项目的名称和数据按照本年度的规定进行调整,填入报表中的"年初余额"栏内。资产负债表的"期末余额"栏各项目主要是根据有关账户按下述方法编制:

(1)"货币资金"项目,反映小企业库存现金、银行存款和其他货币资金的合计数。本项目应根据"库存现金""银行存款"和"其他货币资金"账户的期末余额合计填列。

(2)"短期投资"项目,反映小企业购入的能随时变现并且持有时间不准备超过1年的股票、债券和基金投资的余额。本项目应根据"短期投资"账户的期末余额填列。

(3)"应收票据"项目,反映小企业收到的未到期收款也未向银行贴现的应收票据(银行承兑汇票和商业承兑汇票)。本项目应根据"应收票据"账户的期末余额填列。

(4)"应收账款"项目,反映小企业因销售商品、提供劳务等日常生产经营活动应收取的款项。本项目应根据"应收账款"账户的期末借方余额填列;如果"应收账款"账户期末为贷方余额,应当在"预收账款"项目列示。

(5)"预付账款"项目,反映小企业按照合同规定预付的款项,包括根据合同规定预付的购货款、租金和工程款等。本项目应根据"预付账款"账户的期末借方余额填列;如果"预付账款"账户期末为贷方余额,应当在"应付账款"项目列示。1年期以上的预付账款的账户借方余额应当在"其他非流动资产"项目列示。

(6)"应收股利"项目,反映小企业应收取的现金股利或利润。本项目应根据"应收股利"账户的期末余额填列。

(7)"应收利息"项目,反映小企业债券投资应收取的利息(小企业购入一次还本付息债券应收的利息不包括在内)。本项目应根据"应收利息"账户的期末余额填列。

(8)"其他应收款"项目,反映小企业除应收票据、应收账款、预付账款、应收股利和应收利息以外的其他各种应收及暂付款项,包括各种应收的赔款、应向职工收取的各种垫付款项等。本项目应根据"其他应收款"账户的期末余额填列。

(9)"存货"项目,反映小企业期末在库、在途和在加工中的各项存货的成本,包括各种原材料、在产品、半成品、产成品、商品、周转材料(包装物、低值易耗品等)和消耗性生物资产等。本项目应根据"材料采购""在途物资""原材料""材料成本差异""生产成本""库存商品""商品进销差价""委托加工物资""周转材料"和"消耗性生物资产"等账户的期末余额分析填列。

明辉公司采用计划成本核算原材料和周转材料,在填列报表时应还原为实际成本。

原材料＝材料采购余额(150 000元)＋原材料余额(1 155 000元)＋原材料成本差异(57 800元)＝1 362 800(元)

周转材料＝周转材料余额(36 000元)＋周转材料成本差异(1 800元)＝37 800(元)

存货＝原材料(1 362 800元)＋库存商品(1 174 100元)＋周转材料(37 800元)
＝2 574 700(元)

(10)"其他流动资产"项目,反映小企业除以上流动资产项目以外的其他流动资产(含1年内到期的非流动资产)。本项目应根据有关账户的期末余额分析填列。

(11)"长期债券投资"项目,反映小企业准备长期持有的债券投资的本息。本项目应根据"长期债券投资"账户的期末余额分析填列。

(12)"长期股权投资"项目,反映小企业准备长期持有的权益性投资的成本。本项目应根据"长期股权投资"账户的期末余额填列。

(13)"固定资产原价"和"累计折旧"项目,反映小企业固定资产的原价(成本)及累计折旧。这两个项目应根据"固定资产"账户和"累计折旧"账户的期末余额分别填列。

(14)"固定资产账面价值"项目,反映小企业固定资产原价扣除累计折旧后的余额。本项目应根据"固定资产"账户的期末余额减去"累计折旧"账户的期末余额后的金额填列。

(15)"在建工程"项目,反映小企业尚未完工或虽已完工,但尚未办理竣工决算的工程的成本。本项目应根据"在建工程"账户的期末余额填列。

(16)"工程物资"项目,反映小企业为在建工程准备的各种物资的成本。本项目应根据"工程物资"账户的期末余额填列。

(17)"固定资产清理"项目,反映小企业因出售、报废、毁损或对外投资等原因处置固定资产所转出的固定资产账面价值以及在清理过程中发生的费用等。本项目应根据"固定资产清理"账户的期末借方余额填列;如果"固定资产清理"账户期末为贷方余额,以"－"号填列。

(18)"生产性生物资产"项目,反映小企业生产性生物资产的账面价值。本项目应根据"生产性生物资产"账户的期末余额减去"生产性生物资产累计折旧"账户的期末余额后的金额填列。

(19)"无形资产"项目,反映小企业无形资产的账面价值。本项目应根据"无形资产"账户的期末余额减去"累计摊销"账户的期末余额后的金额列。

（20）"研发支出"项目，反映小企业正在进行的无形资产研发项目满足资本化条件的支出。本项目应根据"研发支出"账户的期末余额填列。

（21）"长期待摊费用"项目，反映小企业尚未摊销完毕的已提足折旧的固定资产的改建支出、经营租入固定资产的改建支出、固定资产的大修理支出和其他长期待摊费用。本项目应根据"长期待摊费用"账户的期末余额分析填列。

（22）"其他非流动资产"项目，反映小企业除以上非流动资产以外的其他非流动资产。本项目应根据有关账户的期末余额分析填列。

（23）"短期借款"项目，反映小企业向银行或其他金融机构等借入的期限在1年以内、尚未偿还的各种借款的本金。本项目应根据"短期借款"账户的期末余额填列。

（24）"应付票据"项目，反映小企业因购买材料、商品和接受劳务等日常生产经营活动而开出、承兑的商业汇票（银行承兑汇票和商业承兑汇票）尚未到期的票面金额。本项目应根据"应付票据"账户的期末余额填列。

（25）"应付账款"项目，反映小企业因购买材料、商品和接受劳务等日常生产经营活动尚未支付的款项。本项目应根据"应付账款"账户的期末贷方余额填列；如果"应付账款"账户期末为借方余额，应当在"预付账款"项目列示。

（26）"预收账款"项目，反映小企业根据合同规定预收的款项，包括预收的购货款和工程款等。本项目应根据"预收账款"账户的期末贷方余额填列；如果"预收账款"账户期末为借方余额，应当在"应收账款"项目列示。1年期以上的预收账款的贷方余额应当在"其他非流动负债"项目列示。

（27）"应付职工薪酬"项目，反映小企业应付未付的职工薪酬。本项目应根据"应付职工薪酬"账户的期末余额填列。

（28）"应交税费"项目，反映小企业期末未缴、多缴或尚未抵扣的各种税费。本项目应根据"应交税费"账户的期末贷方余额填列；如果"应交税费"账户期末为借方余额，以"－"号填列。

（29）"应付利息"项目，反映小企业尚未支付的利息费用。本项目应根据"应付利息"账户的期末余额填列。

（30）"应付利润"项目，反映小企业尚未向投资者支付的利润。本项目应根据"应付利润"账户的期末余额填列。

（31）"其他应付款"项目，反映小企业除应付账款、预收账款、应付职工薪酬、应交税费、应付利息和应付利润以外的其他各项应付、暂收款项，包括应付租入固定资产和包装物的租金、存入保证金等。本项目应根据"其他应付款"账户的期末余额填列。

(32)"其他流动负债"项目,反映小企业除以上流动负债以外的其他流动负债(含1年内到期的非流动负债)。本项目应根据有关账户的期末余额填列。

(33)"长期借款"项目,反映小企业向银行或其他金融机构借入的期限在1年以上、尚未偿还的各项借款本金。本项目应根据"长期借款"账户的期末余额分析填列。

(34)"长期应付款"项目,反映小企业除长期借款以外的其他各种应付未付的长期应付款项,包括应付融资租入固定资产的租赁费和以分期付款方式购入固定资产发生的应付款项等。本项目应根据"长期应付款"账户的期末余额分析填列。

(35)"递延收益"项目,反映小企业收到的、应在以后期间计入损益的政府补助。本项目应根据"递延收益"账户的期末余额分析填列。

(36)"其他非流动负债"项目,反映小企业除以上非流动负债项目以外的其他非流动负债。本项目应根据有关账户的期末余额分析填列。

(37)"实收资本(或股本)"项目,反映小企业收到投资者按照合同约定或相关规定投入的、构成小企业注册资本的部分。本项目应根据"实收资本(或股本)"账户的期末余额分析填列。

(38)"资本公积"项目,反映小企业收到投资者投入资本超出其在注册资本中所占份额的部分。本项目应根据"资本公积"账户的期末余额填列。

(39)"盈余公积"项目,反映小企业(公司制)的法定公积金和任意公积金、小企业(外商投资)的储备基金和企业发展基金。本项目应根据"盈余公积"账户的期末余额填列。

(40)"未分配利润"项目,反映小企业尚未分配的历年结存利润。本项目应根据"利润分配"账户的期末余额填列;未弥补的亏损,在本项目内以"一"号填列。

二、小企业资产负债表中的勾稽关系审核

在资产负债表中,资产、负债、所有者权益三个要素构成一组,是小企业财务状况的静态反映,形成了反映特定日期小企业财务状况的平衡公式(勾稽关系):

资产＝负债＋所有者权益

资产负债表中各项目之间存在可以稽核的内在联系,即数量上的勾稽关系如下,应当在审核无误的基础上才能报送。

行15＝行1＋行2＋行3＋行4＋行5＋行6＋行7＋行8＋行9＋行14;

行9≥行10＋行11＋行12＋行13;

行29＝行16＋行17＋行20＋行21＋行22＋行23＋行24＋行25＋行26＋行27＋行28;

行 20＝行 18－行 19；

行 30＝行 15＋行 29；

行 41＝行 31＋行 32＋行 33＋行 34＋行 35＋行 36＋行 37＋行 38＋行 39＋行 40；

行 46＝行 42＋行 43＋行 44＋行 45；

行 47＝行 41－行 46；

行 52＝行 48＋行 49＋行 50＋行 51；

行 53＝行 47＋行 52＝行 30。

三、小企业资产负债表的主要功能与应用价值

基于资产负债表等数据资料所进行的主要是财务状况的解析。通过分析资产负债表，能够揭示资产负债表相关项目的内涵，了解小企业财务状况的变动情况及变动原因，反映小企业偿还债务的能力和风险状况，以及经营管理总体水平的高低等。

(一)全面掌控财务信息

采用账户式结构的资产负债表，左方反映各类资产的数额及其总计，右方反映各类负债和所有者权益的数额及其总计，并由此形成了反映特定日期小企业财务状况的平衡公式，即资产＝负债＋所有者权益。阅读资产负债表，一览小企业财务状况全貌。

资产按其流动性强弱列报，流动性强的排在前，流动性弱的排在后，分别为流动资产、长期投资、固定资产、无形资产及长期待摊费用等。从资产负债表中了解某一日期的资产总额及其结构，可以反映小企业拥有或控制的资源及其分布情况。

负债按其到期日的远近列报，近的排在前，远的排在后，分别为流动负债和非流动负债(长期负债)。资产负债表提供了某一日期的负债总额及其结构，表明小企业未来需要用多少资产或劳务清偿债务以及清偿的时间。

所有者权益按稳定性程度列报，稳定性强的排在前，稳定性弱的排在后，包括实收资本(或股本)、资本公积、盈余公积和未分配利润。从资产负债表中可以了解小企业现有的投资者在小企业资产总额中所占的份额，并据以判断资本保值增值的情况以及对负债的保障程度。

(二)静态反映财务状况

由于资产负债表具体反映的是小企业某个时点的财务状况，如一年中最后一天的情况，因此，其属于静态报表，具体包括小企业某一特定时点资产、负债和所有者权益的总体规模及结构，即资产有多少、负债有多少、所有者权益有多少；在资产中，库存现金有多少、银行存款有多少、存货有多少；等等。

由于担保贷款是由借款人或第三方依法提供担保而发放的贷款,因此银行特别关注担保物品的数量与质量等。小企业一般没有或鲜有不动产,因而资产负债表中"存货"的分布及其质量等信息对银行等债权人尤为重要,包括"原材料""在产品""库存商品"和"周转材料"等;银行业金融机构对会计核算健全、具有良好会计信用的小企业,应优先提供信贷支持。银行业金融机构在审批其贷款申请时,应当注重财务报表和非财务因素的结合,全面考量企业的财务状况。

(三)比较揭示发展趋势

资产负债表除了提供期末数外,还应当包括年初数,以便进行期初期末的对比。提供两个以上时点或期间数据的报表称为比较财务报表,其目的是通过不同时点或时期数据的对比,掌握小企业某一方面的发展趋势。例如"存货",一般在流动资产中所占比重较大,与经营效率和资产质量休戚相关。"存货"项目分项列示了"原材料""在产品""库存商品"和"周转材料"的期末数和期初数,可以对比分析存货的增减变动情况,有助于了解存货变动趋势和小企业财务状况的发展趋势。

考察小企业的信用程度与还款能力是银行发放贷款关注的重点。通过分析资产负债表可以概括了解小企业的财务状况和偿债能力,了解小企业资产、负债和资本的结构是否合理,了解小企业的财务实力以及资本权益的多少等。例如,将流动资产与流动负债进行比较,计算出流动比率;将速动资产与流动负债进行比较,计算出速动比率,可以表明小企业资产的变现能力和短期偿债能力的强弱及其变化趋势。

第四节 利润表的编制与应用

一、小企业利润表的编制要领

利润表是总括反映小企业在一定期间的经营成果的会计报表。

明辉公司根据收入、成本费用和利润有关账户的记录分析填列的利润表如表10-12所示。

表10-12　　　　　　　　　　利润表　　　　　　　　　　会小企02表

编制单位:明辉公司　　　　　　××年1月　　　　　　　　　　单位:元

项　目	行次	本月金额	本年累计金额
一、营业收入	1	1 250 000.00	(略)
减:营业成本	2	750 000.00	

续表

项　目	行次	本月金额	本年累计金额
税金及附加	3	12 000.00	
其中:消费税	4		
城市维护建设税	5	7 000.00	
资源税	6		
土地增值税	7		
城镇土地使用税、房产税、车船税、印花税	8		
教育费附加、矿产资源补偿费、排污费	9	5 000.00	
销售费用	10	22 000.00	
其中:商品维修费	11		
广告费和业务宣传费	12	12 000.00	
管理费用	13	158 000.00	
其中:开办费	14		
业务招待费	15	900.00	
研究费用	16		
财务费用	17	41 500.00	
其中:利息费用(收入以"-"号填列)	18	41 500.00	
加:投资收益(损失以"-"号填列)	19	31 500.00	
二、营业利润(亏损以"-"号填列)	20	298 000.00	
加:营业外收入	21	50 000.00	
其中:政府补助	22		
减:营业外支出	23	38 100.00	
其中:坏账损失	24	18 000.00	
无法收回的长期债券投资损失	25		
无法收回的长期股权投资损失	26		
自然灾害等不可抗力因素造成的损失	27		
税收滞纳金	28		
三、利润总额(亏损总额以"-"号填列)	29	309 900.00	

续表

项　　目	行次	本月金额	本年累计金额
减：所得税费用	30	58 132.00	
四、净利润（净亏损以"－"号填列）	31	251 768.00	

在编制年报时，利润表的"本月金额"改为"上期金额"，反映各项目的上年实际发生额，应根据损益类总分类账户净发生额填列。如果上年度利润表与本年度利润表的项目名称和内容不一致，应对上年度报表项目的名称和数据按本年度的规定进行调整，填入利润表"上期金额"栏内。

利润表的"本年累计金额"栏反映各项目自年初起至报告期末的累计实际发生额，应根据各损益类总分类账户的累计净发生额填列，或者根据上月本表的"本年累计金额"加上本月本表的"本月金额"填列。

利润表各项目的内容及其填列方法如下：

(1)"营业收入"项目，反映小企业销售商品和提供劳务所实现的收入总额。本项目应根据"主营业务收入"账户和"其他业务收入"账户的发生额合计填列。

(2)"营业成本"项目，反映小企业所销售商品的成本和所提供劳务的成本。本项目应根据"主营业务成本"账户和"其他业务成本"账户的发生额合计填列。

(3)"税金及附加"项目，反映小企业开展日常生产经营活动应负担的消费税、城市维护建设税、资源税、土地增值税、城镇土地使用税、房产税、车船税、印花税、教育费附加、矿产资源补偿费和排污费等。本项目应根据"税金及附加"账户的发生额填列。

(4)"销售费用"项目，反映小企业销售商品或提供劳务过程中发生的费用。在"销售费用"项目下分项列示了"商品维修费"及"广告费和业务宣传费"的信息。本项目应根据"销售费用"账户的发生额填列。

(5)"管理费用"项目，反映小企业为组织和管理生产经营而发生的其他费用。在"管理费用"项目下分项列示了"开办费""业务招待费"和"研究费用"的信息。本项目应根据"管理费用"账户的发生额填列。

(6)"财务费用"项目，反映小企业为筹集生产经营所需资金而发生的筹资费用。本项目应根据"财务费用"账户的发生额填列。

(7)"投资收益"项目，反映小企业股权投资取得的现金股利（或利润）、债券投资取得的利息收入及处置股权投资和债券投资取得的处置价款扣除成本或账面余额、相关税费后的净额。本项目应根据"投资收益"账户的发生额填列；如果为投资损失，以"－"号填列。

(8)"营业利润"项目,反映小企业当期开展日常生产经营活动实现的利润。本项目应根据营业收入扣除营业成本、税金及附加、销售费用、管理费用和财务费用,加上投资收益后的金额填列;如果为亏损,以"－"号填列。

(9)"营业外收入"项目,反映小企业实现的各项营业外收入的金额,包括非流动资产处置净收益、政府补助、捐赠收益、盘盈收益、汇兑收益、出租包装物和商品的租金收入、逾期未退包装物押金收益、确实无法偿付的应付款项、已作坏账损失处理后又收回的应收款项、违约金收益等。本项目应根据"营业外收入"账户的发生额填列。

(10)"营业外支出"项目,反映小企业发生的各项营业外支出的金额,包括存货的盘亏、毁损和报废损失,非流动资产处置净损失,坏账损失,无法收回的长期债券投资损失,无法收回的长期股权投资损失,自然灾害等不可抗力因素造成的损失,税收滞纳金,罚金,罚款,被没收财物的损失,捐赠支出及赞助支出等。本项目应根据"营业外支出"账户的发生额填列。

(11)"利润总额"项目,反映小企业当期实现的利润总额。本项目应根据营业利润加上营业外收入减去营业外支出后的金额填列;如果为亏损总额,以"－"号填列。

(12)"所得税费用"项目,反映小企业根据《企业所得税法》确定的应从当期利润总额中扣除的所得税费用。本项目应根据"所得税费用"账户的发生额填列。

(13)"净利润"项目,反映小企业当期实现的净利润。本项目应根据利润总额扣除所得税费用后的金额填列;如果为净亏损,以"－"号填列。

二、小企业利润表的勾稽关系审核

利润表中各项目之间的主要勾稽关系如下。复核勾稽关系就是通过设置报表项目之间的比较公式来核对项目数据,检查报表编制的正确性。勾稽关系是一种可以检查、验证的关系。

行 20 = 行 1 － 行 2 － 行 3 － 行 10 － 行 13 － 行 17 ＋ 行 19;

行 3 ≥ 行 4 ＋ 行 5 ＋ 行 6 ＋ 行 7 ＋ 行 8 ＋ 行 9;

行 10 ≥ 行 11 ＋ 行 12;

行 13 ≥ 行 14 ＋ 行 15 ＋ 行 16;

行 17 ≥ 行 18;

行 29 = 行 20 ＋ 行 21 － 行 23;

行 21 ≥ 行 22;

行 23 ≥ 行 24 ＋ 行 25 ＋ 行 26 ＋ 行 27 ＋ 行 28;

行 31＝行 29－行 30。

温馨提示 利润表中的"净利润"项目反映小企业实现的净利润，与资产负债表中的"盈余公积"项目和"未分配利润"项目存在勾稽关系。明辉公司按照净利润的10％提取法定盈余公积金，按照净利润的10％提取任意盈余公积金，在没有分配给股东利润之前存在以下勾稽关系：本年度的净利润(251 768元)＝本年度提取的法定盈余公积金和任意盈余公积金(50 353.60元)＋本年度未分配利润(201 414.4元)＝资产负债表"盈余公积"项目期末余额与期初余额的差额［(54 406.60－4 053)元］＋资产负债表"未分配利润"项目期末余额与期初余额的差额［(217 626.40－16 212)元］。

三、小企业利润表的主要功能与应用价值

基于利润表等数据资料所进行的主要是小企业经营成果的分析。通过解析利润表，可以了解小企业的盈利状况和获利能力，并通过对收入、成本、税费、利润的具体分析，把握小企业获利能力的强弱及其增减变动的原因等。

(一)分步列报收支状况

采用多步式利润表，从营业收入开始，分步计算各层利润，便于逐步理解小企业经营成果的不同来源。

第一步，以营业收入为基础，减去营业成本、税金及附加、销售费用、管理费用和财务费用，加上投资收益(减去投资损失)，计算出营业利润。

第二步，以营业利润为基础，加上营业外收入，减去营业外支出，计算出利润总额。

第三步，以利润总额为基础，减去所得税费用，计算出净利润(或净亏损)。

从总体上分析，收入、费用和利润三个要素构成一组，从动态方面反映了小企业的经营成果，被称为利润表的要素，并由此形成反映一定期间经营成果的基本公式：

收入－费用＝利润

(二)动态反映经营成果

利润表反映小企业自年初起至报告期末全部收支及其盈亏的增减变动情况，又称损益表(收益表)，如利润表中的"本年累计金额"栏反映了各项目该年内从年初开始至年末的累计实际发生额。

从分项来看，利润表分项列示了小企业在一定期间内因销售商品、提供劳务、对外投资等所取得的各种收入，以及与各种收入相对应的费用和损失，并将收入与费

用、损失加以对比,结出当期的净利润。收入项目主要有主营业务收入、其他业务收入、投资收益和营业外收入等,费用和损失项目主要有主营业务成本、其他业务成本、税金及附加、销售费用、管理费用、财务费用、营业外支出和所得税费用等。分析利润表的明细项目有助于掌握小企业的收支情况,尤其是通过分析流转税和企业所得税增减变动的原因,便于税务清算等。

例如,利润表"营业外支出"项目下分项列示"坏账损失""无法收回的长期债券投资损失""无法收回的长期股权投资损失""自然灾害等不可抗力因素造成的损失"和"税收滞纳金"等信息,有助于银行等债权人观察"坏资产"的具体情况,引起债权人的关注。银行业金融机构对会计核算健全、具有良好会计信用的小企业,在全面考量小企业经营状况的基础上,可优先提供信贷支持。

(三)配比揭示盈亏情况

利润表是比较报表,分别有"本年累计金额"栏和"本月金额"或"上年金额"栏;它还是配比报表,只有将收入与相关的费用、损失进行对比,才能算出净利润。会计配比的目的是衡量小企业在特定时期或特定业务中所取得的成果,以及为取得这些成果所付出的代价,为考核经营效益提供数据。利润表分项列示营业收入和营业成本并加以对比,得出营业利润,从而掌握小企业营业活动的成果;又分别列出营业外收入和营业外支出并加以对比,从而掌握小企业营业外收支的情况;将一个时期的所有收入与所有费用、损失加以对比,得出净利润,从而掌握小企业在此期间经营成果的总体情况。配比是一项重要的会计原则,在利润表中得到了充分体现。

利润表提供的会计信息对小企业的财务收支和盈利水平分析很重要,尤其是将该表提供的相关信息联系起来以及与资产负债表提供的信息结合起来进行分析,将会使利润表在评价小企业经营成果、营运能力及其变化趋势方面发挥重要作用。

(四)综合反映税费支出信息

利润表的上半部分分项列示了流转税费的信息,如"税金及附加"项目下分项列示的"消费税""城市维护建设税""资源税""土地增值税""城镇土地使用税、房产税、车船税、印花税"和"教育费附加、矿产资源补偿费、排污费"等信息,有助于对流转税费的计算与清算。

利润表的下半部分分项列示了所得税的信息,如"销售费用"项目下分项列示的"商品维修费"及"广告费和业务宣传费"信息,"管理费用"项目下分项列示的"开办费""业务招待费"和"研究费用"信息,"营业外支出"项目下分项列示的"坏账损失""无法收回的长期债券投资损失""无法收回的长期股权投资损失""自然灾害等不可抗力因素造成的损失"和"税收滞纳金"等信息,结合附注资料,不仅有助于经营者掌握小企业的所得税情况,分析其增减变动的原因,而且有助于税务部门计算并调整小企业的应纳税所得额,有利于企业所得税清算相关事项。

第五节 现金流量表的编制与应用

一、小企业现金流量表的编制要领

现金流量表是总括反映小企业在一定会计期间的现金流入与现金流出情况的会计报表。

按照《企业会计准则》的规范要求,现金流量表分为两个部分,正表采用直接法编制,附注中从"净利润"开始至"经营活动产生的现金流量净额"采用间接法编制。小企业从简化核算的要求出发,只要求采用直接法编制简化格式的现金流量表。

明辉公司的现金流量表根据"库存现金""银行存款"和"其他货币资金"等有关账户的记录分析填列,其基本格式如表10—13所示。

表10—13   现金流量表   会小企03表
编制单位:明辉公司   ××年×月   单位:元

项 目	行次	本月金额	本年累计金额
一、经营活动产生的现金流量			
销售产成品、商品、提供劳务收到的现金	1	1 304 500.00	(略)
收到其他与经营活动有关的现金	2		
购买原材料、商品、接受劳务支付的现金	3	509 708.00	
支付的职工薪酬	4	342 000.00	
支付的税费	5	167 000.00	
支付其他与经营活动有关的现金	6	83 300.00	
经营活动产生的现金流量净额	7	202 492.00	
二、投资活动产生的现金流量			
收回短期投资、长期债券投资和长期股权投资收到的现金	8	16 500.00	
取得投资收益收到的现金	9	30 000.00	
处置固定资产、无形资产和其他非流动资产收回的现金净额	10	300 300.00	

续表

项　　目	行次	本月金额	本年累计金额
短期投资、长期债券投资和长期股权投资支付的现金	11		
购建固定资产、无形资产和其他非流动资产支付的现金	12	592 000.00	
投资活动产生的现金流量净额	13	－245 200.00	
三、筹资活动产生的现金流量			
取得借款收到的现金	14	400 000.00	
吸收投资者投资收到的现金	15		
偿还借款本金支付的现金	16	1 250 000.00	
偿还借款利息支付的现金	17	12 500.00	
分配利润支付的现金	18		
筹资活动产生的现金流量净额	19	－862 500.00	
四、现金净增加额	20	－905 208.00	
加:期初现金余额	21	1 692 400.00	
五、期末现金余额	22	787 192.00	

现金流量表"本年累计金额"栏反映各项目自年初起至报告期末的累计实际发生额。如为年报,"本月金额"改为"上年金额",填列上年全年的实际发生额。

现金流量表各项目的内容及填列方法如下:

1. 经营活动产生的现金流量

(1)"销售产成品、商品、提供劳务收到的现金"项目,反映小企业本期销售产成品、商品及提供劳务收到的现金。本项目可以根据"库存现金""银行存款"和"主营业务收入"等账户的本期发生额分析填列。

本期共收到销货款 1 304 500 元(791 000＋200 000＋51 000＋262 500)。

(2)"收到其他与经营活动有关的现金"项目,反映小企业本期收到的其他与经营活动有关的现金,包括收到的各种税费返还。本项目可以根据"库存现金"和"银行存款"等账户的本期发生额分析填列。

(3)"购买原材料、商品、接受劳务支付的现金"项目,反映小企业本期购买原材料、商品及接受劳务支付的现金。本项目可以根据"库存现金""银行存款""其他货币资金""原材料"和"库存商品"等账户的本期发生额分析填列。

本期共支付购货款 509 708 元(169 500＋100 000＋113 000－226＋90 000＋37 434)。

(4)"支付的职工薪酬"项目,反映小企业本期向职工支付的薪酬。从相同信息集中核算并有助于税务清算的要求出发,"支付的职工薪酬"中包括从事在建工程和无形资产开发人员的薪酬等所有小企业本期向职工支付的薪酬。本项目可以根据"库存现金""银行存款"和"应付职工薪酬"账户的本期发生额分析填列。

本期共支付职工薪酬 342 000 元。

(5)"支付的税费"项目,反映小企业本期支付的税费,包括本期发生并已支付的、本期支付以前各期的、本期预缴的各种税费,还应当包括税收滞纳金和代扣代缴的个人所得税等,但不包括本期退回的增值税和所得税等税费。本项目可以根据"库存现金""银行存款"和"应交税费"等账户的本期发生额分析填列。

本期共支付税费 167 000 元(55 000＋100 000＋7 000＋3 000＋2 000)。

(6)"支付其他与经营活动有关的现金"项目,反映小企业本期支付的其他与经营活动有关的现金。本项目可以根据"库存现金"和"银行存款"等账户的本期发生额分析填列。

本期共支付其他与经营活动有关的现金 83 300 元(7 000＋3 000＋4 000＋36 000＋400＋900＋10 000＋12 000＋10 000)。

> **温馨提示** 《小企业会计准则释义》出于增值税是价外税和简化报表编制等方面的考虑,要求销售产成品、商品、提供劳务收到的增值税销项税额不构成"销售产成品、商品、提供劳务收到的现金"项目的内容,而应当属于"收到的其他与经营活动有关的现金"项目的内容,从而使"销售产成品、商品、提供劳务收到的现金"项目与利润表中的"营业收入"项目都不含增值税,从而便于对比分析。购买原材料、商品和接受劳务支付的增值税进项税额也不构成"购买原材料、商品、接受劳务支付的现金"项目的内容,而应当属于"支付的税费"项目的内容。上缴的增值税税额应当反映在"支付的税费"项目中。也就是说,增值税的进项税额和上缴税额等都集中在"支付的税费"项目中反映,便于与相关纳税申报表核对。

2. 投资活动产生的现金流量

(1)"收回短期投资、长期债券投资和长期股权投资收到的现金"项目,反映小企业出售、转让或到期收回短期投资、长期股权投资收到的现金,以及收回长期债券投资本金收到的现金,不包括长期债券投资收回的利息。本项目可以根据"库存现金""银行存款""短期投资""长期股权投资"和"长期债券投资"等账户的本期发生额分析填列。

本期抛售股票收到现金 16 500 元。

(2)"取得投资收益收到的现金"项目,反映小企业因权益性投资和债权性投资取得的现金股利、利润和利息收入。本项目可以根据"库存现金""银行存款"和"投资收益"等账户的本期发生额分析填列。

本期共收到投资分利 30 000 元。

(3)"处置固定资产、无形资产和其他非流动资产收回的现金净额"项目,反映小企业处置固定资产、无形资产和其他非流动资产取得的现金减去为处置这些资产而支付的有关税费等后的净额。本项目可以根据"库存现金""银行存款""固定资产清理""无形资产"和"生产性生物资产"等账户的本期发生额分析填列。

本期处置固定资产收到现金 300 300 元(800－500＋300 000)。

(4)"短期投资、长期债券投资和长期股权投资支付的现金"项目,反映小企业进行权益性投资和债权性投资支付的现金,包括小企业取得短期股票投资、短期债券投资、短期基金投资、长期债券投资和长期股权投资支付的现金。本项目可以根据"库存现金""银行存款""短期投资""长期债券投资"和"长期股权投资"等账户的本期发生额分析填列。

(5)"购建固定资产、无形资产和其他非流动资产支付的现金"项目,反映小企业购建固定资产、无形资产和其他非流动资产支付的现金,包括购买机器设备、无形资产、生产性生物资产支付的现金以及建造工程支付的现金等,不包括为购建固定资产、无形资产和其他非流动资产而发生的借款费用资本化的部分和支付给在建工程、无形资产开发项目人员的薪酬。为购建固定资产、无形资产和其他非流动资产而发生借款费用资本化的部分,在"偿还借款利息支付的现金"项目反映;支付给在建工程和无形资产开发项目人员的薪酬,在"支付的职工薪酬"项目反映。本项目可以根据"库存现金""银行存款""固定资产""在建工程""无形资产""研发支出""生产性生物资产"和"应付职工薪酬"等账户的本期发生额分析填列。

本期购建与清理固定资产支出 592 000 元(114 000＋150 000＋328 000)。

3. 筹资活动产生的现金流量

(1)"取得借款收到的现金"项目,反映小企业举借各种短期、长期借款收到的现金。本项目可以根据"库存现金""银行存款""短期借款"和"长期借款"等账户的本期发生额分析填列。

本期取得借款 400 000 元。

(2)"吸收投资者投资收到的现金"项目,反映小企业收到的投资者作为资本投入的现金。本项目可以根据"库存现金""银行存款""实收资本"和"资本公积"等账户的本期发生额分析填列。

(3)"偿还借款本金支付的现金"项目,反映小企业以现金偿还各种短期、长期借款的本金。本项目可以根据"库存现金""银行存款""短期借款"和"长期借款"等账户的本期发生额分析填列。

本期偿还借款本金 1 250 000 元(1 000 000＋250 000)。

(4)"偿还借款利息支付的现金"项目,反映小企业以现金偿还各种短期、长期借款的利息。本项目可以根据"库存现金""银行存款"和"应付利息"等账户的本期发生额分析填列。

本期偿还借款利息 12 500 元。

(5)"分配利润支付的现金"项目,反映小企业向投资者实际支付的利润。本项目可以根据"库存现金""银行存款"和"应付利润"等账户的本期发生额分析填列。

二、小企业现金流量表的勾稽关系审核

现金流量表中各项目之间的主要勾稽关系如下:

行 7＝行 1＋行 2－行 3－行 4－行 5－行 6;

行 13＝行 8＋行 9＋行 10－行 11－行 12;

行 19＝行 14＋行 15－行 16－行 17－行 18;

行 20＝行 7＋行 13＋行 19;

行 22＝行 20＋行 21。

利用勾稽关系进行分析对甄别会计信息很有帮助。比如,利润表内的营业收入与资产负债表内的应收账款之间,以及它们与现金流量表内的销售产成品、商品、提供劳务收到的现金之间存在勾稽关系,该勾稽关系可以描述为:本年利润表内实现的营业收入金额应当等于现金流量表内销售产成品、商品、提供劳务收到的现金,减去资产负债表内年末账龄在 1 年以上的应收账款较年初数的减少额(分账龄数据可以从会计报表主要项目注释中获得),加上年末账龄在 1 年以内的应收账款较年初数的增加额。

概念辨析 小企业现金流量表所称"现金"的内涵是指货币资金,相当于资产负债表中"货币资金"的概念;其外延是指小企业的库存现金以及可以随时用于支付的存款和其他货币资金,不包括现金等价物。小企业没有"现金等价物"的概念。

现金流量表中的"期末现金余额"＝资产负债表中"货币资金"的期末余额,现金流量

表中的"期初现金余额"＝资产负债表中"货币资金"的期初余额,现金流量表中的"现金净增加额"＝资产负债表中"货币资金"的期末余额与期初余额的差额。

三、简化现金流量表的编制技巧

《小企业会计准则》虽然要求按月编制现金流量表,但目前不少小企业不会编制。由于小企业现金收付业务并不是很繁复,建议采用多栏式日记账编制现金流量表,这样可以把编报工作分散在平时,直观、简便,是一种很实用的方法。

(一)开设多栏式日记账

现金流量表中的现金包括库存现金、银行存款和其他货币资金,为此应设置三种多栏式日记账:一是多栏式现金日记账,一般一家小企业只有一本,也可按币种设置多本;二是多栏式银行存款日记账,应根据银行开户情况设置一本或多本;三是多栏式其他货币资金日记账,一般一家小企业可设置一本。

(二)在多栏式日记账中按照现金流量表的项目设置有关专栏

设置"经营活动现金流量"(包括现金流入与现金流出)、"投资活动现金流量"(包括现金流入与现金流出)和"筹资活动现金流量"(包括现金流入与现金流出)等专栏。日常经济业务活动收支频繁,可按主要项目再设置细目,次要项目(收支笔数较少的)可合并设置"其他"细目。凡合并设置的项目,在填制现金流量表时,应具体分析相关项目的数据记录后填列。

由于现金流量表不反映现金内部各项目之间的增减变动,因此应设置"现金形式转换"的流入与流出两个专栏,以反映各现金形态之间的转换,如向银行提取现金、多余现金解缴银行等。这部分现金形式之间的转换并不影响净现金流量的增减变动,在编制现金流量表时应予以剔除。

为了集中反映有关现金项目收入、付出和结存的金额,还可以设置"收入(借方)金额""付出(贷方)金额"和"结存金额"三个专栏,以起到普通三栏式日记账的作用。

(三)采用多栏式日记账编制现金流量表的登账方法

在填制记账凭证时,可由填制人根据原始凭证进行分析,确定现金流量分类的明细项目,并在现金收付记账凭证中注明,然后凭以登记多栏式日记账中有关现金流量分类的专栏。

在登记现金收入和付出专栏的同时,根据经济业务内容,按照现金流量分类规定,分析确定该项收支属于现金流量分类中的哪一个明细项目,并在同一行记入相应专栏。

现金与其他现金形式之间的收支,如从银行提取现金,是现金存放形式的转换,不构成现金流量,应记入"现金形式转换"中的现金流入与现金流出专栏。

定期把多栏式账簿的各栏发生额进行合计,在摘要栏注明"本页合计""本月合计"或"本年累计"等。

(四)多栏式日记账的汇总登记方法

不管设置了多少本多栏式日记账,在按月定期结出每本多栏式日记账的发生额后,都应将其抄列到"现金流量表项目汇总表"上。抄列时,应剔除各现金形式之间的转换所引起现金内部增减变动的专栏发生额。抄列并经汇总后产生的合计数就是编制现金流量表的直接依据。该"现金流量表项目汇总表"设置的专栏应当与现金流量表设置的项目大体对应,以便直接填列现金流量表。

由于多栏式日记账有"其他"栏,有的专栏不一定设置细目,因此,这些栏目中的数据在抄列到"现金流量表项目汇总表"的有关专栏时,应具体分析后分别填列。

现按照上述明辉公司所列举的经济业务,就其中涉及现金流量增减变动的业务序时逐笔登记多栏式现金日记账、多栏式银行存款日记账和多栏式其他货币资金日记账(见表10—14、表10—15、表10—16),并登记"现金流量表项目汇总表"(见表10—17)。

表 10－17　　　　　　　　　现金流量表项目汇总表

项　目	库存现金	银行存款	其他货币资金	合　计
一、经营活动产生的现金流量				
销售产成品、商品、提供劳务收到的现金		1 304 500.00		1 304 500.00
收到其他与经营活动有关的现金				
购买原材料、商品、接受劳务支付的现金		396 934.00	112 774.00	509 708.00
支付的职工薪酬	342 000.00			342 000.00
支付的税费		167 000.00		167 000.00
支付其他与经营活动有关的现金	51 300.00	32 000.00		83 300.00
经营活动产生的现金流量净额	－393 300.00	708 566.00	－112 774.00	202 492.00
二、投资活动产生的现金流量				
收回短期投资、长期债券投资和长期股权投资收到的现金		16 500.00		16 500.00
取得投资收益收到的现金		30 000.00		30 000.00
处置固定资产、无形资产和其他非流动资产收回的现金净额		300 300.00		300 300.00
短期投资、长期债券投资和长期股权投资支付的现金				
购建固定资产、无形资产和其他非流动资产支付的现金		592 000.00		592 000.00
投资活动产生的现金流量净额		－245 200.00		－245 200.00
三、筹资活动产生的现金流量				
取得借款收到的现金		400 000.00		400 000.00
吸收投资者投资收到的现金				
偿还借款本金支付的现金		1 250 000.00		1 250 000.00
偿还借款利息支付的现金		12 500.00		12 500.00
分配利润支付的现金				
筹资活动产生的现金流量净额		－862 500.00		－862 500.00
四、现金净增加额	－393 300.00	－399 134.00	－112 774.00	－905 208.00

(五)采用多栏式日记账编制现金流量表的优缺点

第一,现金流量表完全是以现金收支为基础的,在多栏式日记账中按现金流量分类设置专栏,直观、明了。只要掌握了现金流量分类的内容,将每项现金收支进行分析后分类,并直接记入现金流量分类的每一明细项目中,就能直接为编制现金流量表提供数据，易学、易用。

第二，利用多栏式日记账编制现金流量表，可以在登记现金收、付、存三栏记录的同时记入现金流量分类的明细项目，相对于每个会计期末集中编制现金流量表来说，由于将工作分散在平时，不仅均衡了日常核算工作量，而且简单易行。

第三，对于多栏式日记账各专栏，可结计"本月合计"和"本年累计"，具有专栏汇总的作用，可按期及时提供现金流量的增减变动状况，为预算现金流量、平衡财务收支、搞好资金调度提供及时、有用的管理信息。

第四，利用多栏式日记账编报适用于按直接法编制现金流量表，如果账页的专栏设置过多，账页很宽，登账时容易脱格，记账人员应更加仔细、认真。

四、小企业现金流量表的主要功能与应用价值

基于现金流量表等数据资料所进行的主要是小企业现金流入、流出状况的解析。通过分析现金流量表，有助于对小企业获取现金的能力、偿债能力、收益的质量、投资活动和筹资活动做出恰当的评价。

(一)动态反映现金流量

小企业现金流量表中的现金是个广义的概念，不仅包括库存现金，而且包括可以随时用于支付的银行存款和其他货币资金，但不包括现金等价物。

现金流量是指某一期间内小企业现金流入和流出的数量。影响现金流量的因素有经营活动、投资活动和筹资活动，如购买和销售商品、提供或接受劳务、购建或出售固定资产、投资或收回投资、借入资金或偿还债务等。衡量小企业经营状况是否良好、是否有足够的现金偿还债务以及资产变现能力等，现金流量是一个非常重要的指标。

现金净流量是指一定会计期间内小企业全部现金流入量与全部现金流出量的差额，即现金及现金等价物的净增加额。

由于现金流量表是反映小企业一定会计期间现金流入和流出情况的报表，因此现金流量表是动态报表。

(二)分段列报现金流量状况

现金流量表为了能够具体反映小企业现金流入和流出的原因，即现金从哪里来，流到哪里去，既分别经营活动、投资活动和筹资活动三段列报，又分别按照现金流入和现金流出收支两条线的具体项目分别列报。其中，筹资活动是指筹集企业投资和经营所需要的资金，包括取得投资与贷款，以及利用内部积累资金等；投资活动是将所筹集到的资金分配于资产项目，包括购置各种长期资产和流动资产；经营活动包括

研究与开发、采购、生产、销售和资源管理等活动。这些活动既各自独立，又相互联系，在编制报表与分析利用时要注意综合运用。

(三)提请关注收益质量

商业信用的大量存在使得小企业营业收入与现金流入、净利润与净现金流量等会有较大的差异。现金流量表完全以现金收付实现制为基础，消除了由于权责发生制所产生的估计或预计的因素，有助于投资者和债权人切实掌握小企业获取现金的能力和现金偿付的能力，为投融资活动提供有用的信息。

现金流量表还具有沟通资产负债表和利润表的"桥梁"作用。资产负债表能够提供小企业特定日期财务状况的信息，但其所提供的是静态的财务信息，并不能反映小企业财务状况变动的原因，也不能表明这些资产和负债给小企业带来多少现金，又用去多少现金。利润表虽然反映小企业一定期间的经营成果，提供了动态的财务信息，但只反映利润的构成，不反映经营活动、投资活动和筹资活动给小企业带来多少现金，又支付多少现金，而且利润表不能反映投资和筹资活动的全部事项。现金流量表提供一定时期小企业现金流入和流出的动态财务信息，表明小企业在报告期内由经营活动、投资活动和筹资活动获得多少现金，获得的这些现金是如何运用的，能够说明资产、负债和净资产变动的原因，对资产负债表和利润表起到补充说明的作用。

第六节　报表附注的编制与应用

一、小企业财务报表附注的主要特点

附注是指对在资产负债表、利润表和现金流量表等报表中列示项目的文字描述或明细资料，以及对未能在这些报表中列示项目的说明等。

会计报表本身所能反映的财务信息是有限的，会计报表附注是会计报表必要的补充说明。许多与财务报表"陷阱"有直接关联的重要内容，如会计报表各项目的增减变动、或有事项、资产负债表日后事项、会计政策和会计估计及其变动、关联方关系及其交易、重要项目的详细资料，都在会计报表附注中予以详细披露，所以，附注既是财务报表的重要组成部分，也是阅读和分析财务报表时不可忽视的重要内容。

《小企业会计准则》将有关财务报表附表的内容增加到附注中，一方面丰富和扩展了附注的内容，另一方面简化了附表与附注的编制方法，如对短期投资、应收账款、存货、固定资产、应付职工薪酬、应交税费以及利润分配均要求以表格形式予以说明，直观、简明。至于对外担保等或有负债、严重亏损和纳税调整过程等仍然需要采用文

字逐一加以说明。由于小企业财务报表的外部使用者主要是税务机构和银行,附注的内容还便于税务机构和银行读懂报表信息,有利于报表使用者做出决策。从总体上看,小企业财务报表附注的披露内容大为减少,披露要求也有所降低。

二、小企业财务报表附注的编制要领

明辉公司按照《小企业会计准则》的规定披露附注信息,主要包括下列内容:

第一,遵循《小企业会计准则》的声明。

例如:本公司按照《小企业会计准则》的要求编制财务报表,真实、完整地反映了本公司的财务状况、经营成果和现金流量等有关信息。

第二,重要资产质量的信息披露,如对短期投资、应收账款、存货和固定资产项目的说明。

短期投资:年末无余额。

应收账款项目说明　　　　　　　　　　　单位:元

账龄结构	期末账面余额	年初账面余额
1年以内(含1年)	300 000.00	300 000.00
1~2年(含2年)	280 000.00	
2~3年(含3年)		
3年以上		
合　计	580 000.00	300 000.00

存货项目说明　　　　　　　　　　　单位:元

存货种类	期末账面余额	期末市价	期末账面余额与市价的差额
原材料	1 362 800.00	1 362 800.00	0.00
在产品			
库存商品	1 174 100.00	1 174 100.00	0.00
周转材料	37 800.00	40 000.00	2 200.00
消耗性生物资产			
……			
合　计	2 574 700.00	2 576 900.00	2 200.00

固定资产项目说明

单位:元

项 目	原 价	累计折旧	期末账面价值
房屋、建筑物	1 400 000.00	10 000.00	1 390 000.00
机器	400 000.00	80 000.00	320 000.00
机械运输工具	300 000.00	40 000.00	260 000.00
设备	501 000.00	40 000.00	461 000.00
器具			
工具			
……			
合 计	2 601 000.00	170 000.00	2 431 000.00

第三,重要财务事项的信息披露,如对应付职工薪酬、应交税费和利润分配项目的说明。

应付职工薪酬:年末无余额。

应交税费明细表

编制单位:明辉公司　　　　　　　××年　　　　　　　单位:元

项 目	期末账面余额	年初账面余额
增值税		－53 034.00
消费税		
城市维护建设税		
企业所得税	3 132.00	
资源税		
土地增值税		
城镇土地使用税		
房产税		
车船税		
教育费附加		
矿产资源补偿费		
排污费		

续表

项　目	期末账面余额	年初账面余额
代扣代缴的个人所得税		
……		
合　计	3 132.00	－53 034.00

利润分配表

编制单位:明辉公司　　　　　××年　　　　　单位:元

项　目	本年金额	上年金额
一、净利润	251 768.00	20 265.00
加:年初未分配利润	16 212.00	
其他转入		
二、可供分配的利润	267 980.00	20 265.00
减:提取法定盈余公积	25 176.80	2 026.50
提取任意盈余公积	25 176.80	2 026.50
提取职工奖励及福利基金		
提取储备基金		
提取企业发展基金		
利润归还投资		
三、可供投资者分配的利润	217 626.40	16 212.00
减:应付利润		
四、未分配利润	217 626.40	16 212.00

第四,或有事项的信息披露,如用于对外担保的资产名称、账面余额及形成的原因以及未决诉讼、未决仲裁和对外提供担保所涉及的金额:无。

第五,发生严重亏损的,应当披露持续经营的计划、未来经营的方案:无。

第六,对已在资产负债表和利润表中列示的项目与《企业所得税法》的规定存在差异的纳税调整过程:

本年度利润总额为 309 900 元。

应当调增的应纳税所得额:发票不符合规定的广告费 10 000 元,未通过捐赠机构的捐赠款 400 元,业务招待费超过标准 360 元(900×40%)。

应当调减的应纳税所得额:被投资公司税后分得的投资收益30 000元。

调整后的应纳税所得额为290 660元,适用所得税税率为20%。

本年度应缴纳企业所得税=290 660×20%=58 132(元)。

第七,其他需要说明的事项:这是一个兜底条款,也是一个鼓励性条款,鼓励小企业在上述6项要求外增加披露的信息。

第七节 算为管用与分析评价

一、解读报表、透视经营,编制财务情况说明书

会计实践与管理实践有着源远流长、相辅相成的发展历史。会计初始动机是满足某种管理的内在需求,而管理科学的不断发展又不断丰富了会计的理论与实践,并不断要求会计工作能够为经营管理服务好。那么,如何发挥资产负债表、利润表和现金流量表的主要功能与应用价值呢?通过解读与分析财务报表后编制财务情况说明书应当成为算管融合的有效途径之一。

财务是小企业信息管理的关键。财务既是业务的体现,又为业务服务。财务报表是经营管理的成果,是全体员工"做"出来的,也是管理人员"管"出来的和财务人员"算"出来的。所以,小企业不能以为编制完财务报表就可以了,而应当善于将会计核算、报表编制与解读分析活动有机结合起来,通过财务分析透视经营,为改善管理提供信息支持与相关服务。

在第一章中,成洁创办的小书店(独资企业)采用的是一套极简的会计模式,通过解读她编制的那套极简式的会计报表可以看出,成洁在开办企业的初期,努力按照计划进行着小心翼翼的操作,首期经营状况符合要求,相关业务活动有条不紊地进行,应当在逐步增加销量的基础上保持稳健的财务状况。

第四章至第九章阐述了一家正处于增资中的小规模纳税人的全套简易会计的核算方法与核算程序,通过分析迅达公司的简易报表可以清楚地发现,这是一家踌躇满志的小型微利企业,随着资本"真金白银"地投入,资产在扩张,运营资金在增加,负债程度在下降,企业成长蓄势待发。目前,其管理重点应当是加快研发新产品并扩大销售,从而提高资产周转速度,提高资金运营效率与效果。

分析第十章明辉公司一个月的经济业务和全套的会计报表后可以感知,这是一家稳定经营的一般纳税人制造公司,在增加销售的同时,通过减少资产占用,尽力还本付息,提高了整体的盈利水平。管理建议是进一步压缩库存商品,加快收回应收账

款,保持稳中求进的发展态势。

财务分析应当是业务与财务相互印证、相得益彰的过程。财务分析之所以成为企业信息加工的"大脑",其价值就在于通过多维度、全方位的信息解析,善于从中发现问题、分析问题或探寻财务运行规律,寻找解决问题的途径与方法。财务部门和财务人员在履职行权时,不应当仅限于提供财务报表,而且应该通过解读财务报表,让数据"活"起来、"动"起来,在透视经营活动现状的基础上体现财务数据的价值。

为此,小企业应当随财务报表一同编制完成财务情况说明书,说明生产经营、资金周转、利润实现及分配等情况,客观反映小企业运营的特点及发展趋势,便于报表使用者进一步了解有关业务活动和财务活动状况。

如果财务会计人员仅仅满足于当"账房先生",亦步亦趋,谨小慎微,处处被动,在现代企业中的前途必然黯淡无光;而做一个积极能干、协作肯干、精明强干的会计管理者,会计工作必然前景辉煌。因此,广大的财务会计人员一定要从"账房先生"转变为"管理专家",在"依法理财"的基础上学会"科学理财"。只有想作为、敢作为、善作为,才能通过"有为"争取"有位",通过"有位"更好地"有为"。

二、分析对比、业绩评价,为改善运营提供分析报告

财务管理应当向综合分析与业绩评价延伸、扩展,并主动提供分析(评价)报告。

财务指标分析包括单指标分析、多指标综合分析、财务模型分析等;分析算法包括比较分析、比率分析、因素分析、趋势分析、综合评价等。其中,采用报表中的两个数据相除可以算出一个财务比率指标,应用的最为广泛,但关键是选择哪两个数据、去哪里找这两个数据,以及如何评价结果等。财务分析的主要作用在于了解过去,把握现在,评价业绩,预测未来,为改善管理或有效决策提供信息支持或行为指南。

资产负债表比率是指形成比率的分子、分母数据均取自于资产负债表,如流动资产与流动负债相除,计算出流动比率;负债总额与资产总额相除,计算出资产负债率等。这类指标是反映小企业某一时点偿债能力的比率,通过不同时期偿债能力比率的比较,可以分析小企业资产流动性和清偿债务状况的改善趋势及保证程度。

利润表比率是指形成比率的分子、分母数据均取自于利润表,如营业毛利率、营业利润率、成本费用利润率等。这类指标是反映小企业某一时期盈利能力的比率,通过不同时期盈利能力比率的比较,可以分析小企业经济效益的增长趋势及潜力。

资产负债表与利润表结合的比率是指形成比率的分子、分母数据分别取自于资产负债表和利润表,如应收账款周转率、总资产报酬率和净资产收益率等。

现金流量表比率是指形成比率的分子、分母数据均取自于现金流量表。这类指

标是反映小企业一定时期现金流量状况和变动原因的财务比率,如现金增减率、营业现金比率和现金流量结构比率等。

现金流量表与资产负债表、利润表结合的比率是指形成的比率的分子、分母数据分别取自于现金流量表、资产负债表和利润表,如现金流动负债比、现金负债总额比、营业收现率、盈余现金保障倍数等。

通用的财务报表格式并不符合财务分析的要求,因而可以进行改良。对财务报表及其报表项目的数据进行分析,可以调整报表格式,利用绝对数采用水平分析法(如表10—18所示)或利用结构比率采用垂直分析法(如表10—19所示)进行比较,通过发现差异,寻求产生问题的原因。

表 10—18　　　　　　　　　××报表水平分析表

分析项目	本期数	上期数	增减额	增减率(%)	备注说明

表 10—19　　　　　　　　　××报表垂直分析表

分析项目	本期数	上期数	本期结构(%)	上期结构(%)	结构变动差异(%)

对于各项财务比率分析,其对比基数可以选择企业绩效评价标准值,这有助于同类型同规模企业之间的分析比较,在找出差距的基础上进行业绩评价,从而说明经营现状的优劣程度。

表 10—20 提供的是小企业绩效评价标准值,来源于国务院、国资委财务监督与考核评价局编制的《企业绩效评价标准值(2019)》(经济科学出版社出版),可作为进行相关财务分析时采用的对比基数。通过阅读表中数据,可以知晓 2019 年全国小型企业全行业评估标准值中优秀、良好、平均、较低、较差的分布情况,做到对比有据、胸中有数。该书还分行业分别列示了全行业、大型、中型、小型企业各自适用的绩效评价标准值,对比较基准的选择与确定具有重要参考价值。通过评价认识差距,对发现的问题可以有针对性地提出管理建议,并跟进改善措施。

表 10-20　　2019 年全国小型企业绩效评价标准值　　单位：%

项　目	优秀值	良好值	平均值	较低值	较差值
一、盈利能力状况					
净资产收益率(%)	8.9	6.6	4.2	-2.9	-11.4
总资产报酬率(%)	6.2	4.7	3.0	-2.0	-5.7
销售(营业)利润率(%)	15.6	10.0	3.7	-2.5	-11.1
盈余现金保障倍数	10.9	5.4	1.0	-2.3	-5.6
成本费用利润率(%)	10.5	6.5	3.9	-1.2	-9.9
资本收益率(%)	9.4	6.7	4.3	-4.1	-14.1
二、资产质量状况					
总资产周转率(次)	1.8	1.2	0.5	0.3	0.1
应收账款周转率(次)	19.4	10.7	5.1	2.0	0.3
不良资产比率(%)	0.3	1.0	2.8	10.6	22.0
流动资产周转率(次)	2.4	1.4	0.7	0.3	0.2
资产现金回收率(%)	17.7	8.7	1.3	-3.4	-10.6
三、债务风险状况					
资产负债率(%)	49.0	54.0	64.0	74.0	89.0
已获利息倍数	4.2	3.1	2.0	-0.6	-2.7
速动比率(%)	154.8	124.8	87.3	55.7	34.4
现金流动负债比率(%)	17.9	9.9	1.4	-6.9	-17.6
带息负债比率(%)	26.3	37.2	50.4	70.7	86.9
或有负债比率(%)	0.4	1.8	5.6	12.0	18.0
四、经营增长状况					
销售(营业)增长率(%)	25.2	19.4	12.2	-1.5	-10.0
资本保值增值率(%)	107.8	105.9	102.2	96.2	87.8
销售(营业)利润增长率(%)	23.6	14.9	8.4	-4.6	-13.0
总资产增长率(%)	18.8	11.6	4.3	-7.5	-17.0
技术投入比率(%)	1.9	1.7	1.4	1.1	0.4

通过分析评价促使业绩提升很重要,所以应当关注财务指标之间的内在联系,善于综合分析研判。一家小企业偿债能力弱,收益能力或收现能力也不会强;收益能力弱,偿债能力也强不起来;提高资产运用效率有助于改善偿债能力、收益能力或收现能力,而偿债能力和收益能力的下降必然表现为现金流动状况恶化;如此等等。

小企业希望明白哪些是更重要的财务评价指标,也想知道各行业这些指标的平均值,用以对比分析,并激励自身。表10－21提供了5个最重要的评价指标,通常被认为是衡量小企业经济效益和经营者业绩的主要财务指标。其中,净资产收益率是衡量盈利能力最核心的指标,总资产报酬率是衡量经营者管理资产能力的主要指标,成本费用利润率是衡量投入产出最有效的指标,资产负债率是衡量小企业负债程度最理想的指标,销售增长率是目前衡量小企业发展最直观的指标。2019年小企业9个行业这5个指标的评价平均值如表10－21所示,可供财务分析与业绩评价对比借鉴。连续分析重要财务指标并观察这些指标的增减变动及发展趋势,可以发现内在演变规律,并有助于判断或决策。

表10－21　　　　　　2019年小型企业主要指标平均值对照表　　　　　　单位:%

行业名称	净资产收益率	总资产报酬率	成本费用利润率	资产负债率	销售增长率
小型企业主要指标平均值	4.2	3.0	3.9	64.0	12.2
工业	4.3	2.5	4.2	59.0	6.6
建筑业	6.5	1.6	2.1	49.5	3.2
交通运输、仓储及邮政业	2.5	1.1	1.6	64.0	4.6
信息技术服务业	5.2	3.0	1.6	64.0	1.9
批发和零售贸易业	4.6	4.1	0.7	64.0	3.1
住宿和餐饮业	2.1	0.4	3.0	64.0	1.7
房地产业	4.0	2.1	8.6	69.0	0.9
社会服务业	3.2	3.1	4.2	64.0	3.7
农、林、牧、渔业	0.8	0.3	0.9	64.0	1.0

企业绩效评价是以企业法人作为具体评价对象,评价的重点在于盈利能力、资产质量、债务风险和经营增长等方面。小企业利用表10－22可以方便地编制企业绩效评价分析表,将各项实际指标与标准值进行对比,求得公正、客观的评价结果。

表 10－22　　　　　　　　　××企业绩效评价分析表

评价指标	本期实际数	绩效评价值	增减数	增减率(%)	评价说明

小企业在进行财务分析与评价的基础上，应当编制财务分析报告，为改善管理提供指南。

财务分析报告是以财务报表等相关资料为主要依据，对企业财务活动状况进行分析，找出差距，进行评价，提出建议，指导企业理财活动的一种书面报告。

财务分析报告没有固定的格式，一般包含以下几个部分：一是提要段，概括小企业的综合情况，让报告使用者对小企业的财务状况有一个总括性认识；二是说明段，介绍小企业运营及财务结果，要求文字表述恰当、数据引用准确；三是分析段，在说明问题的基础上分析问题，寻找问题的原因和症结，以达到解决问题的目的，要善于运用表格、图示，抓住当前工作的要点，突出分析的重点，或反映经营焦点和易于忽视的问题；四是评价段，对小企业的经营情况、财务状况、盈利业绩等从财务角度给予公正、客观的评价；五是建议段，对小企业管理过程中存在的问题提出改进建议，提供切实可行的解决方案。

编制报表只是手段，分析应用才更重要。你不析财，财不惜你。小企业财务人员应当通过有效的财务分析，洞悉信息数据、财务现状与增减变异，明察相关风险、营运质量与变动趋势，慧识财务运作、管理质量与动态平衡，智谋管理能力、绩效提升、持续发展，这也正是财务分析发展的内在逻辑、必然趋势与价值所在。[①]

三、算管融合、算为管用，编制管理会计报告

目前，小企业中的大部分会计人员在从事财务会计工作，但未来的重心将迅速向管理会计转变，管理会计是会计工作者的"蓝海"。

简易会计可以根据日常业务资料和会计资料，履行财务会计职能，定期编制财务报表或纳税申报表，对外报告会计信息与纳税信息；更应当侧重于针对企业经营管理遇到的特定问题进行分析研究后的内部报告，向内部各级管理人员提供预测、决策和控制、考核所需要的信息资料，为小企业内部管理服务（如图 1-1 和图 10-2 所示），

[①] 详见李敏编著的《财务分析与报表解读》《危机预警与财务诊断——企业医治理论与实践》《洞察报表与透视经营——业财融合的财务分析逻辑》（上海财经大学出版社出版）。

从而体现差别会计与差别报告的不同要求,形成算管融合、算为管用、具有多用途的会计系统。

图 10-2　简易会计与多用途的会计系统

算管融合要求会计核算主动贴近业务活动,将业务活动、财务活动与税务活动融为一体,进入业、财、税一体化的智能时代。1.0 是会计电算化时代;2.0 是 ERP 时代;3.0 是业财融合;再加上税务思维,就进入业、财、税一体化管理解决方案,简易会计条件下的小企业最有希望进入 4.0 时代。算为管用要求会计核算能够从管理需求出发,提供的信息应当满足相关管理的需要,并能够确切表达。凸显"算管融合"和"算为管用"目标最显著的特征就是提供有用信息来支持管理活动,因而编制管理会计报表、进行管理会计报告最能够表现这一特征的积极作用。

管理会计报告是指运用管理会计方法,根据财务和业务的基础信息加工整理形成的,满足管理需要的对内报告,是管理会计活动成果的重要表现形式。[①]

小企业管理会计报告的对象是对管理会计信息有需求的各个层级、各个环节的管理者,其目标是为各层级进行规划、决策、控制和评价等管理活动提供有用信息。

管理会计报告应当满足以下几个方面的要求,从而彰显算管融合的优势:

一是强调相关性。相关性是指管理会计所提供的信息与管理当局的决策相联系,能满足不同层次的决策需求,有助于提高决策能力的特性。管理会计是基于管理的会计,而不是基于会计的管理。管理会计要努力实现为管理者提供决策有用信息这一基本目标,应当始终关注其信息的相关性程度问题。

二是关注可靠性。管理会计报告提供的信息要求能够客观反映经济业务的真实

[①] 其编制规范详见财政部颁发的《管理会计应用指引第 801 号——企业管理会计报告》。

情况与决策需求，其信息资料不仅要有来源，而且必须以可靠为基础。可靠性是信息的灵魂。如果信息不可靠，就会误导决策甚至产生损失。但也不能过分强调可靠性而忽视信息的相关性。所以，在编制管理会计报告的过程中，应当确保信息来源可靠，信息化手段合法有效，整合业务和财务信息的渠道与手段合法有效。只有这样，才能为管理活动提供支持。

三是注重可理解性。编制管理会计报告的目的在于使用，而要有效使用信息，就应当让使用者了解信息的内涵，弄懂信息的内容，这就要求所报告的信息清晰明了、易于理解。对于某些复杂的信息，如交易本身较为复杂或者会计处理较为复杂，但其与使用者的经济决策相关的，就应当在报告中予以充分披露。

四是具有灵活性。管理会计报告按期间可以分为定期报告和临时报告，按内容可以分为综合报告和专项报告等，比财务报告自由度大，一般以日历期间（月度、季度、年度）作为报告期间，也可根据特定需要设定报告期间。其形式要件主要包括报告的名称、报告期间或时间、报告对象、报告内容、报告人等。

财务会计和管理会计是有差别的。但随着算管融合不断集约与集成，两者在小企业内部会呈现不断融合的趋势，这样做既增强了管理效率，又节约了费用支出，还能够满足信息使用者的多方面需求。例如，在预算管理领域结合滚动预算、作业预算、零基预算、弹性预算，在营运管理中应用本量利分析、敏感性分析、边际分析和标杆管理，在成本计算领域引入目标成本管理、标准成本管理、变动成本管理、作业成本管理等。当这些管理会计工具有机掺入业务活动、不断融入会计系统，就形成了良性的双向乃至多向互动的管理实践。

综合测试题*

一、单项选择题

1.《小企业会计准则》规定小企业可以采用的计量方法是（　　）。
   A. 现值　　　　B. 历史成本　　　C. 重置成本　　　D. 可变现净值

2.《小企业会计准则》中纳入其他货币资金核算内容的是（　　）。
   A. 支票　　　　B. 商业汇票　　　C. 委托收款　　　D. 备用金

3. 按实际成本计价，下列方法中发出存货计价不采用的方法是（　　）。
   A. 个别计价法　B. 先进先出法　　C. 后进先出法　　D. 加权平均法

4. 对于增值税一般纳税人而言，不构成外购生产用固定资产成本的是（　　）。
   A. 购买价款
   B. 相关运输、装卸费
   C. 相关安装费
   D. 按照税法规定可以抵扣的增值税税额

5. 小企业出租无形资产取得的收入，应当计入（　　）。
   A. 主营业务收入　　　　　　B. 其他业务收入
   C. 营业外收入　　　　　　　D. 投资收益

6. 小企业确实无法偿付的应付账款，应当计入（　　）。
   A. 资本公积　　　　　　　　B. 管理费用
   C. 其他应付款　　　　　　　D. 营业外收入

7. 下列各项中，属于小企业其他业务收入的是（　　）。
   A. 罚款收入　　　　　　　　B. 出售固定资产净收益

C. 出售无形资产净收益　　　　D. 销售材料收入

8. 下列各项中,不应计入销售费用的是( )。

A. 商品维修费　　　　　　　　B. 装卸、运输费

C. 业务招待费　　　　　　　　D. 产品参展费

9. 下列各项中,不属于投资活动产生的现金流量的是( )。

A. 取得投资收益收到的现金

B. 构建固定资产、无形资产和其他非流动资产支付的现金

C. 收回短期投资、长期债券投资和长期股权投资收到的现金

D. 偿还借款利息支付的现金

10. 按小企业利润分配的顺序,排在第一位的是( )。

A. 弥补以前年度亏损　　　　　B. 提取法定盈余公积金

C. 提取任意盈余公积金　　　　D. 向投资者分配利润

二、多项选择题

1. 《小企业会计准则》适用于在中华人民共和国境内依法设立的,符合《中小企业划型标准规定》所规定的小型企业标准的企业,但不包括的小企业有( )。

A. 股票或债券在市场上公开交易的小企业

B. 金融机构或其他具有金融性质的小企业

C. 企业集团内的母公司和子公司

D. 民营小企业

2. 小企业财务报表至少应当包括( )。

A. 资产负债表　　B. 利润表　　C. 现金流量表　　D. 附注

3. 下列各项中,可以使用现金支付的有( )。

A. 个人劳动报酬

B. 根据国家规定拨付给个人的科学技术、文化艺术、体育等资金

C. 向个人收购农副产品和其他物资的价款

D. 1 000 元以上的购买设备支出

4. 小企业的应收及预付款项作为坏账损失应符合的条件有( )。

A. 债务人依法宣告破产、关闭、解散、被撤销或者被依法注销、吊销营业执照,其清算财产不足以清偿的

B. 债务人死亡或者依法被宣告失踪、死亡,其财产或者遗产不足以清偿的

C. 债务人逾期 3 年以上未清偿且有确凿证据证明已无力清偿债务的

D. 因自然灾害、战争等不可抗力因素导致无法收回的

5. 下列各项中,属于应当纳入"周转材料"账户核算的有(　　)。

A. 包装物

B. 低值易耗品

C. 消耗性生物资产

D.(建筑业)的钢模板、木模板、脚手架等

6. 下列各项中,属于固定资产折旧方法中加速折旧方法的有(　　)。

A. 年限平均法　　　　　　B. 工作量法

C. 双倍余额递减法　　　　D. 年数总和法

7. 下列各项中,属于小企业长期待摊费用核算内容的有(　　)。

A. 已提足折旧的固定资产的改建支出

B. 经营租入固定资产的改建支出

C. 融资租入固定资产的改建支出

D. 固定资产的大修理支出

8. 下列各项中,属于小企业销售商品收入确认条件的有(　　)。

A. 商品已经发出

B. 已经收到货款或取得收款权利

C. 已将商品所有权上的主要风险和报酬转移给购货方

D. 相关的收入和成本能够可靠计量

9. 下列各项中,应计入小企业营业外支出的有(　　)。

A. 非流动资产处置净损失

B. 无法收回的长期股权投资损失

C. 税收滞纳金

D. 罚金

10. 下列各项中,属于筹资活动产生的现金流量的有(　　)。

A. 偿还借款本金支付的现金

B. 取得借款收到的现金

C. 吸收投资者投资收到的现金

D. 分配利润支付的现金

三、判断题

1.《小企业会计准则》自 2013 年 1 月 1 日起在全国小企业范围内实施,原《小企业

会计制度》废止。   （　）

2. 银行存款日记账与银行对账单应至少每年核对一次。   （　）

3.《小企业会计准则》规定短期投资期末按公允价值计量。 （　）

4. 按照《小企业会计准则》的规定,小企业应收账款不计提坏账,发生损失时直接转销计入营业外支出。   （　）

5. 根据《小企业会计准则》的规定,小企业对外进行长期股权投资可以采用成本法核算,也可以采用权益法核算。   （　）

6. "研发支出"账户属于成本类账户,应按照研发项目分别对费用化支出和资本化支出进行明细分类核算。   （　）

7.《小企业会计准则》中对短期借款利息费用的核算取消了"预提费用"账户,计提的利息通过"应付利息"等账户核算。   （　）

8. 资本公积既可以用于转增资本,也可以用于弥补亏损。   （　）

9. 小企业发生销售退回,不论属于本年度还是属于以前年度的销售,按照《小企业会计准则》的规定,均冲减当期销售收入。   （　）

10. 小企业按月编制现金流量表时,必须按照收付实现制进行编制。（　）

四、在建工程与固定资产的核算

东晓公司为增值税一般纳税人,适用增值税税率为13%。××年发生某在建工程有关经济业务如下,要求做出相关的账务处理:

3月1日,为自行制造一套机器设备购入工程物资一批,价款为600 000元,支付的增值税进项税额为78 000元,款项以银行存款支付,全部为工程领用。

4月30日,上述工程领用生产用材料一批,该材料账面余额为20 000元,购进该批材料时支付的增值税进项税额为2 600元;结转工程人员的工资80 000元。

11月12日,该工程试生产中取得收入10 000元,已经收到款项并存入银行。

12月20日,工程竣工决算并交付使用。

五、长期投资与投资收益的核算

发达公司2017~2019年发生有关经济业务如下,要求按照成本法做出相关的账务处理:

(1)2017年1月1日,发达公司以银行存款5万元及一项设备取得B公司30%的股权。该设备账面原值为80万元,已提折旧45万元,经投资双方确认的评估价值为40万元。小企业通过非货币性资产交换取得的长期股权投资,应当以换出非货币性资产的评估价值和相关税费作为成本进行计量。

(2)2017年,B公司实现净利润30万元。

(3)2018年3月8日,B公司董事会提出2017年分配方案,按照2017年实现净利润的10%提取盈余公积,并拟分配现金股利20万元。

(4)2018年4月8日,B公司股东会批准董事会提出的2017年分配方案。

(5)2018年5月8日,B公司向各股东支付现金股利6万元。

(6)2018年,B公司发生经营亏损60万元。

(7)2019年8月,发达公司转让持有的B公司的全部股权,转让价款为35万元,转让款已经收到并存入银行。

六、相关经济业务核算

维兴公司属于小型制造企业、增值税一般纳税人,适用增值税税率为13%。其材料和产品按实际成本核算,其销售成本随销售结转。

请根据××年12月下述经济业务资料编制维兴公司有关会计分录:

(1)12月1日,维兴公司购入原材料一批,增值税专用发票中注明的金额为400 000元,增值税税率为13%,卖方已代垫运杂费30 000元。材料已经到达并验收入库,公司尚未付款。

(2)12月2日,销售给甲公司产品的销售价格为50 000元,结转产品成本为40 000元。产品已经发出,开出增值税专用发票,款项尚未收到。为了尽早收回货款,双方约定的现金折扣条件为:2/10、1/20、n/30(假定计算现金折扣时不考虑增值税)。12月15日,维兴公司收到甲公司56 000元货款。

(3)12月15日,对外销售一批原材料,销售价格为100 000元,材料已经发出,开出增值税专用发票,款项已经收到并存入银行。应结转的实际成本为80 000元。

(4)12月20日,维兴公司采用以旧换新的方式销售给乙公司一批商品,售价为200 000元,结转成本为150 000元;同时,收回的旧产品作为原材料核算,旧产品的回收价为30 000元(不考虑增值税),实际收到现金196 000元。

(5)12月25日,出售一台不需用设备,设备账面原价为210 000元,已提折旧64 000元,出售价格为200 000元。出售设备的价款已经收妥并存入银行。

(6)12月31日,以银行存款支付业务招待费3 000元和广告费300元。

(7)摊销无形资产价值1 000元。

(8)计提管理用固定资产折旧15 000元。

(9)计提所得税费用和应缴所得税28 550元。

(10)按照净利润85 650元的10%计提盈余公积8 565元。

七、损益类经济业务核算与编制利润表

易立公司××年12月发生以下经济业务,请按照经济业务发生的先后顺序逐笔编制会计分录、计算相关指标、登记与损益类相关的总分类账户并填制利润表。

(1)销售A产品300件,该产品单位售价为50元,货款共计15 000元,开出增值税专用发票,应收取的增值税税额为1 950元,该公司收到转账支票当即送存银行。

(2)销售给外地某企业B产品200件,该产品单位售价为30元,货款共计6 000元,增值税税率为13%,双方商定采用汇兑结算的方式,已开增值税专用发票,款项已收妥入账。

(3)销售A产品160件,单位售价50元,货款共计8 000元,开出增值税专用发票,应收取的增值税税额为1 040元。该公司收到购货方转来的银行承兑汇票。

(4)按照合同向外地×公司发出B产品250件,单位售价为30元,货款共计7 500元,增值税税率为13%。分别进行商品发运办妥托收手续时和收到银行转来的收款通知时的会计核算。

(5)采用分期收款方式销售B产品600件,该产品单位成本为15元,单位售价为30元,货款共计18 000元。按照合同规定货款分三次等额收回。第一次收款时收回销货款6 000元,销项税额为1 020元。按照合同约定,第一次收款时应进行账务处理。

(6)售给某企业的A产品因质量不合格退回3件,价税合计169.5元(其中,增值税税额为19.5元)。该批产品的款项已于上月收妥,现以银行存款退回上述货款。

(7)根据上述经济业务,汇总计算主营业务收入。

(8)销售材料一批,价款300元,增值税税率为13%,款项已通过银行收妥入账。

(9)出租包装物发生租金收入500元,适用增值税税率为13%,款项已存入银行。

(10)根据上述经济业务,汇总计算全部其他业务收入。

(11)根据有关产品的销售凭证和资料,计算并结转已销产品生产成本(其中,A产品单位成本25元,B产品单位成本15元)。

(12)销售材料一批的实际成本为250元,按其实际成本予以结转。

(13)结转出租包装物的成本400元。

(14)将本期应缴增值税1 700元上缴税务部门。

(15)根据实缴增值税,按7%计算并缴纳城市维护建设税,按3%计算并缴纳教育费附加。

(16)以银行存款支付B产品的产品宣传费430元。

(17)根据工资结算汇总表,结转销售机构职工的工资 200 元。

(18)以现金报销采购员差旅费 122 元。

(19)以银行存款支付办公费 320 元和工商年检费 600 元。

(20)按照借款合同,在应付利息日预计银行借款利息 1 183 元。

(21)收到银行存款利息结息通知单,利息收入 200 元已收妥入账。

(22)对 A 公司投资,按成本法核算,已收到税后现金股利 3 500 元。

(23)将从 B 公司购入的股票出让,收到股票转让款 3 000 元,存入银行,该股票的实际成本为 2 000 元。

(24)将未到期的 C 债券转让给某公司,银行存款已反映收到该转让价款 3 000 元,该债券的实际成本为 3 100 元。

(25)购买 5 年期 F 债券 6 000 元,现已到期收回本利和 8 000 元,其中,债券利息 2 000 元。债券本息已收到并存入银行。

(26)根据上述经济业务,汇总计算"投资收益"账户的贷方余额。

(27)收到捐赠款 200 元,已存入银行。

(28)处理旧机器一台,处理后的净收益为 1 600 元。

(29)通过红十字会以银行存款向贫困地区捐赠 1 100 元。

(30)经税务部门批准,结转应收账款(某公司)坏账损失 500 元。

(31)根据上述经济业务,结转"本年利润"账户,并计算主营业务利润、其他业务利润、营业利润和利润总额。

(32)计算结转应缴纳的企业所得税,其适用的企业所得税税率为 25%。

(33)根据上述经济业务,登记有关收入、成本、费用和利润的总分类账户。

(34)根据上述经济业务,计算本期净利润,登记"本年利润"账户。

(35)按净利润的 10% 提取法定盈余公积。

(36)按照股东会的决议计算应付给股东的现金股利共计 9 850 元。

(37)根据上述经济业务的会计核算资料和有关损益类账户的记录编制利润表。

(38)结转"利润分配"400 000 元,结转提取盈余公积 40 000 元和应付利润 180 000 元。

(39)计算易立公司可以留待以后年度分配的累计利润。

综合测试题参考解答*

一、单项选择题

1. B 2. D 3. C 4. D 5. B 6. D 7. D 8. C 9. D 10. A

二、多项选择题

1. ABC 2. ABCD 3. ABC 4. ABCD 5. ABD 6. CD 7. ABD 8. AB 9. ABCD 10. ABCD

三、判断题

1. √ 2. × 3. × 4. √ 5. × 6. √ 7. √ 8. × 9. √ 10. √

四、在建工程与固定资产的核算

借:工程物资　　　　　　　　　　　　　　　　　　600 000.00

　　应交税费——应交增值税(进项税额)　　　　　　78 000.00

　　　贷:银行存款　　　　　　　　　　　　　　　　678 000.00

借:在建工程　　　　　　　　　　　　　　　　　　600 000.00

　　　贷:工程物资　　　　　　　　　　　　　　　　600 000.00

借:在建工程　　　　　　　　　　　　　　　　　　 20 000.00

　　　贷:原材料　　　　　　　　　　　　　　　　　 20 000.00

借:在建工程　　　　　　　　　　　　　　　　　　 80 000.00

　　　贷:应付职工薪酬　　　　　　　　　　　　　　 80 000.00

借:银行存款	10 000.00	
贷:在建工程		10 000.00
借:固定资产	690 000.00	
贷:在建工程		690 000.00

五、长期投资与投资收益的核算

(1)2017年1月1日投资时:

借:固定资产清理	350 000.00	
累计折旧	450 000.00	
贷:固定资产		800 000.00
借:长期股权投资——B公司	450 000.00	
贷:固定资产清理		400 000.00
银行存款		50 000.00
借:固定资产清理	50 000.00	
贷:营业外收入		50 000.00

(2)2017年B公司实现利润时,发达公司不做账务处理。

(3)2018年3月8日,发达公司不做账务处理。

(4)借:应收股利　　　　　　　　　　　　　　60 000.00
　　　贷:投资收益　　　　　　　　　　　　　　　　60 000.00

(5)借:银行存款　　　　　　　　　　　　　　60 000.00
　　　贷:应收股利　　　　　　　　　　　　　　　　60 000.00

(6)2018年B公司发生亏损时,发达公司不做账务处理。

(7)借:银行存款　　　　　　　　　　　　　　350 000.00
　　　投资收益　　　　　　　　　　　　　　100 000.00
　　　贷:长期股权投资——B公司　　　　　　　　　450 000.00

六、相关经济业务核算

(1)借:原材料　　　　　　　　　　　　　　　430 000.00
　　　应交税费——应交增值税(进项税额)　　52 000.00
　　　贷:应付账款　　　　　　　　　　　　　　　482 000.00

(2)借:应收账款　　　　　　　　　　　　　　56 500.00
　　　贷:主营业务收入　　　　　　　　　　　　　50 000.00
　　　　　应交税费——应交增值税(销项税额)　　6 500.00

借:主营业务成本 40 000.00
　　贷:库存商品 40 000.00
借:银行存款 56 000.00
　财务费用 500.00
　　贷:应收账款 56 500.00
(3)借:银行存款 113 000.00
　　贷:其他业务收入 100 000.00
　　　　应交税费——应交增值税(销项税额) 13 000.00
借:其他业务成本 80 000.00
　　贷:原材料 80 000.00
(4)借:银行存款 196 000.00
　　原材料 30 000.00
　　贷:主营业务收入 200 000.00
　　　　应交税费——应交增值税(销项税额) 26 000.00
借:主营业务成本 150 000.00
　　贷:库存商品 150 000.00
(5)借:固定资产清理 146 000.00
　　累计折旧 64 000.00
　　贷:固定资产 210 000.00
借:银行存款 200 000.00
　　贷:固定资产清理 200 000.00
借:固定资产清理 54 000.00
　　贷:营业外收入 54 000.00
(6)借:管理费用 3 000.00
　　贷:银行存款 3 000.00
借:销售费用 300.00
　　贷:银行存款 300.00
(7)借:管理费用 1 000.00
　　贷:累计摊销 1 000.00
(8)借:管理费用 15 000.00
　　贷:累计折旧 15 000.00
(9)借:所得税费用 28 550.00
　　贷:应交税费——应交所得税 28 550.00

(10)借:利润分配——计提盈余公积 8 565.00
　　　贷:盈余公积——法定盈余公积 8 565.00

七、损益类经济业务核算与编制利润表

(1)借:银行存款 16 950.00
　　　贷:主营业务收入——A产品 15 000.00
　　　　　应交税费——应交增值税(销项税额) 1 950.00
(2)借:银行存款 6 780.00
　　　贷:主营业务收入——B产品 6 000.00
　　　　　应交税费——应交增值税(销项税额) 780.00
(3)借:应收票据——银行承兑汇票 9 040.00
　　　贷:主营业务收入——A产品 8 000.00
　　　　　应交税费——应交增值税(销项税额) 1 040.00
(4)借:应收账款——×公司 8 475.00
　　　贷:主营业务收入——B产品 7 500.00
　　　　　应交税费——应交增值税(销项税额) 975.00
　　借:银行存款 8 475.00
　　　贷:应收账款——×公司 8 475.00
(5)借:应收账款 6 780.00
　　　贷:应交税费——应交增值税(销项税额) 780.00
　　　　　主营业务收入——B产品 6 000.00
(6)借:主营业务收入——A产品 150.00
　　　应交税费——应交增值税(销项税额) 19.50
　　　贷:银行存款 169.50

(7)本月A产品销售460件,每件50元,售价计23 000元;B产品销售650件,每件30元,售价计19 500元;A产品退回3件,退货款150元。主营业务收入共计42 350元,其中,A产品为22 850元、B产品为19 500元。

(8)借:银行存款 339.00
　　　贷:其他业务收入 300.00
　　　　　应交税费——应交增值税(销项税额) 39.00
(9)借:银行存款 565.00
　　　贷:其他业务收入 500.00
　　　　　应交税费——应交增值税(销项税额) 65.00

(10) 全部其他业务收入为 800 元(300＋500)。

(11) 借:主营业务成本——A 产品(25 元×457 件) 　　11 425.00
　　　　主营业务成本——B 产品(15 元×650 件) 　　9 750.00
　　　贷:库存商品——A 产品 　　11 425.00
　　　　　库存商品——B 产品 　　9 750.00

(12) 借:其他业务成本——材料销售 　　250.00
　　　贷:原材料 　　250.00

(13) 借:其他业务成本——包装物出租 　　400.00
　　　贷:包装物 　　400.00

(14) 借:应交税费——应交增值税(已交税金) 　　1 700.00
　　　贷:银行存款 　　1 700.00

(15) 借:税金及附加 　　170.00
　　　贷:应交税费——应交城市维护建设税 　　119.00
　　　　　应交税费——应交教育费附加 　　51.00
　　　借:应交税费——应交城市维护建设税 　　119.00
　　　　　应交税费——应交教育费附加 　　51.00
　　　贷:银行存款 　　170.00

(16) 借:销售费用 　　430.00
　　　贷:银行存款 　　430.00

(17) 借:销售费用 　　200.00
　　　贷:应付职工薪酬 　　200.00

(18) 借:管理费用——差旅费 　　122.00
　　　贷:库存现金 　　122.00

(19) 借:管理费用——办公费 　　320.00
　　　　管理费用——其他 　　600.00
　　　贷:银行存款 　　920.00

(20) 借:财务费用——利息支出 　　1 183.00
　　　贷:应付利息 　　1 183.00

(21) 借:银行存款 　　200.00
　　　贷:财务费用——利息收入 　　200.00

(22) 借:银行存款 　　3 500.00
　　　贷:投资收益——A 公司 　　3 500.00

(23) 借:银行存款 　　3 000.00

	贷:短期投资——B股票	2 000.00
	投资收益——B股票	1 000.00
(24)借:银行存款		3 000.00
	投资收益——C债券	100.00
	贷:短期投资——C债券	3 100.00
(25)借:银行存款		8 000.00
	贷:长期债券投资——F债券	6 000.00
	投资收益——F债券	2 000.00

(26)"投资收益"账户的贷方余额为6 400元。其中,股票投资收益1 000元,债券投资收益1 900元,其他投资收益3 500元。

(27)借:银行存款		200.00
	贷:营业外收入——捐赠收益	200.00
(28)借:固定资产清理		1 600.00
	贷:营业外收入——处理固定资产收益	1 600.00
(29)借:营业外支出——捐赠支出		1 100.00
	贷:银行存款	1 100.00
(30)借:营业外支出——非常损失		500.00
	贷:应收账款——某公司	500.00
(31)借:主营业务收入		42 350.00
	其他业务收入	800.00
	投资收益	6 400.00
	营业外收入	1 800.00
	贷:本年利润	51 350.00
借:本年利润		26 250.00
	贷:主营业务成本	21 175.00
	税金及附加	170.00
	其他业务成本	650.00
	销售费用	630.00
	管理费用	1 042.00
	财务费用	983.00
	营业外支出	1 600.00

主营业务利润＝42 350－21 175－170＝21 005(元)

其他业务利润＝800－650＝150(元)

营业利润＝21 005＋150＋6 400－630－1 042－983＝24 900(元)

利润总额＝24 900＋1 800－1 600＝25 100(元)

(32)本期应缴纳企业所得税＝(25 100－3 500)×25％＝5 400(元)

  借:所得税费用   5 400.00

    贷:应交税费——应交所得税   5 400.00

  借:应交税费——应交所得税   5 400.00

    贷:银行存款   5 400.00

  借:本年利润   5 400.00

    贷:所得税费用   5 400.00

(33)

主营业务成本	本年利润	主营业务收入
11 425		150 15 000
9 750		6 000
21 175 →→ 21 175		8 000
销售费用		7 500
430		6 000
200		
630 →→ 630	42 350 ←← 42 350	
税金及附加		
170		
170 →→ 170		
其他业务成本		其他业务收入
250		300
400		500
650 →→ 650	800 ←← 800	
管理费用		投资收益
122		100 3 500
320		1 000
600		2 000
1 042 →→ 1 042	6 400 ←← 6 400	
财务费用		
1 183 200		
983 →→ 983		
营业外支出		营业外收入
1 100		200
500		1 600
1 600 →→ 1 600	1 800 ←← 1 800	
所得税费用		
5 400		
5 400 →→ 5 400		
	31 650 51 350	
	19 700	

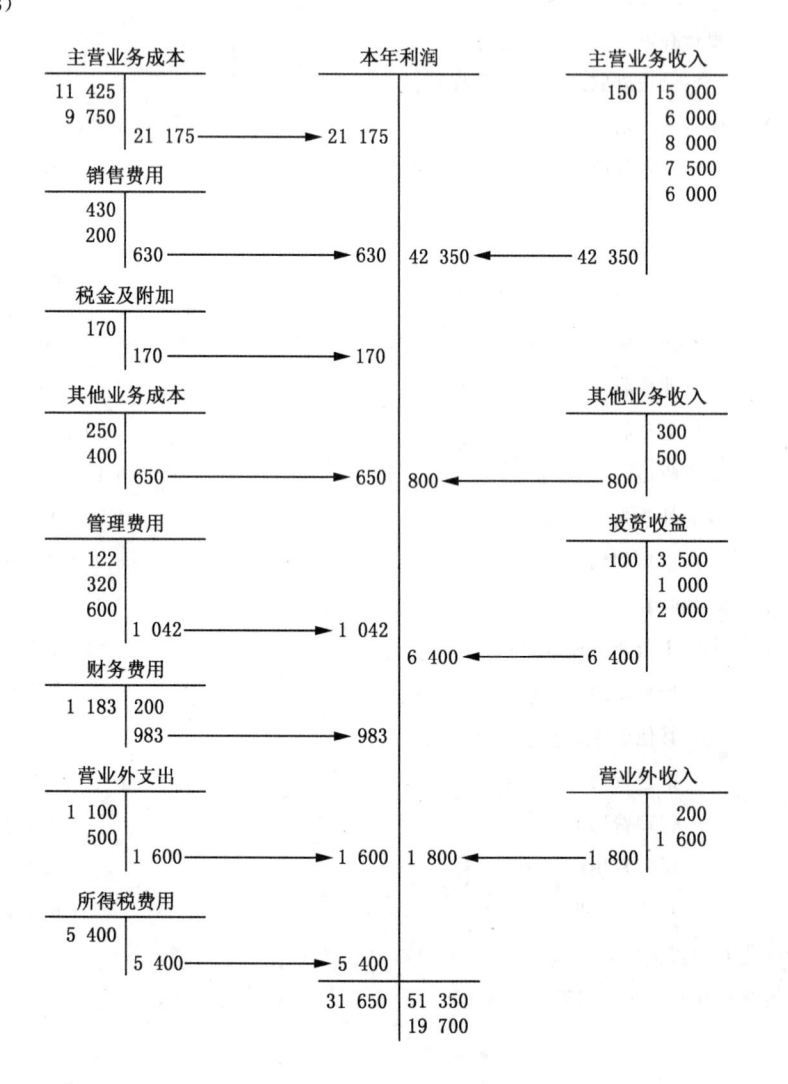

(34) 净利润=25 100－5 400＝19 700(元)

(35) 借:利润分配——提取法定盈余公积　　　　　　　　　1 970.00
　　　贷:盈余公积——法定盈余公积　　　　　　　　　　　　　1 970.00

(36) 借:利润分配——应付利润　　　　　　　　　　　　　9 850.00
　　　贷:应付利润　　　　　　　　　　　　　　　　　　　　　　9 850.00

(37)

利润表(简表)

编制单位:易立公司　　　　　　××年12月　　　　　　　　　　　单位:元

项　目	本月金额	本年累计金额
一、营业收入	43 150.00	(略)
减:营业成本	21 825.00	
税金及附加	170.00	
销售费用	630.00	
其中:广告费和业务宣传费	430.00	
管理费用	1 042.00	
财务费用	983.00	
其中:利息费用(收入以"－"号填列)	983.00	
加:投资收益(损失以"－"号填列)	6 400.00	
二、营业利润(亏损以"－"号填列)	24 900.00	
加:营业外收入	1 800.00	
减:营业外支出	1 600.00	
其中:坏账损失	500.00	
三、利润总额(亏损总额以"－"号填列)	25 100.00	
减:所得税费用	5 400.00	
四、净利润(净亏损以"－"号填列)	19 700.00	

(38) 借:本年利润　　　　　　　　　　　　　　　　　　400 000.00
　　　贷:利润分配——未分配利润　　　　　　　　　　　　　400 000.00
　　　借:利润分配——未分配利润　　　　　　　　　　　　220 000.00
　　　贷:利润分配——提取法定盈余公积　　　　　　　　　　40 000.00
　　　　　利润分配——应付利润　　　　　　　　　　　　　　180 000.00

(39) "利润分配——未分配利润"账户的期末余额为180 000元(400 000－40 000－180 000),可以留待以后年度分配。